| 光明社科文库 |

村落共同体视域下
乡村复合治理研究

张笑菡◎著

光明日报出版社

图书在版编目（CIP）数据

村落共同体视域下乡村复合治理研究 / 张笑菡著
. -- 北京：光明日报出版社，2023.9
ISBN 978 - 7 - 5194 - 7452 - 2

Ⅰ.①村… Ⅱ.①张… Ⅲ.①乡村—社会管理—研究
—中国 Ⅳ.①D638

中国国家版本馆 CIP 数据核字（2023）第 169703 号

村落共同体视域下乡村复合治理研究
CUNLUO GONGTONGTI SHIYU XIA XIANGCUN FUHE ZHILI YANJIU

著 者：张笑菡	
责任编辑：李月娥	责任校对：鲍鹏飞 李佳莹
封面设计：中联华文	责任印制：曹 净

出版发行：光明日报出版社

地　　址：北京市西城区永安路 106 号，100050

电　　话：010-63169890（咨询），010-63131930（邮购）

传　　真：010-63131930

网　　址：http://book.gmw.cn

E - mail：gmrbcbs@gmw.cn

法律顾问：北京市兰台律师事务所龚柳方律师

印　　刷：三河市华东印刷有限公司

装　　订：三河市华东印刷有限公司

本书如有破损、缺页、装订错误，请与本社联系调换，电话：010-63131930

开　　本：170mm×240mm	
字　　数：254 千字	印　　张：14.25
版　　次：2023 年 9 月第 1 版	印　　次：2023 年 9 月第 1 次印刷
书　　号：ISBN 978 - 7 - 5194 - 7452 - 2	

定　　价：89.00 元

序

19世纪下半叶，当德国社会学家滕尼斯提出"共同体"理论之时，他似乎不会想到其所提出的理论会在世界的另一尽头——东亚，引起如此如此强烈和无尽的反响。自20世纪初期西方共同体理论传入东亚社会以来，在中国、日本、韩国等国均产生了强劲的、持续性的影响。无论是城市社区建设，还是乡村的村落重建，学界都习惯性地与滕尼斯展开隔空对话，愿意采用共同体的分析框架展开研究分析，并不断对共同体理论展开深化和拓展。由此，共同体理论备受学界关注和热议，其理论的解释范畴和话语指向也甚为广泛。从一般意义上讲，共同体的形成意味着在承认个体差异与分化的基础上，遏制社会冲突的形成，寻求协调和分化中的秩序，以达到自然和谐的状态。共同体内部由于具有很强的关系网络和共同认同，所以即使没有行政权力的介入，也依然能表现出一定自治能力。正是基于上述的思考，当笔者看到广西大学张笑菡博士即将出版的《村落共同体视域下乡村复合治理研究》著作书稿时，还是表现出异常的兴奋。该书选题的特殊价值在于，试图以"村落共同体"作为研究视角，通过对滇西M村进行实地研究来获取一手资料，在"共同体"与"社会治理"互构关系的解释框架中获得对乡村社会治理新的认识。我认为这是填补少数民族村落社会治理研究空白的一部富有特色的学术著述，值得我们给予特殊关注。从总体上看，该书具有如下几个重要特点：

第一，以往关于乡村社会治理的研究多是在二元结构框架下展开，遵循国家和社会关系的研究范式，而该书则是在村落共同体这一视角下展开乡村复合治理研究。作者在村落共同体视阈下展开乡村复合治理研究，基于治理主体嵌入与规则运作的乡村社会结构引入"治理空间"的分析维度，从村落共同体所包含的社会关系及其维系纽带，呈现了乡村社会的不同治理空间及其治理逻辑。

第二，作者关注到了村落共同体中各种治理要素的复合关系，提出乡村社会具有"重层结构"的特征。村落社会由治理要素复合性表现出"重层结构"的特征，意味着乡村的行政功能与自治功能得以同时发挥作用，这是乡村复合治理得以实现的核心本质。

第三，该书立足于共同体理论与社会治理的互构关系，揭示了乡村复合治理与治理共同体建构的内在关系。基于村落共同体实现复合治理，意味着村落共同体中的各种治理要素均能实现有效的复合关系。以治理规则互补推进性的治理价值、以治理空间弥合建构合理的治理结构、以治理主体互动实现有效的治理行为，在实现乡村复合治理的同时，意味着将不断推进乡村治理共同体得以建构。

笑菡是从云南腾冲大山里走出来的优秀学子，自其考入吉林大学哲学社会学院社会学专业以来，学习异常刻苦，学习成绩优异，名列前茅，本科毕业时获得了硕博连读的机会，得以进入新的求学阶段。在读期间，她在全力投入专业理论学习的同时，也参与了很多田野调查。在博士论文撰写阶段，经过反复考量，最后还是选择家乡的调研作为博士论文的实证支撑。在博士论文撰写期间，曾多次往返于腾冲与长春之间，在付出艰辛和洒下汗水之外，也收获了对乡村治理的诸多新认识。论文经过反复打磨，最终被答辩组评为优秀论文。毕业后，笑菡前往广西工作，在教学科研之余，对论文展开了系统的深化性研究，如今即将打磨出版，实在是可喜可贺。当然，该书也存在着一些可继续深入追问和雕琢之处，如该成果需对村落公共性结构展开纵向历时性的追索和横向比较研究，有些观点仍需进一步深化和推敲。相信笑菡一定会以此书的出版为契机，持续深入探究，进一步提升自己的治学境界，成长为乡村基层社会治理研究领域内有突出贡献的佼佼者。

田毅鹏
2023 年夏于吉林大学东荣大厦

前　言

在学界早期的理论研究中，所谓复合治理，强调的是治理规则的交互与整合，尤其是宏观制度与地方规则的复合。近年来，随着国家对共建共治共享理念的大力提倡，目前大部分研究都将复合治理视为一种多元主体合作协商的整体性治理方式。从社会治理的内在逻辑来看，治理过程所展现的实际是不同主体在治理场域中促使不同规则发挥作用的内在机制，凸显的是村落治理主体与治理规则间的互构关系，有效的复合治理意味着治理场域内的多元主体关系和多重规则矛盾都将得以调和。因此，对新时代乡村复合治理展开研究，需同时兼顾"谁在治理"和"如何治理"，只有通过多元主体参与治理的实践过程来获得规则得以复合的有效方式，才能真正把握乡村复合治理的本质与核心。

本书以"村落共同体"作为研究视角，通过对 Y 省 M 村进行实地研究来获取一手资料，在"共同体"与"社会治理"互构关系的解释框架中，基于同时兼顾治理主体与治理规则的研究前提，并充分考虑治理主体嵌入与规则运作的社会结构样态，从村落共同体所包含的各种社会关系及其维系纽带来透视治理空间的内部关联与内生动力，以此为基础展开对乡村复合治理缘起基础、核心本质与实现机制的实证研究。围绕村落社会治理的主体互动与规则运作进行复合治理的探讨，"共同体"不仅具有一定理论旨趣，在社会生活共同体的基础上实现治理共同体的建构，其解释逻辑似乎也具有一定合理性。研究发现：共同体作为一种多要素整合下的有机联合体，它不仅基于共同的认同意识，同时也是尊重差异的。以村落共同体来透视乡村复合治理，其实践过程中的各种要素复合关系，所体现的正是社会治理的主体、规则与空间的相互关系。在社会治理不同实践逻辑中所呈现的各种"小共同体"的交叉与融合，充分显示的是社会治理中的复杂主体关系，以及不同规则运作的治理空间二重性。

首先，从乡村社会治理的主体来看，村落中的各种内生性权威主体大多是社会治理的核心主体，而这类主体与其他嵌入性治理主体在村落社会中的共生与互嵌才是实现复合治理的基础。在村落的社会治理中，治理主体除了乡镇政府和村组干部外，在村落共同体中还存在许多具有非正式权威力量的主体，如乡绅、寨老和各种社会组织等，若能挖掘村落共同体中的社会资源与活力，各种非正式主体便能获得参与社会治理的有效渠道，并发挥出自身的权威力量而纷纷嵌入社会治理场域中，而不同治理主体通过权威的不断协调和交融，才能在社会治理的实践中形成一定权威结构与关系网络，为乡村复合治理提供必要基础。其次，多元主体参与治理实践并实现不同规则运作的过程，体现的是具有差异的治理空间生产关系，及与之相对应的治理逻辑。其中，以行政村为治理空间所生产的是内生性治理主体与嵌入性治理主体间的社会关系，这需要发挥的是宏观性公共准则的主导作用，它所体现的是具有整体性意义的纵向治理逻辑，在自上而下与自下而上两大治理渠道中，村两委是实现行政力量与自治力量交汇的关键。以自然村为治理空间所生产的则是各种内生性治理主体间的社会关系，通过具有地方性特色的规范作用，内生性治理主体间的互动关系表现出的是自治力量，所演绎的是更具自主性的横向治理逻辑，在这一治理逻辑中，不同村民小组通过村委会来实现横向治理力量的交汇。由此可见，乡村社会的有效复合治理确可通过治理空间的弥合来实现，在实现治理力量横纵联结的同时，也可进一步推进社会治理共同体的建构。再次，以治理空间的弥合来实现乡村复合治理，意味着需要在治理空间生产关系的调和过程中来实现主体与规则的复合，其合理性来源于村落社会所特有的"重层结构"。由于村落社会具有"重层结构"的特性，各种治理主体间会因此形成复杂的交互关系，使得村落中的各种"小共同体"间产生复杂的交叉重合关系，从而促使村落社会的行政力量与自治力量得以交汇，纵向与横向的治理渠道能形成有效联结。受此影响，村落社会能形成自内而外的治理格局，并由此推进兼具包容性与有效性的治理空间生成。最后，有效复合治理的实现与治理共同体的建构之间存在互构关系。以治理空间的弥合来实现治理共同体的建构，意味着它将通过重构治理场域中的各种社会关系，使乡村治理空间的边界得以重塑，从而使各种治理要素间获得较好的协调与整合，最终实现有效复合治理。另外，在乡村复合治理的动态实践过程中，治理空间内的主体关系、规则运作和空间生产等多重要素都将得以重构，故乡村复合治理的有效实现意味着村落社会治理共同体的实践功能、维系纽带和核心力量都将得以强化。

总的来说，在村落共同体的视域下研究乡村"复合治理"，能挖掘到村落共同体所具有的强大社会网络及其内源性动力，这是透视乡村复合治理的有力视角，能充分彰显复合治理所具有的实践效应与现实意义。以主体互动来实现有效的治理行为，以规则互补来推进理性的治理价值，以空间弥合来建构合理的治理结构，在实现治理共同体建构的同时，乡村社会的复合治理也将得以实现。由共同体与社会治理互构关系所呈现出来的村治逻辑与实践，充分证实了村落共同体对于乡村复合治理所具有的现实价值，体现的正是一种从"为村民治理"到"由村民治理"的良性转变。

目　录
CONTENTS

第一章

导 论

一、问题的提出

党的二十大报告提出，要"健全共建共治共享的社会治理制度，提升社会治理效能"。基层社会治理中的各个要素对治理的实际效用具有直接影响，不同要素实践作用的发挥与要素间的合理整合是实现有效社会治理的关键。复合治理作为一种整体性治理方式，能较好地整合社会治理中的多样态元素，适用于破解当下基层社会所面临的治理矛盾。为完善社会治理体系，提升社会治理的实际效能，自2004年起，杭州市上城区在社会治理体制变革方面大胆实践，尤其在社会复合治理方面所做的积极探索引起了社会各界关注。2011年《人民日报》曾刊文指出，"杭州的复合协同治理实践为中国特色的城市民主治理摸索出了一条制度之路"。自此以来，复合治理作为一种基层社会治理的方式，在实践与理论上均引起了广泛关注与讨论。基层社会治理中的各个要素对治理的实际效用具有直接影响，不同要素实践作用的发挥与要素间的整合优化是实现有效社会治理的关键。复合治理作为一种多主体、多维度、多层次、多领域、多机制、个人能动、及时高效的整体性治理方式，能较好地整合社会治理中的多样态元素，适用于破解当下基层社会所面临的治理矛盾，能不断丰富基层自治的实践路径①。复合治理的实现也就意味着治理过程中的不同要素将达到某种协调互构的科学状态。

随着城镇化进程的不断推进，在乡村振兴的政策指引下，乡村的社会结构因此发生着许多重要的调整，位于笔者家乡的 M 村也在共享社会发展福祉

---

① 杨雪冬. 全球化、风险社会与复合治理 [J]. 马克思主义与现实，2004（04）：61.

的过程中获得了一系列的政策帮扶和产业发展机会。① M 村在镇级旅游项目的开发中，因村内拥有巨型的暗河出水口，能为发电提供巨大的动力，很快成为某大型水电站的选址。然而，这一选址正好处于该村的 BP 自然村农田附近，所以，水电站项目在实际运行的过程中，遭遇了来自农民集体行为的巨大挑战。水电站在投入使用后，运营商未兑现修建之初的承诺，致使水电站所处自然村的部分农田灌溉受到了影响。村民都知道造成灌溉缺水的原因是水电站引去了大量的水资源，所以，BP 自然村的村民小组站了出来，他们表示会积极与水电站的管理层沟通，寻求解决的方案。然而，在村民小组与水电站管理层多次沟通后，都未能得到一个令人满意的方案。M 村是一个傣族村民占比较大的村落，在他们的宇宙观里，傣族的祖先是从水中诞生的，受祖先崇拜的影响，傣族对水有着特殊的崇拜，M 村的大部分农民认为水是有生命、有灵性的。所以，一部分老人开始纷纷议论是水电站的修建影响到了村里的水神，认为这势必会给村里带来更多的麻烦。随着事情被村里的大部分人知道后，此事的矛盾被进一步激化了，除了 BP 自然村的所有村民以外，许多未因此事受到影响的其他自然村的傣族村民也开始纷纷参与到这一事件中，最终造成了 M 村傣族村民针对水电站的集体事件，并造成较为严重的不良社会影响。

　　这次事件的发生得到了镇政府的高度关注，在基层党委的领导下，通过在治理过程中实现了多种治理主体的协商合作与多重规则的互补整合，促使 M 村与水电站达成在村民灌溉期间不发电的书面协议，并通过对受损村民进行慰问、对未受损村民进行科普与安抚才平息了这场集体事件，最终实现了多重利益主体间的平衡。从整个事件的起因来看，M 村虽然只有部分村民的利益受损，但大部分与此事无关的村民也选择了一致性的抗争行为，即使自身利益不受损害，但只要某个农民的利益受到损害，就极易形成集体的对抗，他们试图以这种方式来影响与自身无关的事件，并表现出相同的行为选择，随之发展成失控的集体事件，这种农民行为选择逻辑的背后，凸显的是具有个性意义的乡村社会世界，以及村民普遍认可的内部秩序与文化。但是，在事件的最终解决过程中，发挥主导作用的确是具有宏观制度保障的合法性治理理念和治理规则，且各种治理主体间似乎也存在一种亲和关系，正是这种多元主体的良性互动关系使得不同治理规则的冲突与消解得以避免。

---

　　① 根据学术规范的要求，对文中出现的地名、人名均作匿名化处理。

M村这一集体事件发生时，笔者正于该村所属镇政府进行实地调研，掌握了此次事件发展的整个过程及前因后果，并亲自参与了镇政府在此次事件中的实际治理。在这一事件中的见证与亲历，使笔者获得了对乡村社会治理研究的深入追思：在面对具有特殊性的各种村落公共事件中，不同治理主体间如何形成协同关系？且具有宏观普适性的公共治理规则为何能有效地嵌入不同治理场域中并发挥效用？

早期的中国农村治理研究大多偏向于在"国家与社会"的解释框架中展开，并试图通过在国家与社会的二元关系中来建构治理模式，论述的重点大多是治理规则与权威运作。同时，也有许多研究试图通过社会治理过程中权力关系的不断调整来呈现国家与社会的辩证关系。黄宗智认为，中国农村的社会治理是一种"简约治理"，即在中央政府高度集权下却又试图尽可能保持简约的一种治理模式，体现的是国家在基层社会的"不在场"状态①。李怀印则用"实体治理"来描述国家与乡村社会的互动，并由此呈现出在国家不干预下的地方行政的非正式运作②。从早期乡村的研究来看，农村社会的治理存在着社会与国家双轨互嵌的形式，以及在社会治理中国家作为主导角色的实践路径。随着国家基层政权的下放，国家与社会关系中的"强社会"得以突出，在实现基层自治的过程中，也不断地在实现着由"社会管理"向"社会治理"的过渡。徐勇认为，"县政、乡派、村治"的治理结构能使乡村治理结构中的权、责、能相对均衡，从而实现合理化的社会治理③。因此，在基层自治不断完善的同时，人治的时代也逐渐向法治过渡，在这个过程中，民主的议题被充分凸显出来。于建嵘在梳理了中国乡村政治发展脉络的基础上，提出中国乡村政治结构经历了传统专制主义权力文化向现代民主权利文化的变迁④。以上关于社会治理的研究呈现出一个明显的趋势：随着国家在基层社会的放权，个体的能动性越来越成为治理的核心，社会力量的崛起促使社会

---

① 黄宗智. 集权的简约治理——中国以准官员和纠纷解决为主的半正式基层行政 [J]. 开放时代, 2008 (02): 10.

② 李怀印. 华北村治——晚清和民国时期的国家与乡村 [M]. 北京: 中华书局, 2008: 15.

③ 徐勇. 县政、乡派、村治: 乡村治理的结构性转换 [J]. 江苏社会科学, 2002 (02): 27.

④ 于建嵘. 岳村政治: 转型期中国乡村政治结构的变迁 [M]. 北京: 商务印书馆, 2011: 324-349.

治理的研究视角出现了从"治理主体"向"治理规则"的转换①，学者们开始将更多的关注集中于社会治理中的各种权力运作与秩序维护。狄金华在"简约治理"与"实体治理"的基础上，继续追问国家政权在基层的悬浮状态，充分肯定了各种宏观制度的非正式运作，但他跳出国家与社会的主体框架，转而以制定规则为视角，分析了在乡村治理的实践中，因为制定规则的不平衡、冲突而引起的治理困境，从而展现了治理中的秩序形成过程需要依靠的是一种"复合治理"的方式②。

从理论层面来看，社会治理的相关研究及其视角的转换，使得大部分村落的治理问题能在理论上获得较好解释，这种解释视角也符合当下社会矛盾转换的时代背景。然而，现代社会中具有治理权威的村治主体虽种类繁多，但大多各行其道，许多具有很强内生性权威的主体并未真正参与村落治理，难以形成高效的治理格局。所以，治理主体习惯性依赖政府而非社会力量成为多年来的标准化思维，但随着自上而下行政治理体制的问题不断凸显，全社会都在反思单一治理的有效性问题③，这对于村落社会治理而言可谓是一个无法回避的巨大挑战。并且，从更深层意义来看，解决乡村社会因村落形态和文化等特殊性所造成的治理困境，意味着需要实现具有合法性的各种理念与规则在不同村治实践中的普适性嵌入，只有寻求一种合理的社会治理方式来实现公共规则与地方秩序的整合，才能真正破解宏观政策制度在复杂多样的村治场域中的嵌入难题。

从现实层面来看，社会治理的现实情景与需求取向在中国大部分村落往往具有明显的差异，尤其在各种少数民族村落，社会治理在现实中具有更加明显的复杂性与特殊性：其一，我国少数民族的种类多且支系复杂，具有相互交错居住的现状；民族分布特点呈现出大杂居、小聚居的特点，而这一现实往往使得少数民族村落的治理问题各具特殊性，整体表现为治理的层次性、差异性、复杂性和模糊性④。因此，当采用具有普遍性的社会治理理论来解释

---

① 狄金华，钟涨宝. 从主体到规则的转向——中国传统农村的社会治理研究［J］. 社会学研究，2014，29（05）：73.

② 狄金华. 被困的治理：河镇的复合治理与农户策略［M］. 上海：三联书店，2015：15.

③ 吴志敏. 少数民族地区社会治理格局生成的路径探究［J］. 贵州民族研究，2018，39（10）：44.

④ 李达. 反思与行动：近十年国内少数民族特色村寨的治理哲学［J］. 原生态民族文化学刊，2020，12（05）：68.

不同民族之间的差异与复杂性时，虽然也能很好地解释部分现实问题，但由于不同民族集聚形成的特殊空间样态，以及不同民族文化的本质差异，这都会使其治理模式在本质上存在一定差异。其二，由于少数民族地区在社会治理时受地方文化影响而具有特殊性，特别是少数民族在语言、文字、宗教、习俗和信仰等方面的差异性对社会治理提出了极高的要求①，这些民族文化的外在表现差异使得研究者在对少数民族村落社会治理的研究中对于民族文化因素的考虑是十分必要的。如果只是简单复制传统汉族村落的治理模式并将其运用于少数民族村落中，少数民族村落的治理将会面对更多复杂的问题，这也是对不同的少数民族村落进行个案研究的一个必要性。因此，在少数民族村落社会的治理研究中针对不同民族文化特征寻找更合理的切入点与研究重点，通过深入的分析促成有效治理背后的特殊内因，在研究中更注重兼顾空间、主体及规则就显得十分重要。其三，少数民族村落内含国家、市场与社会的复杂关系，从中观层面来看，不同少数民族村落社会内往往具有更加多元和复杂的关系网络，并且这种差异是与民族文化、宗教信仰和空间环境等多种因素相关的。然而，在不同少数民族村落社会的治理中，如果不能形成一个良性的权威主体互动关系，使国家、社会与市场各领域的权威处于协调的地位并发挥着积极作用，那么会造成国家权威难以真正发挥效用。

由此可见，在面对不同村落社会中所存在的各种实际问题时，国家不得不认同村社的自治性及村社规范的正当性，基层社会治理的实践展开也会同时兼顾具有普适性特点的宏观公共准则与具有地方特性的内部规范秩序。复合治理就是这种既认可村落的内部规范，又制定和推行具有普遍适用性公共规则，使两套规则同时用于基层治理中的治理方式。然而，在实际治理中由于国家无法完全控制乡村社会生活的诸多方面，于是就会造成所推行普适性规则与地方性规范之间可能存在冲突，甚至是完全相悖的情形②。为了解决由规则冲突所造成的治理困境，就意味着必须实现治理主体的多元化，通过正式治理主体与非正式治理主体间的协商合作，来促成不同治理规则间的协调与融合。因此，近年来，复合治理的理论内涵与外延得到了更丰富的补充，在共建共治共享的治理格局导向下，多元治理主体间的良性互动关系构成了

---

① 吴志敏. 少数民族地区社会治理格局生成的路径探究［J］. 贵州民族研究，2018，39（10）：44.

② 狄金华. 被困的治理：河镇的复合治理与农户策略［M］. 上海：三联书店，2015：36.

使两套治理规则能同时嵌入同一治理场域的必要条件。郑杭生认为，如果能够把多元化的治理主体连接起来，使他们形成一个合力，共同为社区所用，那就是社区的宝贵财富，这里，我们就有必要引入复合治理的理念。① 由于大部分村落社会本身就是一个基于血缘和地缘而形成的"共同体"，村民在社会生活中具有较强的关联性，所以很多非正式主体在获得一定权威与话语权时就极可能参与到村落的治理实际中，使参与乡村社会治理实践的主体除了有乡镇政府、基层党委、村两委和村民小组等正式主体外，还包含丰富多样的非正式治理主体。例如，依靠传统型权威来获得村民认可，并以此参与到村落公共事务中的乡绅和宗族长老；通过仪式感的建构来获得了村民信任，从而建构起自我权威的少数民族领袖；利用良好的市场环境和自身能力，并以互惠互利的方式带给其他村民实际利益，以此来获得一定话语权的市场精英等。因此，从治理主体的多元化特性来看，复合治理的实现过程不仅仅是要实现治理规则之间的协调与适应，其根本则在于实现多元主体之间的良性互动关系。从这个意义来看，实现乡村社会的复合治理，就是要同时实现治理主体与规则的复合，通过多重治理主体间的有机联合，从而促使村落社会中的共同体力量能作用到多重治理规则的协调与互补中。

从 M 村的水电站事件的整个过程来看，虽然事件的起因源于少数民族的文化认同特性，但其解决之道不只是依靠地方性秩序规范，反而是在具有合法性的治理规则与地方规范的协调中得到了解决，这充分证实了复合治理在乡村社会治理实践中对协调多重规则所具有的现实意义。从理念层面来看，社会治理以一种复合化的方式来实现，意味着治理场域内的多元主体关系和多重规则矛盾都将得以调和，这不仅是对在乡村社会中应"如何治理"的简单关注，它实际内含主体权力在不同治理结构中发挥作用的内在机制，凸显了在村落治理中主体与规则间的互构关系，尤其在解释许多具有特殊性的村落社会治理问题时，这种研究取向也能在同时兼顾"谁在治理"及"如何治理"的过程中获得有效社会治理的一般性作用机制。因此，在从现实世界迈向理论追思的过程中，最终形成了本研究最初的问题意识：一是，村落社会中多元主体如何施展自身权威使不同规则能同时嵌入治理场域中？二是，一种能同时兼顾治理主体与规则的复合治理方式，其实现的根本核心是什么？

---

① 郑杭生. 中国特色和谐社区建设上城模式实地调查研究——杭州上城经验的一种社会学分析 [M]. 北京：世界图书北京出版公司，2010：136.

三是，这种兼具主体与规则复合的治理方式对乡村社会有效治理究竟具有什么样的作用机制？

二、复合治理：理论谱系及其本土探索

以村落社会的共同体为视角来透视村落复合治理的实践与展开，研究的重点在于对村落共同体内所存在的多元主体进行赋权分析，从而获得社会治理中的多重主体样态，并在正式治理主体与非正式治理主体的协同关系中，寻找多重规则得以合理嵌入治理场域的有效途径，从而获得一种有效的复合治理模式。随着社会治理的不断成熟与完善，乡村基层社会也在破解各种治理困境的过程中，不断探寻各种有效的社会治理模式。复合治理作为一种整体性社会治理模式，在破解当下社会治理困境的过程中，充分表现出对治理元素的合理整合。为此，学界围绕复合治理展开了大量相关研究，形成了较为系统完善的理论体系，本研究将从复合治理研究的相关研究和主要研究取向两方面详细展开，以此为本研究的进一步展开奠定坚实的理论基础。

（一）社会复合治理的相关研究

随着治理现代化的不断深入，"社会管理"已经在向"社会治理"逐渐过渡，基层社会治理也因此获得了更多的自治空间和更具多元化的主体权威，但与此同时，社会治理也出现了更加复杂多样的困境。复合治理作为一种整体性的治理方式，能较好地整合社会治理中的多样态元素，适合用于破解当下的社会治理矛盾。因此，学界出现了大量复合治理的相关研究，总的来说，在这领域展开的研究主要包括复合治理的理论内涵和实现方式两方面。

1. 复合治理的理论内涵

对复合治理的理论内涵进行阐释与说明一直以来都备受关注，其主要的核心在于对"复合"的深层次探讨，包括复合的缘起、复合的内容以及复合的结果等方面，所关注的重点在于社会管理向社会治理过渡后，基层社会所呈现出的一种新型治理模式。因此，目前已有的研究可归纳为从公共事务、治理结构和秩序规则三方面来对复合治理的理论内涵进行研究。

一是从公共事务层面来对复合治理的理论内涵进行研究。社会治理所面

对的最终目标是实现公共利益的最大化，而公共事务正是治理的主要内容，学界正是围绕着公共事务的展开形成了对复合治理的最初探讨。在管理公共事务的过程中，社会分化所带来的多重社会关系在不断加剧着社会治理的复杂性，针对单一性的治理而出现了复合化的治理模式。通过能人治理与制度化治理相结合、权威治理与专业化治理相结合，实现农村治理结构的新发展，形成了一套新的农村治理模式①，这便是复合治理较早的理论内涵，它充分显示了基层自治的一个可行发展方向。杭州市作为复合治理实践的主要城市，形成了主体复合的典型模式，为此，很多学者以此为实证案例，进一步展开了对复合治理的研究。为了顺应社会公共事务治理的变动趋向，通过治理理念及其机制取代传统的管理理念及其机制成为经济社会事务有效处置的主流性制度安排，实现由碎片化的单一治理向跨部门合作复合治理转变，表现的正是复合治理中的主体复合原则②。因此，这种以主体复合状态为核心的复合治理，所指的是在社会治理中有多个方面、多种类型的主体，互相嵌入、彼此支撑，形成主动的关联，但这种复合关系并不是一体化和同质化③。

二是从治理结构层面来对复合治理的理论内涵进行研究。社会的发展与变迁意味着社会治理将面对不同的理念导向与目标需求，在不同社会结构中形成了对复合治理内涵的不同阐释。随着全球化进程的不断发展，治理与风险之间越来越存在着不可割裂的关系，在分析了全球化与风险社会的关系后，有学者提出，在风险社会中，面对国家中心治理的结构性失效、制度性失效和政策性失效，应该建立起多主体、多维度、多层次、多领域、多机制、个人能动的、及时高效的复合治理机制。在这种治理结构的变迁下，复合治理应运而生，并具有了由多个治理主体组成的、多维度的、合作互补关系的、以个人为基本单位的和就地及时解决问题为目标的五大特征④。郑杭生提出，复合治理指的就是谋求各个治理主体之间的合作互补关系⑤。从我国社会治理

① 王金红. 村民自治与广东农村治理模式的发展——珠江三角洲若干经济发达村庄治理模式发展的案例分析 [J]. 华南师范大学学报（社会科学版），2003（04）：53.
② 杨逢银，胡平，邢乐勤. 公共事务复合治理的载体、实践及其走势分析——以杭州运河综保工程为例 [J]. 中国行政管理，2012（03）：17.
③ 徐东涛. 主体的重塑与社会治理体系的变革——杭州社会复合主体研究 [J]. 浙江社会科学，2015（03）：77.
④ 杨雪冬. 全球化、风险社会与复合治理 [J]. 马克思主义与现实，2004（04）：61.
⑤ 郑杭生，杨敏，等. "大民政"的理论和实践与"中国经验"的成长——夯实中国特色世界城市基础的"北京经验" [M]. 北京：中国社会出版社，2011：316-319.

实践展开的社会结构来看，存在着政社分开不彻底，且行政力量部分存在的情况，所以，当市场和社会中的各种主体成长起来并参与治理过程时，乡村社会就必然以复合治理的方式来实现对社会的治理。所以，复合化治理与单中心治理相对，它要求在社区去除行政化干预，发展多元社区治理主体，形成社区多元自治、共治以及政府与社区合作治理的结构形态①。随着社会主义市场体制的逐步完善和民众参与水平的提高，当许多非正式的主体积极投入公共事务治理中时，就能为中国政府与社会力量共同治理提供可能性和可操作性。因此，复合治理也被理解为是从政府单一主体的治理结构向多种社会主体治理结构转变过程中的一种治理形态②。具体来说就是，复合治理主要指社会治理结构从政府作为单一主体、排斥其他主体参与向多种社会主体协同以促进治理绩效优化和提升社会整体治理能力转变过程中的一种治理形态，在政府主导的过程中强调政府、市场社会组织、社会权威等多元主体复合协同，通过合作、协商等多种手段共同治理公共事务的一种新型治理模式③。

三是从秩序规则层面来对复合治理的理论内涵进行研究。作为社会治理必须遵守的基本准则，治理规则潜在地影响了社会治理的技术、方式及整个过程。从治理规则的属性来看，主要包括以国家律法制度为核心的各种具有合法性的公共规则，以及在不同治理场域内基于历史传统而形成的地方性规则。从治理的过程来看，治理主体必须遵从必要的规则来实现对社会中各种公共事务的管理，在国家政权自上而下的延伸过程中，许多未能触及的行政末梢大多遵循的是地方性秩序。所以，一般而言，任何一个自治单元受到外部规则和内部规则的双重约束，而外部规则和内部规则的复合性程度决定着自治单元的规范化程度④。以治理规则为视角，复合治理指的就是国家一方面认同村社自治以及村社规范的正当性，同时又制定和推行具有普遍适用性的公共规则，运用这两套可能存在冲突的规范来进行治理的方式⑤。由于两大治

① 杨涛，黄弘椿. 城市社区复合化治理及其发展路径——以南京市 S 街道 J 社区为例 [J]. 吉林大学社会科学学报，2016，56（03）：101.

② 陈娟. 复合治理：城市公共事务治理的路径创新——以杭州 "社会复合主体" 实践为视角 [J]. 中共浙江省委党校学报，2011，27（04）：70.

③ 顾金喜. 城市社会复合治理体系建设研究——以杭州市上城区为例 [J]. 浙江社会科学，2015（03）：70.

④ 白雪娇. 规则自觉：探索村民自治基本单元的制度基础 [J]. 山东社会科学，2016（7）：41.

⑤ 狄金华. 被困的治理：河镇的复合治理与农户策略 [M]. 上海：三联书店，2015：15.

理规则基于不同的属性，所体现的是社会治理中的"法"与"德"的基本内涵，故以法治、德治和自治相结合的方式也被称为复合治理。在吸收中国传统乡村治理的经验，并注重国家权力在乡村治理中的地位和作用的前提下，自治、德治与法治相结合的方式符合中国乡村社会治理实践的现代化治理主体、规范和方式体系，构成了较为有效的多元复合治理体系①。

2. 复合治理的实现方式

复合治理的实现，意味着这种复合化的治理方式是一种有效的社会治理方式，故复合治理的实现方式即是一种有效社会治理的实践过程。从目前已有的相关研究来看，对于复合治理的实现方式可通过在治理主体和机制两方面来实现。

一是强调在基层社会中以多元主体来实现复合治理。实现复合治理意味着多元治理主体互动关系的形成，党委领导与政府主导的根本原则是这种多元主体参与的根本保障。从党委领导的原则来看，社会治理所体现的是具有中国特色的治理路径，也是对治理文化的充分利用。执政党作为我国发展进步的核心领导力量，是政府治理创新的关键驱动力，故在面对经济全球化影响下经济转轨、社会转型的时代背景时，必须通过执政党的力量来把握发展大局，引领国家治理现代化战略实施，推动政府治理模式改革，才能实现复合治理过程中承上启下的重要一环②。在党委领导的基础上秉承多元主体理念是实现复合治理的必要前提，政府、市场和社会各部门都是实现复合治理的重要主体。从政府主导的原则来看，政府作为主要的行政职能部门，在治理中占据着重要的地位，以此为基础的复合式治理逻辑，需要充分实现的是部门合作及其整合功能与服务，且这种整合呈现出阶段性政府部门组织形态的突出特征是在整合的基础上追求合作③。围绕多元主体展开治理实践，就要使政府与市场在社会资源配置方面发挥不同优势与功能，并充分实现两者在引领乡村治理的不同场域的相互支持与补充，使政府、乡村社会组织和村民在实现和保障村民自治制度顺畅运行方面各司其职、彼此配合，便能真正实现

---

① 张伟军. 多元复合治理体系与乡村善治的实现路径——基于历史与现实的双重视角 [J]. 山西农业大学学报（社会科学版），2018，17（06）：20.

② 魏淑艳，高登晖. 多维复合治理模式：中国政府治理模式的变革取向 [J]. 广西社会科学，2018（04）：139.

③ 曲纵翔，吴清薇. 复合治理框架下整体性治理的精准性拓展 [J]. 内蒙古社会科学，2020，41（01）：24.

政府监管与服务到位、社会组织力量广泛参与和村民自愿自觉依法自主治理的有机复合治理体系①。围绕治理主体来实现复合治理，一个重要的前提是肯定治理主体的多元化特征，并合理利用不同主体在社会治理中的特殊优势，使不同治理主体间能形成良性的互动关系。因为，复合治理的生命力在于，它既吸纳了基层政府、村两委等现有的村治中的主要力量，又为经济发展、公共服务和社会管理中出现的各种民间组织提供了空间②。这种以主体复合为实现方式的复合治理，在破解治理规则矛盾，并推动治理形态创新的过程中具有不可忽视的实践意义，因此，是一种较为可行的方式。通过治理主体来实现复合治理，意味着不仅可以将部分政府职能合理转移出去，而且能够成为部分政府职能社会化的基本载体。这对建立政府与社会的良好的伙伴与互动关系、共同治理有着重要的意义③。

二是强调在基层社会中依靠实践机制来实现复合治理。复合治理的实现除了依靠多元化的主体复合，在实现的过程中还必须通过具体的技术、手段和方式来达到，以这种实践过程中所涵盖的内在机制构成了复合治理得以实现的一大要素。也就是说，复合治理模式要真正实现，还必须配以组织整合、制度协调、项目治理、权责平衡、评估奖惩等一系列具体实现机制④。这意味着复合治理的实现并不是一个简单的单向度治理模式，需要通过配套的一系列实践机制来使治理场域内的多重主体实现协商与合作。它在肯定多元主体共同参与管理即复合主体的条件下，强调国家的主导作用但非支配性；在认可协商、沟通的网络治理机制中，强调的是国家对于合作网络的指导性；在国家与各社会主体进行平等合作的横向平台中，强调的则是国家自身权力运行的贯通性⑤。由此可见，治理过程中的支配性机制、指导机制和权力运作机制等因素对实现多元主体的复合治理具有明显的作用，并且，在治理过程中所形成的各种实践机制对于治理结果具有显著的相关关系。从具体的实践机

---

① 铁锴. 协同复合治理：走出乡村治理困局［J］. 内蒙古社会科学（汉文版），2014，35（05）：21.

② 郭道久，陈冕. 走向复合治理：农村民间组织发展与乡村治理变革——基于四川仪陇燎原村的研究［J］. 理论与改革，2014（02）：189.

③ 陈娟. 复合治理：城市公共事务治理的路径创新——以杭州"社会复合主体"实践为视角［J］. 中共浙江省委党校学报，2011，27（04）：70.

④ 姚伟，吴莎. 复合治理：一个理论框架及其初步应用［J］. 理论界，2017（06）：108.

⑤ 陶建钟. 复合治理下的国家主导与社会自主——社会管理及其制度创新［J］. 浙江学刊，2014（01）：40.

制来看，联动机制能有效地实现复合治理模式，通过这一机制的形成来完善复合治理，需要明确主体间的职责分工和分类复合标准，做好复合组织形态构建；完善相关的制度设计，健全外部监督机制；规范内部运行机制和利益协调机制，推动形成复合联动治理的长效机制①。总的来说，以具体的实践机制来实现复合治理，意味着这种治理模式更具有整体性与现实意义，对优化社会治理绩效、提高社会治理水平、提升公众满意度都具有重要的现实意义，是当前我国社会治理创新的可行路径。

（二）复合治理研究的"主体"与"规则"取向

基层社会治理中的各个要素对治理的实际效用具有直接影响，不同要素实践作用的发挥与要素间的合理整合是实现有效社会治理的关键。从上述围绕"复合治理"展开的相关研究来看，目前学界主要形成了两大研究取向：一是重点关注"治理规则"的复合，另一个是围绕"治理主体"复合展开研究。

作为社会治理必须遵守的基本准则，治理规则潜在地影响了社会治理的技术、方式及整个实践过程。大部分规则均可概括为以国家律法制度为核心的各种具有合法性的公共性准则，以及在不同治理场域内基于历史传统而形成的地方性规范，即外部规则与内部规则。一般而言，任何一个自治单元都受到外部规则和内部规则的双重约束，而两种规则的复合程度会决定自治单元的规范化程度②。在学界早期的理论研究中，所谓复合治理，强调的就是不同治理规则的交互与整合。由于两大治理规则所具有的不同属性，在乡村治理中体现的正是"法治"与"德治"的基本内涵，"三治融合"的方式较为符合中国乡村社会治理实践的现代化治理主体、规范和方式体系，构成了较为有效的多元复合治理体系③。由于社会治理的现实情景与需求取向在中国大部分乡村社会具有明显差异，因而在面对不同村落社会所存在的各种实际问题时，国家不得不认同村社的自治性及村社规范的正当性。但在实现乡村复

---

① 陈娟. 复合联动：城市治理的机制创新与路径完善——基于杭州市上城区的实践分析 [J]. 中共浙江省委党校学报, 2014, 30 (02)：23.

② 白雪娇. 规则自觉：探索村民自治基本单元的制度基础 [J]. 山东社会科学, 2016 (7)：41.

③ 张伟军. 多元复合治理体系与乡村善治的实现路径——基于历史与现实的双重视角 [J]. 山西农业大学学报（社会科学版）, 2018, 17 (06)：20.

合治理的过程中，由于国家无法完全控制乡村社会生活的诸多方面，于是就会造成所推行普适性规则与地方性规范之间可能存在冲突，甚至是完全相悖的情形，由此而造成了乡村复合治理的困境①。为解决由规则冲突所造成的治理困境，通过正式治理主体与非正式治理主体间的协商合作，来促成不同治理规则间的协调与融合，可通过"主体复合"来破解由规则冲突所带来的治理困境。复合治理要求社区去除行政化干预，发展多元社区治理主体，形成社区多元自治、共治以及政府与社区合作治理的结构形态②。因此，复合治理也被理解是从政府单一主体的治理结构向多种社会主体治理结构转变过程中的一种治理形态③④⑤⑥。这里所强调的是社会治理结构从政府作为单一主体，向多种社会主体协同参与治理以提升社会整体治理能力转变的一种新型治理形态。以治理主体为核心来实现复合治理，关键在于合理利用不同主体在社会治理中的特殊优势，使不同治理主体间能形成良性的互动关系，这不仅可以将部分政府职能合理转移出去，而且能够成为部分政府职能社会化的基本载体，这对建立政府与社会良好的互动关系、共同治理有着重要的意义。

（三）对现有研究的总体述评

通过对复合治理的相关研究进行细致梳理，发现复合治理的理论内涵、实现方式和实践意义呈现出了丰富完整的理论体系。虽然相关研究已呈现出顶层设计日益完善、理论创新渐趋丰富和实践探索初见成效的良好格局。但是，从目前已有的相关研究来看，大部分研究仍基于单一的主体取向或规则取向，对于复合的整体性把握仅停留于理论层面。此外，由于现有研究仍并未呈现出较明显的少数民族村落治理场域、主体权威与复合化过程之间的关

---

① 狄金华. 被困的治理：河镇的复合治理与农户策略［M］. 上海：三联书店，2015：15.
② 郑杭生. 中国特色和谐社区建设上城模式实地调查研究——杭州上城经验的一种社会学分析［M］. 北京：世界图书北京出版公司，2010：137.
③ 杨涛，黄弘椿. 城市社区复合化治理及其发展路径——以南京市 S 街道 J 社区为例［J］. 吉林大学社会科学学报，2016，56（03）：101.
④ 顾金喜. 城市社会复合治理体系建设研究——以杭州市上城区为例［J］. 浙江社会科学，2015，（03）：70.
⑤ 陈娟. 复合治理：城市公共事务治理的路径创新——以杭州"社会复合主体"实践为视角［J］. 中共浙江省委党校学报，2011，27（04）：70.
⑥ 徐东涛. 主体的重塑与社会治理体系的变革——杭州社会复合主体研究［J］. 浙江社会科学，2015（03）：77.

联性研究，这对于乡村社会复合治理研究在对象、内容和视角上似乎存有缺憾，这也是本研究将进行重点推进的地方。

首先，在研究对象上，在以少数民族村落为治理场域展开的大部分研究中，都把 55 个少数民族作为一个整体性的对象来进行研究，由于不同民族之间的差异可能会造成治理主体和治理过程的差异化，这就使得研究的范围较广但深度不够。55 个少数民族在地域、文化、宗教和风俗等方面都存在着巨大的差异性。若充分考虑民族特性在治理中的影响作用，那么以少数民族村落作为研究对象来展开研究，所探索的社会治理模式在具体的实践中往往只具有理论上的指导意义，不一定完全适用。此外，已有研究虽然对少数民族村落的各种社会治理实践展开了讨论，但这些研究大多流于表面，只呈现了少数民族村落社会治理的现实、问题和治理结果，对于治理实践中各种主体权威的发挥和内在影响机制的分析仍有不够。从社会有效治理这一结果来看，造成结果的因素是较多的，但究其根本，还应从实现有效治理的内在机制中来探索，包括在特定治理场域内的主体、规则、方式和目标等，不同的要素背后体现的才是社会治理形态得以生成的根本。因此，可从社会治理展开的全过程来分析内在的各种主体关系和规则逻辑，将影响社会治理的"民族因素"限定为治理过程中的"个性因素"，才能对少数民族村落社会治理的实践过程有更深入的展现，对推进新时代背景下少数民族村落社会的有效治理提供具有可行性的实践指导。

其次，在研究内容上，本书重点研究的内容是乡村社会的复合治理，但从现有的研究来看，围绕"复合治理"展开的研究主要形成了两大取向：一是重点关注"治理规则"的复合，二是围绕"治理主体"的复合展开研究。其中，"治理规则"取向的研究以治理结构为导向，基于一个不可分割的共同治理区域存在的前提，认为当基层治理呈现多元化的治理主体时鉴别"谁是主要的行为主体"是尤为困难的[①]，而解析基层治理最好的路径是分析支配基层治理实践的规则，故复合治理的本质是治理规则的调适，即宏观制度与地方规范的交融与互补。然而，多元化的治理主体作为治理的实践主体，治理规则运作与发挥效用的本质在于不同治理主体对自身权威力量的利用，尤其对于基层治理主体较为多元化的乡土社会，治理主体的立场或利益差异会

---

① 李芝兰，刘承礼. 当代中国的中央与地方关系：趋势、过程及其对政策执行的影响 [J]. 国外理论动态，2013（04）：52.

促使其维护并遵循不同的治理规则，而治理规则的不适配很可能就是由于主体矛盾带来的。随着十八大以来国家对多元主体"共建共治共享"理念的大力推崇，"治理主体"取向着实关注到了治理过程中政府、基层党组织、市场、社会组织和其他社会权威等主体复合关系，并突出多元社会主体通过协同以促进治理绩效优化，从而提升社会整体治理能力的一种治理形态。但很遗憾的是，目前这一取向的相关研究更多的是基于城市社区的研究，或较抽象的理论体系建构研究。为贯彻落实党的十九大精神，加强基层组织建设，与城市社区不同的是，许多行政村开始以"主任支书一肩挑"的方式来推进基层工作，这就打破了乡村社会原有的主体关系，以主体互动关系为基础而形成的治理格局充分影响了乡村复合治理的实践过程与效用，因而对治理主体复合关系的探究有必要进行社会结构的细致划分，对乡村复合治理的研究应将其置于特定话语体系内展开。总之，从社会治理在城市与乡村的不同实现路径来看，对于治理共同体建构这一目标的达成，由于社会治理的具体实践在城乡间存在一定差异，所以需要分别从城市与乡村这两种不同的社会结构来切入。城市的社会治理大多遵循的是以街区制为基础的治理路径，社会治理展开的最末端来源于基层社区并呈现出"单线式"的治理逻辑，社区管理者并未能获得自下而上的强力支持①。与城市社区不同的是，乡村社会的治理一直延续着"双轨制"的治理逻辑，在从乡镇政府到村委会的治理轨道之外，自然村内部还存在着对社会治理具有实际作用的村民小组及各种非正式治理主体，并由此呈现出村落社会较为重要的自下而上治理轨道。从这个层面来看，对于复合治理的研究，需要充分考虑其所嵌入的社会结构样态，共同体作为社区的根本形态，能充分体现出空间内所包含的各种社会关系。因此，对于乡村复合治理的研究，可基于村落共同体，来展开对多元主体得以协商合作的根本内因进行分析，从而获得复合治理得以可能实现的路径，并在这个实践过程中发掘复合治理基于乡村社会治理的作用机制。

最后，在研究视角上，以往关于农村社会治理与权威运作的研究大多是在二元结构的框架下进行的，以"国家和社会"关系为研究的解释框架，关注的重点大多局限于行政村一级，对于自然村落内部的治理实践并未有太多涉及。虽然也有很多研究涉及社会治理的多元主体，但究其根本，依然离不

---

① 田毅鹏. 城市社会管理网格化模式的定位及其未来 [J]. 学习与探索, 2012 (02): 28.

开正式与非正式在其中一个层面的交融作用，并未深究非正式主体间如何互动形成多元的权威。从本研究所选择的个案来看，社会内部的精英、寨老、村民自治组织等非正式主体的治理参与，更是进一步深化了村落社会治理的复杂性和多样性，在二元结构的框架中更包含了多元的主体互动，因此，本研究将不局限于国家与社会的二元框架。由于少数民族村落本身就是一个典型的共同体样态，村落内部具有较强的关系网络，也存在着多元化的权威主体，如果从村落共同体这一视角来进行相关研究，就能在主体关联性较强的村落社会中更好地挖掘社会治理主体的丰富性与多样性。

（四）相关核心概念

以村落共同体为基础展开对一个傣族村落复合治理的实证研究，是本书的重点内容，因此，将对共同体、村落共同体、治理、复合治理、傣族与傣族村落等核心概念进行必要的界定，以明确本研究的实际内容与基本范畴。

1. 共同体与村落共同体

把"共同体"作为一个社会学基本概念，源于德国社会学家滕尼斯（Ferdinand Tönnies）于 1887 年发表的《共同体与社会》一文，他认为由促进、方便和成效组成的，并且它们相互间有来有往，被视为意志及其力量的表现，通过这种积极的关系而形成的族群，只要被理解为统一地对内和对外发挥作用的人或物，就是共同体的本质①。滕尼斯所提出的共同体概念是以情感认同为基础的，是一种具有生机的有机联合体，并且是具有一定排他性的社会联系，这种内部的情感认同是构成紧密联系的纽带。所以，在滕尼斯那里，共同体主要是以血缘、感情和伦理团结为维系纽带自然生长起来的，其基本形式包括以亲属为核心的血缘共同体、以邻里关系为核心的地缘共同体和以友谊为根本的精神共同体②。滕尼斯所提出的共同体是基于一种共同情感的自然因素而形成的联合体，而涂尔干（Émile Durkheim）则以一种更加直接的方式来表达了共同体的理论思想，他认为个人是不带任何中介地直接系属于社会的③，这种集体属性的"机械团结"是基于所有群体成员的共同感情和共同信

---

① ［德］斐迪南·滕尼斯. 共同体与社会——纯粹社会学的基本概念［M］. 林远荣，译. 北京：北京大学出版社，2010：53.
② 张志旻，赵世奎，任之光，等. 共同体的界定、内涵及其生成——共同体研究综述［J］. 科学学与科学技术管理，2010，31（10）：14.
③ ［法］涂尔干. 社会分工论［M］. 渠东，译. 上海：三联书店. 2000：38.

仰组成的，故它所展现的正是共同体的本质。此外，鲍曼（Zygmunt Bauman）于全球化社会的背景下，对共同体的概念内涵进行了新的解读。鲍曼认为共同体是一个"温馨"的地方，一个温暖而又舒适的场所，在共同体中的个体之间是能够相互依靠的①。在鲍曼的理论体系中共同体的本质来源于对现代性的思考，它是在全球化进程中更能给个体提供生存和生活的安全和保障，或者说是一种"确定性"，正是有了共同体的存在才能让人们能形成相互的信任与依赖，这体现的是社会结构中的传统"家"的内涵所指。通过对共同体概念的梳理，可以从中发现共同体所具有的基本要素主要是维系纽带和认同意识。因此，本文将所使用的"共同体"这一概念界定为基于对某种情感或存在物的共同认同而形成的一种有机联合体。在这个概念内涵中，维系有机关系的要素可以是某种感情，也可以是某种存在实体；而共同认同意识则是维系有机关系的基本方式。

在共同体基础上演化而来的"村落共同体"，属于一种地域共同体，它是以村落社会结构为基础的一种有机联合体。从地域共同体的内涵来看，它指的是具有一定规模的住户比较集中地居住在有一定界限的地理区域内，且居住者之间表现出坚固的内聚性相互作用，但又不基于血缘纽带而存在的共同成员感和共同归属感。② 由于中国村落中的干群关系紧张和村民利益化倾向等表现，关于中国的村落是否具有村落共同体性质，日本社会学、法学等领域的学者基于 20 世纪 40 年代初期的《中国农村惯行调查》资料，展开了一场被称为"戒能—平野论战"的大辩论③。毛丹认为，论战的核心实质曾被归为"是家优先还是村优先的问题"，实际上，家优先作为农村常态一般并不妨碍村落共同体的产生与维系，关键是中国同一时期不同地方的村落共同体受国家、市场和内部三种压力的不同交替作用，会导致共同体的产生过程、形式、机制、松紧度有所不同④。从地域性质来看，存在着村落所指是行政村还是自然村的争议，由于行政村与自然村在行政划分上是包含与被包含关系，这种分化必然会形成不同的维系纽带和认同意识。但是，从本研究所探讨的

---

① ［英］齐格蒙特·鲍曼.共同体［M］.欧阳景根，译.南京：江苏人民出版社，2003：2-4.

② ［美］亚历克斯·英克尔斯.什么是社会学［M］.陈观胜，李培莱，译.北京：中国社会科学出版社，1981：219.

③ 李国庆.关于中国村落共同体的论战——以"戒能—平野论战"为核心［J］.社会学研究，2005（06）：22.

④ 毛丹.村落共同体的当代命运：四个观察维度［J］.社会学研究，2010，25（01）：1.

社会治理实践来看，治理的过程包含了自上而下与自下而上的双重逻辑，既体现了具有普遍意义的行政村治理逻辑，也涵盖了自然村的治理逻辑。因此，本书所指的村落共同体既包括在行政村地域中所形成的具有内在关联的各种有机联合体，也包括在自然村地域内的各种具有功能性的共同体和本身所存在的基于地缘和血缘的有机联合体。

2. 治理与复合治理

治理一词在中国古代社会中由来已久，在《荀子·君道》中曾出现过对"治理"一词的使用，"明分职，序事业，材技官能，莫不治理，则公道达而私门塞矣，公义明而私事息矣。"① 这里的治理指的是具有统治意味的管理与控制。到清朝时期，在《漱华随笔·限田》中也出现了治理一词的使用，"'法非不善，而井田既湮，势固不能行也。'其言颇达治理。"② 这里的治理被赋予了全新的解释，将治理所指对象变为了公共政务，用于指代对公共政务的管理。在中国古汉语中出现的"治理"一词，显示了它最初的词语语意，但真正作为一个理论概念，治理理论是兴起于20世纪50年代的。治理理论的主要创始人之一詹姆斯·N·罗西瑙（James N. Rosenau）认为，治理是通行于规制空隙之间的那些制度安排，或许更重要的是当两个或更多规制出现重叠、冲突时，或者在相互竞争的利益之间需要调解时才发挥作用的原则、规范、规则和决策程序。③ 罗西瑙的这一概念界定重点强调的是治理所具有的补充功能，即当出现规则冲突时所需采取的各种制度安排，他并未完全表明治理的实践过程与实施主体等内容。向德平和苏海认为具有代表性和权威性，并且能基本表达"治理"深层含义的阐述来自全球治理委员会于1995年在《我们的全球之家》研究报告中的定义，它充分说明了治理所具有的四个特征：治理不是一整套规则和一种活动，而是一个过程；治理过程的基础不是控制，而是协调；治理既涉及公共部门，也包括私人部门；治理不是一种正式的制度，而是持续的互动④。根据社会治理的这四个特征，当把社会治理视作一个过程时，目标取向就是影响过程的最主要因素；而协调则表示在治理时可遵从的方法；治理所涉及的部门代表着社会治理的多方主体；最后，如

---

① 荀况.《荀子》译注 [M]. 王威威，译注. 上海：三联书店. 2014：150.
② 俞可平. 中国治理变迁30年 1978—2008 [M]. 北京：社会科学文献出版社，2008：1.
③ [美] 詹姆斯·N·罗西瑙. 没有政府的治理 [M]. 南昌：江西人民出版社，2001：9.
④ 向德平，苏海. "社会治理"的理论内涵和实践路径 [J]. 新疆师范大学学报（哲学社会科学版），2014，35（06）：19.

果充分考虑治理的持续互动过程，那么，治理的渠道就显得十分重要。这一概念的界定，充分明确了治理的实施主体、过程、方式和目标，并表现出四个主要的特征：第一，治理不是一套规则条例，也不是一种活动，而是一个过程；第二，治理的建立不以支配为基础，而以调和为基础；第三，治理同时涉及公、私部门；第四，治理并不意味着一种正式制度，而确实有赖于持续的相互作用①。因此，本研究将所使用的"治理"一词界定为：公共部门或私人部门以协调方式为基础参与公共事务的持续且互动的实践过程。

复合治理作为治理的一种具体形态，其内涵和特征被赋予了更加确切的表述，"复合"是治理过程中的一个突出特征。从"复合"一词的语义来看，据《史记·周本纪》中记载，"烈王二年，周太史儋见秦献公曰：'始周与秦国合而别，别五百载复合，合十七岁而霸王者出焉。'"② 这里所使用的"复合"一词具有的是重新结合在一起的意思，指的是两个或两个以上要素的聚合关系。从现代汉语中的语义来看，复合则用来指代不同要素因某种原因而结合起来。"复合治理"作为一个专业术语被用于社会研究中，最初所指的是一种多主体、多维度、多层次、多领域、多机制、个人能动的、及时高效的复合治理机制。③ 此后，复合治理也被理解为是从政府单一主体的治理结构向多种社会主体治理结构转变过程中的一种治理形态。④ 或者从治理规则的角度来将其定义为在认同村社自治以及村社规范的正当性，同时又制定和推行具有普遍适用性的公共规则，运用这两套可能存在冲突的规范来进行治理的方式⑤。总的来说，目前对"复合治理"并未有一个确切的定义，而现有的大部分定义都只指向了治理过程中主体或规则某一方面的复合，具有一定的片面性。因此，结合词语本身的语义和社会科学研究中的适用性，本书将复合治理定义为：各种正式与非正式主体通过合作、协商等多种手段实现治理主体关系的协同，从而使公共规则和地方秩序均能在治理过程中发挥实际作用，并达到共同治理公共事务的一种新型治理模式。

---

① 俞可平. 治理与善治 [M]. 北京：社会科学文献出版社，2000：270-271.

② 杨宽. 战国史料编年辑证（上）[M]. 上海：上海人民出版社. 2016：271.

③ 杨雪冬. 全球化、风险社会与复合治理 [J]. 马克思主义与现实，2004（04）：61.

④ 陈娟. 复合治理：城市公共事务治理的路径创新——以杭州"社会复合主体"实践为视角 [J]. 中共浙江省委党校学报，2011，27（04）：70.

⑤ 狄金华. 被困的治理：河镇的复合治理与农户策略 [M]. 上海：三联书店，2015：15-18.

3. 傣族与傣族村落

关于傣族的记载，最早可以追溯到公元前 1 世纪的汉文史籍中，在《史记·大宛列传》中有："昆明之属无君长，善寇盗，辄杀略汉使，终莫得通。然闻其西可千余里有乘象国，名曰滇越，而蜀贾奸出物者或至焉，于是汉以求大夏怡通滇国。"① 其记载的"昆明之属"属于现代彝语各族先民，而汉初仍属于原始的游牧阶段，汉武帝为防止寇盗，便决心对西南夷实现征讨，由此加深了云南与中原政权之间的联系，其书中所记载的傣族就在汉朝初期被称为"滇越"。直至东汉时期，在《后汉书·和帝本纪》中则把傣族先民称为"掸"，书中有记载言："永元九年春正月，永昌徼外蛮夷及掸国重释奉贡。"② 傣语各族人口数量颇多，彼此都有着共同的族属渊源，在古代汉文中常被统称为"掸"③。关于傣族的起源问题，虽然学界基本达成了源自古代百越的一致认可，即过去比较通行的说法是傣、泰、壮原为同族，属于百越，发源于中国的西南和东南部，即川滇两广，但在具体的分布地方及迁徙等问题上依然存有分歧④，可以说，古代"掸"人分布的范围十分广泛，分属于现代的中国、泰国、缅甸和老挝等不同国家。尤其在《后汉书·和帝本纪》中所记载"永昌徼外"，实乃永昌郡治，虽然并没有现代行政划分那样清楚，但其所属地区就是如今的云南保山以西的广大地区。自唐朝以来，傣族则被称为"金齿""秀脚"或"白衣"等；自元至明，"白衣"被写作"百夷"；清以来则多称作"摆夷"。虽然在中国历史的发展中出现了对傣族的各种他称，至于傣族自称，则一直作"傣"，直到新中国成立以后，正式将其定名为"傣族"。傣族有自己的语言、文字和天文历法，并且在生活习俗上具有明显的本民族特色，在傣族的服饰、饮食、居住环境、节日、丧葬和禁忌等多方面，都具有明显的特殊性，可用来与其他民族作为区分。从服饰上来看，男子上穿无领对襟或大襟小袖短衫，下穿长裤，并用白布、青布或绯布包头，女子则穿腰身瘦窄且下摆宽大的筒裙；饮食上主要以稻米为主，也是我国最早种植水稻的民族之一；居住的楼房主要以竹楼为主；节日主要有新年"金

---

① 《傣族简史》编写组，《傣族简史》修订本编写组. 傣族简史 [M]. 北京：民族出版社. 2009：2.

② 《傣族简史》编写组，《傣族简史》修订本编写组. 傣族简史 [M]. 北京：民族出版社. 2009：6.

③ 《傣族简史》编写组，《傣族简史》修订本编写组. 傣族简史 [M]. 北京：民族出版社，2009：6.

④ 罗美珍. 从语言上看傣、泰、壮的族源和迁徙问题 [J]. 民族研究，1981（06）：54.

比迈"（如今称"泼水节"），以及进斋节和出斋节等宗教节日；在丧葬上，傣族分土葬、火葬和水葬，但主要以土葬为主；各地的傣族都有很多禁忌，风俗也不进相同，例如，每个村落都有"寨心"，称为"哉曼"，不允许任何人脚踏或坐站等。

国家民委在印发的《少数民族特色村寨保护与发展规划纲要（2011—2015 年）》中，对少数民族村落进行了相关界定，指出，少数民族村落是指55 个少数民族中的某一种或几种民族的人口相对聚居，并在村落总人口中所占比例较高，以及村寨的居民样式、风俗习惯、生产生活都集中体现着该民族文化特征的行政村。具体来说，少数民族村落即为在《国家民委关于印发开展少数民族特色村寨命名挂牌工作意见的通知》这个文件的指导下，有各地民委推荐，经专家评审公示并报国家民委委员会议批准的"中国少数民族特色村寨"。以少数民族村落的界定为基础，傣族村落即具有民族特征的傣族人口相对聚居，并在村落总人口并在村落总人口中所占比例较高，且村落的居民样式、风俗习惯、生产生活都集中体现着傣族文化特征的行政村。从傣族的地理分布来看，能推断出傣族村落主要分布于云南省境内的西双版纳傣族自治州、德宏傣族景颇族自治州以及耿马和孟连两个自治县，其余的则大多散居在景东、景谷、普洱和腾冲等 30 多个县。

三、解释框架："共同体"与"社会治理"互构

以一个村落社会的复合治理作为主要研究内容，故本书将在治理主体多元化与治理规则双重化的背景下，探讨村落治理场域内的一种复合治理路径。具体来说，本研究将以"村落共同体"作为理论视角，在"共同体与社会治理互构"的解释框架中，按照复合治理的"缘起条件—根本核心—实现机制"这样一种逻辑思路来展开相关研究。

（一）共同体理论与社会治理研究

20 世纪 80 年代以来，共同体主义风行，这一理论备受学界关注和热议，其理论的解释范畴和话语指向极为广泛。由于步入后工业时代的人类社会正面临"大分裂"和"社会原子化"的挑战，而共同体恰恰是克服社会原子化

的良药。同时，共同体话语的指向极具批判性，自然被广泛运用。① 滕尼斯最初提出"共同体"概念时，所用的英文单词是"community"，在理论的本土化过程中曾被译作"社区"，他指的是一种"由自然意志占支配地位的联合体"②。随着这一概念的广泛使用，许多现实问题的应用更是凸显了概念的强大解释力，虽然许多学者对滕尼斯所提出的"community"一词有各不相同的理解，并形成了较多的概念定义，但总的来说，他所提出的共同体概念指的是一个基于共同生活体验和情感认同的生活共同体，它是人们社会生活的基本单元③。加拿大学者布莱登（Diana Brydon）和科尔曼（William D. Coleman）曾这样看待共同体理论，认为它是一个难以理解的社会对象，虽然它经常被用作整体的、无差别的且具有内在权力的事物，或用作同一种声音与国家、跨国非政府组织或者国际法庭，但其实是绝非如此的。④ 随着越来越多的学者对于"共同体"概念赋予不同阐释，使共同体这一概念的内涵和外延得到了极大的拓展，为社会治理研究提供了许多不同的视角。总体而言，概念的理论内涵依然遵循共同的本质，即共同体的形成意味着如何在承认个体差异、分化的基础上，遏制社会冲突的形成，寻求差异中的协调和分化中的秩序，达到自然和谐状态⑤。

由于共同体内部具有很强的关系网络和共同认同，所以即使没有行政权力的介入，其内部依然能表现出一定的自治能力。因此，围绕共同体理论展开的社会复合治理研究，主要体现在共同体与社会治理的互构关系中，包括在共同体的基础上实现有效社会治理和在社会治理的过程中建构共同体。从以共同体来实现有效社会治理的层面来看，共同体不仅为社会治理提供了具有相互关联的主体基础，也能在治理的过程中加强与群众之间的有效联系。当社会治理的"自治单元"不再局限于一个城市社区、行政村、自然村（屯、

① 田毅鹏，吕方."单位共同体"的变迁与城市社区重建［M］.北京：中央编译出版社，2014：2.
② ［德］斐迪南·滕尼斯.共同体与社会——纯粹社会学的基本概念［M］.林远荣，译.北京：北京大学出版社，2010：53.
③ 黄家亮.基层社会治理转型与新型乡村共同体的构建——我国农村社区建设的实践与反思（2003-2014）［J］.社会建设，2014，1（01）：77.
④ ［加］布莱登，科尔曼.反思共同体：多学科视角与全球语境［M］.严海波，等，译.北京：社会科学文献出版社，2011：31.
⑤ 王亚婷，孔繁斌.用共同体理论重构社会治理话语体系［J］.河南社会科学，2019，27（03）：36.

村民小组）等地域或者空间上的概念，而是一个有着紧密共同利益的居民联合体，是社会内生出来的居民自治组织，那么以紧密利益共同体自治为基本形式，就能构建起多层次治理体系①。共同体中基于利益与情感的共同认同使得治理场域内本身就是一个关系紧密的有机联合体，如果说社会主义制度下的最佳基层社区治理方式是能与群众紧密联系起来，那么以共同体来实现社会自治可能会成为基层社会治理的一种有效方式。此外，从在社会治理过程中建构共同体这一层面来看，社会治理的目标指向为具有某种功能性的共同体形态，这正是"治理共同体"理论的缘起。从社会治理共同体的提出到广泛运用，共同体理论下的社会治理研究得到了一个新的发展。

从滕尼斯、鲍曼和涂尔干等思想家对共同体的理论阐述来看，不同维系因素和实现方式下所呈现的是"共同体"概念的不同内涵，但不可否认的一个共同要素是，相互的关联性存在才得以真正构成共同体。随着在实践中被不断反思与创新，共同体的概念不再是局限于自然属性上的联合，在契约属性的赋予下共同体也获得了更加丰富的内涵。从共同体的功能性来看，它是一个融入权力组织、社会网络、社会资本等多种新元素的共同体，也因此成为具有多种功能的功能性共同体②。在这样的背景下，许多以契约为核心并具有功能意义的有机联合体形态也被逐渐提出来，如科学共同体、治理共同体和交往共同体等，这些共同体不仅仅局限于一定地域中，可能还存在某种虚拟的形态。从共同体的功能性来看，社会治理与共同体在理论上的最佳契合就是"社会治理共同体"这一概念的提出，尤其是在党的多次重要会议中都提出"建设人人有责、人人尽责、人人享有的社会治理共同体"③ 的要求，至此将社会治理与共同体的相关研究推到了一个新的高潮，社会治理共同体概念的正式提出，使学界对治理共同体理论内涵和建构路径展开了大量的研究。社会治理共同体意指政府、社会组织、公众等基于互动协商、权责对等的原则，基于解决社会问题、回应治理需求的共同目标，自觉形成的相互关联、相互促进且关系稳定的群体④。关于社会治理共同体的建构目前也得到了

---

① 卢宪英. 紧密利益共同体自治：基层社区治理的另一种思路——来自 H 省移民新村社会治理机制创新效果的启示 ［J］. 中国农村观察, 2018 (06)：62.

② 李慧凤, 蔡旭昶. "共同体"概念的演变、应用与公民社会 ［J］. 学术月刊, 2010, 42 (06)：19.

③ 习近平. 决胜全面建成小康社会 夺取新时代中国特色社会主义伟大胜利 ［N］. 人民日报, 2017-10-28 (001).

④ 郁建兴. 社会治理共同体及其建设路径 ［J］. 公共管理评论, 2019, 1 (03)：59.

学界广泛的关注，且大多是围绕社会治理的理念、主体、过程和目标来展开的对社会治理共同体建构的研究。社会治理共同体的建构意味着治理的各个主体能力将得以提升，而主体之间的关系也将得以优化，在这个过程中，需合理利用一定的治理技术，使治理规则得以整合，最终达到某一治理目标。从社会治理的主体、方式和路径来看，实现治理共同体就需要由政府、社会组织（社区和非营利组织）、市场（私人部门）和公民等多元治理主体共同组成，并使它们通过对话、协商、谈判、合作等集体选择和集体行动，形成资源共享、彼此依赖、互惠合作的机制与组织结构，以实现共同的治理目标①。

总之，以共同体理论为研究视角来进行社会治理的相关研究，能透过治理场域内的主体关系获得有效治理的实现路径，从理论上来看具有一定的合理性，较符合本研究的解释取向。中国传统的乡村社会本身就是典型的共同体形态，尤其是自然村落，大多是基于一定的血缘和地缘所形成的社会交往共同体，村落内部具有很强的关系网络，这都决定着社会治理的实践过程。因此，本研究将以共同体理论作为研究视角，围绕乡村各种具有独立性和内聚性社会单元的"小共同体"，来探讨复合治理得以实现的可能性与可行性。

（二）傣族村落的"共同体与社会治理"

在农村社会原子化与空心化问题日趋严重的当下，农村社会内部随之出现了各种分化，面对社会结构的快速变迁，农村的发展问题成为学界较为关注的主题，无论是"村落终结说"②③，还是"村落再生说"④，都给出了关于农村社会发展的预测，这都预示着在城镇化进程中不可逆转的村改居状况，在复杂的社会变迁背景下，社会治理的难度在进一步增大，对于傣族村落来说，社会结构的特殊性又在一定程度上加剧了治理的难度，调和民族间的差异关系，在保留传统民族文化的基础上进行现代化治理是村落社会必然面临

---

① 公维友，刘云. 当代中国政府主导下的社会治理共同体建构理路探析 [J]. 山东大学学报（哲学社会科学版）. 2014（03）：52.

② 李培林. 村落的终结——羊城村的故事 [M]. 北京：商务印书馆，2004：1-16.

③ 田毅鹏，韩丹. 城市化与"村落终结" [J]. 吉林大学社会科学学报，2011，（02）：11.

④ 文军，吴越菲. 流失"村民"的村落：传统村落的转型及其乡村性反思——基于15个典型村落的经验研究 [J]. 社会学研究，2017，32（04）：22.

的问题。因此，本书将选择一个傣族村落来进行相关研究，不仅是因为它表现出了传统村落共同体的基本要素，更重要的是，从这种传统村落共同体中更能挖掘出丰富多元的治理主体，以及地方秩序规范的特殊性与重要性，这对于复合治理的实践路径和作用机制的探讨更有明确的指向性。

从现有的乡村社会治理相关研究来看，以治理主体为核心的大部分传统研究都是以"国家与社会"的关系作为解释框架的。虽然受近代城镇化进程和市场化的影响，使乡村的治理场域中嵌入了各种各样的主体及权力关系，但这种主体之间的关系依然是在正式主体与非正式主体之间展开的。从本研究所选取的 M 村来看，除了具有合法性的各种正式主体外，村落共同体的存在使得许多具有个人权威的主体也参与到了社会治理中，这类主体包括寨老和市场精英等。其中村落内部原生的寨老因民族仪式和宗教信仰的需求，在大部分自然村落内部基本仍有保留，但除了在民族节庆和家族事宜中发挥作用外，因其树立的权威能够得到大部分农民的信服，即使他们很少直接参与村里的行政事务，但在复杂的村落结构内，各种要素的关联性也足以成为其参与行政的条件。此外，受市场经济与社会流动的影响，有一部分乡镇企业会利用得天独厚的优势发展起旅游产业和其他第三产业，在与外界联系的过程中给农民带来了确实的经济利益，在村内逐渐建立起了一定的话语权，这类精英权威是民族村寨意见表达和监督的主体，在民众中拥有特殊的地位和威望①。正是在非正式治理主体的权威系统的作用下，构成了傣族村落治理主体多元化的特征。从治理主体的多元化特征来看，在深受民族文化和宗教信仰影响的作用下，傣族村落的社会治理具有一定的复杂性和特殊性，正式治理主体与非正式治理主体之间的互动主要体现的仍是国家与社会的关系，但从非正式主体能参与社会治理的内在动因来看，个人权威与村落内部认同的结合才是真正促使其成为非正式治理主体的重要原因。因此，要深入挖掘复合治理的实现路径，必然得深入探究各种主体参与社会治理的内在动因，这就得从治理实践所展开的内部社会结构来探讨，从这个层面来看，以村落共同体中的多重主体样态作为切入点是较为可行与合理的。

从傣族村落的治理规则来看，具有合法性的公共准则和具有民族特色的地方规范都在发挥着重要的作用。从宏观制度层面来看，除了大部分具有普

---

① 张中奎. 乡村振兴背景下民族村寨治理权威嬗变与能人权威的兴起——以贵州省为考察中心 [J]. 广西民族研究，2019 (02)：83.

适性的政策制度在村落治理场域中发挥作用外，由于我国对于少数民族地区实行的是少数民族区域自治制度，故以民族区域自治为核心的许多宏观制度也在发挥着作用。为了协调好国家与不同少数民族之间的关系，真正实现"自治与统一"的良性关系，弥补少数民族在发展中的滞后问题，少数民族区域自治制度便应运而生了。在这样宏观的制度背景下，少数民族地区不仅获得了根据民族特色制定相关制度的条件，同时也得到了国家的重视和大力扶持，对少数民族发展的滞后问题，国家相继出台了一系列的倾斜政策偏向对少数民族的特殊照顾，尤其是新中国成立初期具有"民族主义"取向的民族政策不同于以往任何一个时期的民族政策，它成功地将不同的民族纳入一个统一的政权中，并且实现了少数民族对"中华民族"的整体认同。在这种宏观的政策制度影响下，村两委成为主要的治理主体，它体现的是乡村社会自上而下的治理渠道。从地方性规范的层面来看，傣族有本民族的许多民族禁忌和信仰，在他们的生产生活中会自觉地受到文化规范的制约，这对社会治理来说是有利也有弊的。一些优秀文化因素的影响，能使村民形成较好的生活习惯，例如，傣族在水文化的影响下具有明显的崇拜，所以他们对水源的保护非常注重。当然，地方规范的弊端则主要体现在与宏观政策制度的冲突中，尤其是因宗教信仰造成的族群认同矛盾等，都会加剧社会的不稳定性并造成民族之间的割裂。可以说，在乡村社会的治理实践中，地方规范的自治作用在影响着村落治理的复杂性与特殊性，构成了社会治理的个性差异，体现的是一种自下而上的治理逻辑，并且这种地方规范的运作主要依靠的是自然村落内的各种非正式主体。制度之间的差异性与互补性是实现村落复合治理的根本，在村落共同体的视域下来透视各种制度的运作逻辑，可以各种"小共同体"的基本特性为基础来透视制度实践的社会结构，从而挖掘不同制度得以嵌入村落治理空间的本质，这对治理制度的复合研究具有一定的解释意义。因此，可以在村落共同体的视角下来深入挖掘基于不同治理空间的各种制度的实践运作逻辑，以此获得双重规则得以复合的路径。

综上，本研究将以"共同体理论"作为分析视角，同时，按照乡村复合治理的"缘起基础—核心根本—实现机制"这一思路来展开分析，期望以此来获得复合治理实现路径和作用机制的内在本质，将研究的重点放在治理主体与治理规则的复合过程中，在村落的社会治理中分析各种权威主体的互动关系，并从治理场域中的不同规则运作来探究横向与纵向两条治理路径的实践逻辑，从而揭示乡村社会复合治理的实现路径与作用机制。总之，以"村落共同体"为研究视角,在"共同体与社会治理共互构"的框架下展开对乡村复合治理的研究,就是期望在村落社会"生活共同体"中挖掘复合治理的可能性,在村落社会"治理共同体"的建构中来透视复合治理的可行性,并以社会"生活共同体"与"治理共同体"的相互关系来检视复合治理的有效性(如图1.1所示)。

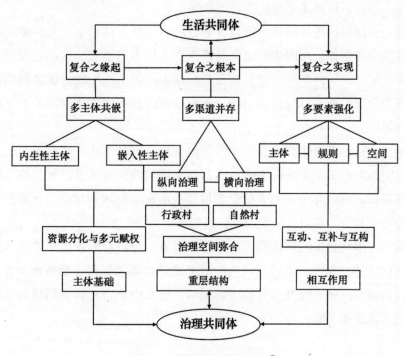

图 1.1 解释框架思维导图①

四、乡村复合治理探索的重难点及意义

(一) 研究重点

以村落共同体来透视乡村社会复合治理并从中获得村落社会生活共同体作用于治理共同体的内在机制,村落的权威主体与治理实践就是本研究的主

---

① 文中所有图表均为笔者制作或拍摄。

要内容。根据这一核心内容，本研究的重点包括了从"是什么"到"为什么"的逻辑递进内容：首先，深入分析村落共同体中所包含治理主体的权威生成与运作；其次，探讨不同主体之间如何通过互动来实现多重规则的协调包容；最后，透过治理主体与规则间的相关关系，以治理共同体的建构，来进一步检视复合治理得以实现的有效路径与内在机制。因此，围绕这个逻辑展开相关研究，重点主要包括以下三方面。

第一，探讨村落共同体中所包含的各种内生性主体形态，分析多元主体的权威生成与运作。在内生性主体与嵌入性主体参与治理实践的过程中，探究多元主体之间如何实现互动，以及，在这个过程中不同的主体之间如何利用权威力量获得社会治理的话语权，从而呈现内涵多元主体互动关系下的村落治理场域。

第二，从治理空间与社会关系的层面来展开对村落治理实践的分析。在治理空间的生产关系中分析不同主体参与治理实践的方式及其所呈现出的乡村治理逻辑，再以此为基础来捕捉乡村社会治理中的规则运作，从而获得乡村社会有效复合治理得以实现的可行路径。

第三，围绕村落共同体所内含的各种要素，分析以实现生活共同体促成治理共同体的过程中，治理场域内的诸多差异化要素如何实现有机复合，在对乡村治理共同体有效性进行检视的同时，也从中获得村落共同体与复合治理间的内在逻辑关联。

（二）研究难点

本研究的主要难点来自研究方法和研究对象，由于选择了笔者家乡的一个村落来作为个案研究，受研究规模局限性及研究对象特殊性的影响，使得本研究主要存在以下难点：

一个难点来源于研究方法。本研究采用的是质性的社会科学研究方法，虽然选择了笔者的家乡作为研究空间，能较好地进入并参与观察，所获得的资料也会更加全面。但对于研究者而言，这种家乡研究可能会造成研究者的主观价值判断，使研究结论受此干扰。因此，保证研究者在实地调研过程中的"价值中立"，对现实问题持客观态度，并寻找到研究者与研究对象之间的主客平衡点，是本研究所面临的一个技术性难点。

另一个难点则来源于研究对象。本研究仅选择了滇西地区的一个傣族村落作为研究对象，由于村落内部所特有的民族性因素可能会是影响社会治理成效的一项干扰因素，因此需要在研究过程中，将这种少数民族的特性归纳为社会治理中的个性因素，并以此建立起乡村复合治理在特殊性因素影响下所具有的共性特征和实现路径。另外，从地方性规范的实现角度来看，不同村落会呈现出自身的特性，各种地方性规范的呈现与运作也大不相同，因此，如何通过个案研究，从深层提炼复合治理所具可能性与可行性的一致性理论核心，在研究中获得具有解释力的一般性结论，从个案的经验研究中达到"一叶知秋"① 的目的也是本研究的一个理论性难点。

（三）研究意义

本研究通过重点关注一个傣族村落的社会治理实践，以村落共同体作为研究视角，来展现村落社会治理的主体参与及规则运作，在探寻乡村基层社会的有效社会治理模式过程中，以复合治理的实现方式和作用机制，来获得村落共同体与复合治理间存在的内在关联。因此，在理论和现实中都有一定的意义。

1. 理论意义

本研究将一个傣族村落的社会治理作为核心议题，关注村落社会治理中的主体参与及规则运作，以及由此呈现出的治理实践和相关逻辑，从社会结构的平面向立体铺展开来进行分析。通过分析村落共同体中的多种主体在基层社会中共同在场时，他们是如何施展自身权威并形成互动关系，以此来探究这种互动关系如何促成不同规则间的协调与融合，在治理共同体的建构过程中呈现乡村有效复合治理得以实现的可行之道。本研究从问题的表面深入到理论层面，在研究过程中使用复合治理理论、共同体理论和主体权威协同理论等多重理论来分析村落社会的基层治理问题，因此，本研究对相关理论有较好的运用与合理的补充，具有以下理论意义。

第一，本研究将共同体理论用于一个村落的社会治理实证研究中，以社会学的研究方法来展开分析，对于理论的解释范畴具有一定拓展。"共同体"一词最初是滕尼斯在其著作《共同体与社会》一书中被系统提出来的，作为一种生机勃勃的有机联合体，共同体呈现出了一种美好的社会关系，在围绕

---

① 周雪光.一叶知秋：从一个乡镇的村庄选举看中国社会的制度变迁 [J].社会，2009，29（03）：1.

共同体展开的社会科学研究中，共同体作为一种理想化关系状态的呈现方式，它常用于各种社区研究中，但大多是把它作为一个研究对象来展开，即共同体是实践过程的目的而非一种透视理论。此外，随着治理共同体概念的提出，学界为此展开了大量的理论探索，对治理共同体的内涵和特征进行了相关研究，对建设治理共同体的路径也有一定涉及，但目前已有的研究多是宏观的理论研究，并未从共同体的本质要素来进行深入的研究，相关实证研究也并不充分。因此，本研究以共同体作为视角，就是为了在村落生活共同体的基础上，从现有的有机联合体中寻找各种有益的社会治理要素，从而进一步挖掘治理共同体得以建构的关键，这对共同体理论的解释范畴有一定的扩展意义。

第二，本研究重点关注的是乡村社会的复合治理，将复合的实现过程与作用机制作为重点研究的内容，在回应复合治理理论的同时也对该理论有相应补充。复合治理被运用到中国的治理实践中是晚清帝国以后中国开启治理改革的一项工程，它改变了传统国家对乡村社会的简约治理，开始在乡村社会引入公共准则进行治理①。这一时期的复合治理主要强调的是宏观制度规则在乡村社会的进入过程，治理中的主要困境正是来源于这种规则间的不协调。但随着社会变迁的不断推进，乡村基层社会治理的理念与现实已发生了较大的变革，故复合治理的理论内涵也在不断更新，目前大部分研究将复合治理视为多重主体在政府领导下的合作协商治理方式②，这一理论内涵所强调的要素从治理规则转向了治理主体，所体现的是当下所提倡的共建共治共享理念。但是，在乡村社会的治理实践中，规则与主体作为密不可分的两个要素，不应该将其割裂开来强调第一性或唯一性。因此，以村落共同体中的良性主体关系来实现规则整合，在乡村复合治理的研究中同时兼顾治理的主体与规则，并以这种有效的复合治理方式来实现治理共同体的建构，所凸显的正是复合治理的作用机制，这对复合治理理论是一项有益的反思与补充。

第三，本研究在对村落共同体中的各种主体关系进行分析时，为了更好地提炼出作用于社会治理的诸多要素，以多重治理主体间的协同性生成作为范式展开研究，对协同治理理论具有一定意义。从兴起于 21 世纪初的"协同

---

① 狄金华. 被困的治理：河镇的复合治理与农户策略［M］. 上海：三联书店，2015：291.

② 陈娟. 复合联动：城市治理的机制创新与路径完善——基于杭州市上城区的实践分析［J］. 中共浙江省委党校学报，2014，30（02）：24.

治理理论"来看，它虽然在西方国家已被广泛运用与完善，但在国内的社会科学界大多仅用于公共管理和行政管理领域，并且许多相关的研究都是以理论分析为基础的，对于具体实践案例的运用还未完善。此外，目前国内对协同治理的研究主要是基于宏观视角展开的，以协同治理作为治理过程的理想型目标为研究导向，对于协同的过程及相关要素分析仍有不足。并且，从已有的实证研究来看，大部分研究都照搬西方的理论内涵，而协同理论作为一个外来理论，在面对中国社会治理文化的碰撞时，必须在一定的背景下来合理使用。以协同治理理论来对村落共同体内的各种主体关系进行社会学分析，在分析多种治理主体的互动与权威施展中获得主体协同性的生成路径，这有利于提高协同治理理论本土化进程。

2. 现实意义

本书以共同体为视角切入研究，在叙事性的村落故事中提炼具有现实意义的乡村复合治理模式，是具有一定现实意义的。以共同体为研究视角，从共同体中的主体关系来实现规则整合，这种以生活共同体促成治理共同体的方式可作为解决复合治理困境的可行路径。此外，复合治理是对当下社会治理实践在少数民族村落中的拓展，弥补了在城镇化进程中少数民族村落社会治理问题研究的不足，为解决少数民族村落治理路径与方式提供了相关的参考。总之，本研究对当代中国的乡村社会治理现代化发展具有一定的现实意义。

一方面，对解决由规则冲突造成的复合治理困境具有现实意义。从中国目前所处的时代背景来看，社会矛盾的转变，以及全面建成小康社会的不断推进，在实现城镇化进程的关键时刻，解决好村落社会治理中所存在的各种矛盾关系是很有必要的。以复合治理的方式来实现乡村社会的基层治理，意味着具有合法性的各种公共规则在嵌入基层治理场域中，由于具有很强的正当性，所以当它与复杂多样的地方性规范出现碰撞时，有可能会出现不同规则之间的不适配，甚至在强大制度保障的作用下，使一些有地方特色的有效规范不断消解，这将不利于治理的有效性生成。但是，通过村落共同体来激活村落社会中具有权威力量的各种主体，实现治理主体的多元化格局，并在主体的良性互动过程中来使不同治理规则得以调和，这既保障双重治理规则的有效性，还能以此建构起乡村社会的治理共同体，对于破解由规则复合所带来的治理困境是极为有利的。在共建共治共享的治理格局下，以共同体为基础来实现有效的复合治理，对"建设人人有责、人人尽责、人人享有的社会治理共同体"这一治理目标的实现具有较强的现实意义。

另一方面，对少数民族村落社会治理的创新具有现实意义。随着社会治理在中国的不断完善与发展，在不同时代背景下，党和国家对社会治理都有不同的工作重点。目前，国家已越来越重视基层社会的共建共治共享，在党的十九大报告中，明确提出要"健全自治、法治与德治相结合的乡村治理体系"。可以说，这在深层逻辑里阐释了社会治理在社会发展过程中的重要意义，这也意味着，在乡村社会治理实践中将不断探寻理想模式，实现治理模式的创新，并在实践中逐渐推进基层社会的有效治理。在这样的时代背景下，少数民族村落作为一种具有特殊性和复杂性的社区样态，在实现社会有效治理的过程中，面对着更加复杂的现实问题。受民族文化传统的影响，如何在民族区域自治的制度依托下实现党的领导与社会参与是十分关键的。并且，从贫困治理的角度来看，少数民族村落在贫困村落的占比是较大的。为攻克贫困治理难题，实现精准扶贫与乡村振兴幼小衔接，并全面实现农业农村现代化，需要格外重视少数民族村落社会发展。因此，对少数民族村落社会治理的研究与不断完善，对于较好地化解少数民族村落社会中存在的各种矛盾，调和国家与社会、秩序与进步、传统与现代等不同要素之间的平衡是很有价值的。而本研究选择了少数民族村落中的一个村落来进行研究，将关注的重点从该民族的特殊性延展到少数民族村落社会治理的普遍性上，这对实现少数民族村落的有效治理是具有一定实践意义。

五、田野与方法

（一）研究方法

1. 人文主义的方法论

人文主义的方法论认为，研究社会现象和人民的社会行为时，需要充分考虑到人的特殊性，考虑到社会现象与自然现象之间的差别，如米尔斯（Charles Wright Mills）所说的"人对人的理解"，以及马克斯·韦伯（Maximilian Karl Emil "max" Weber）所说的"投入理解"，这都是较为典型的人文主义方法论①。人文主义的方法论强调人的主体作用，充分考虑到人对于社会结构的建构作用，并且突出研究者对于研究过程中的主观认知，因此，在实际的研究过程中，研究者将格外注意"价值中立"，避免自我主观性多研究结论客观性造成影响，应该以中立者的姿态进入到研究中去。由于本研究所选取的 M 村隶属于研究者的家乡，这会使研究者容易产生共情的心理，在研究的过程中只有避免个人情感的代入，才能避免研究结论的客观性受到影响，因此，采用人文主义的方法论是极其有必要的。

另一方面，人文社会科学自有其特殊的思维方法，即与自然科学的"解释"方法不同的"理解"方法，20 世纪以来，哲学对传统哲学模式反叛的结果进一步促成了人文思维方式的发展，它以"生活形式"概念把哲学的根据放置在历史传统、文化习俗、生活习惯等人文基础之上②，这样，就使得人文社会科学在研究的过程中更加注重人作为空间主体的重要性。从本研究的研究对象来看，滇西地区的傣族村落因其内部民族风俗和民族文化的特性，造就了村民日常生活和习俗的特殊性，也导致了社会治理的特殊性与复杂性，可以说，本研究所关注的治理过程的主客体都受到了少数民族特殊性的影响，作为"人的存在"极大地影响了研究的结论与取向，因此，本研究是较符合人文主义的方法论旨趣的。

社会学所研究的问题种类较多，且很多都是逻辑特性差异极大的问题，这使得社会学的研究在研究方式的选择上也存在较大的差异，通常，我们把社会研究的具体方式划分为四种主要类型，包括调查研究、实验研究、实地研究和文献研究③。考虑到本研究所具备的社区个案研究的特性，更加符合实地研究的基本元素和特定语言，因此，本研究将采用实地研究的方式进行。通过研究者在研究空间中的亲自观察和收集资料，从而获得很多研究问题的切身体验。实地研究属于定性研究的性质，所以，将满足质性研究的研究范式，它是一种诠释的社会科学，通过对社会生活的理解，以深描的方式来发现在自然情境下如何建构其意义，最后，再通过反省和重新检查，分析他人生活中的经验与对意义的理解，从而不断修正认知图示。

---

① 风笑天. 社会学研究方法 [M]. 北京：中国人民大学出版社，2001：7.
② 陈嘉明. 人文主义思潮的兴盛及其思维逻辑——20 世纪西方哲学的反思 [J]. 厦门大学学报（哲学社会科学版），2001（01）：42-48.
③ 风笑天. 社会学研究方法 [M]. 北京：中国人民大学出版社，2001：16.

2. 具体研究技术

从具体的研究技术来看，本研究作为一项定性研究，在资料的收集与分析过程中都将遵循实地研究的原则，以人文主义的研究范式为基础展开。具体来说就是，在资料收集的过程中，主要选择滚雪球抽样来获取样本，并通过田野观察法和访谈法来完成；在资料分析的过程中，选择个案研究的方法来完成，当然，对于部分难以获得确切答案的历史性问题及政策法规问题，将通过文献研究法来完成。

滚雪球抽样通过随机地选择一部分被访者来进行访问，再通过他们来推荐属于研究目标总体特征的调查对象，从而获得另一批被访对象，以此类推，像雪球似的使被访对象的数量逐渐增大。对于本研究的空间区域来看，研究规模较小，选择滚雪球抽样的方式能较好地保证样本来源的随机性。此外，作为个体介入研究，研究的合法性不一定能获得村民的普遍认可，而通过一部分熟人来获得更多的样本，是一个较为可取的方式。但是，通过滚雪球抽样的方式来获得样本，可能会造成整个样本出现偏差，因为那些个体的名单来源于那些最初调查过的人，而他们之间可能十分相似，因此，样本可能不能很好地代表整个总体[1]。为了避免这类问题的出现，将通过尽可能扩大样本量的方式来解决。

个案研究法是指通过选择一个个体、群体或案例来进行深度的持续性调查，通过各种方法来获取复杂情景中的特定资料。在研究过程中选择一个较为有代表性的典型案例，以多种可操作性方法，通过长时间的持续性的较为深入的探究来完成资料的收集。从具体操作来看，本研究选择 Y 省的一个村落作为个案，通过对该村日常生活实践的参与观察，并加入访谈，来对该村社会治理情景进行深入探究。

田野观察法主要是指研究者深入调研地的空间实践中，对研究对象进行全方位的细致观察与深入了解，通过参与具体的田野生产和日常生活实践，来捕捉研究问题的核心。田野观察法的一个最大优点就是研究者生活在所研究的对象、群体以及社区中间，对许多现象都能够得到生动具体的感性认识[2]。根据实地研究的基本要求，笔者曾于 2018 年至 2020 年之间到 M 村及该

---

① 耿磊磊.“滚雪球”抽样方法漫谈 [J]. 中国统计, 2010 (08)：57.

② 袁方主编, 王汉生副主编. 社会研究方法教程 [M]. 北京：北京大学出版社, 1997：346.

村所属镇政府进行了多次实地调研，一共历时一百多天，包括 2018 年 8 月 10 日至 2018 年 9 月 2 日、2019 年 1 月 28 日至 2019 年 3 月 4 日、2019 年 7 月 17 日至 2019 年 8 月 8 日、2020 年 3 月 14 日至 2020 年 4 月 12 日、2021 年 1 月 13 日至 2021 年 2 月 4 日，在四个时间段内笔者通过查阅地方文件资料、参观 M 村村寨广场和庙宇、参与村民日常活动来实地体验，同时也针对村民、村组干部和政府工作人员完成了相关的访谈，在实地的考察与访问过程中完成了本研究的实地调研工作。

访谈法即在访谈之前根据研究所需要的概念操作化，对需要了解的相关内容进行问题化处理，形成一个主要的访谈提纲，对于访谈过程中被访者的回应及关注点，对一些相关的问题进行追问与深入了解，同时也要注意在整个访谈过程中观察被访者的言行举止，从而获得更多信息。在进行访谈的过程中，将以半结构和无结构两种方式进行，在与被访对象深度自由的交谈中去收集资料、发现问题并形成研究者自己的认知与解释，从而了解村民和村干部等群体在村落场域中的交往、互动以及自我的建构。通过前后四次的实地调研，笔者一共对 7 名村组干部、6 名镇政府工作人员和 35 名村民进行了半结构的访谈（被访者具体信息见附录二），既事先拟定部分问题，也根据被访者的回答对一些答案和事件进行追问，最终共获得 48 份有效的访谈资料。

文献研究法是一种不受时间和地域等条件限制的传统研究方法，只需要通过对文献进行搜集和分析，就能够获取对某些事物的科学认识。可以说，文献研究法是能大大节约研究者的成本，但依然能为研究者获取许多有用信息的一项方法。采用文献研究法作为某些内容的补充，将极大地拓展研究的深度与宽度。因此，通过对相关文献资料的搜集，笔者获得了 M 村所属地区的部分地方志，以及来自政府机关部门的相应政策文件，为本研究提供了必要的佐证。

3. 实际研究过程

在实际的研究过程中，笔者于不同时期介入 M 村进行了不同程度的调研，根据研究需求的不同，在不同时期，分别通过不同方法进行了不同侧重点总的研究。总的来说，本研究的过程主要包括三个阶段，分别是介入阶段、实施阶段和求证补充阶段。

第一阶段是研究的介入阶段。在 2018 年 8 月 10 日至 2018 年 9 月 2 日期间，笔者首次进入调研地。这个阶段还未形成具体的研究核心，是一种"无问题意识"的介入，通过这个阶段的参与观察与半结构式访谈，进而发现较有研究意义的关键问题，并在此阶段形成主要的研究思路。

第二阶段是研究的实施阶段。作为本研究的主要研究阶段，在这一阶段的调研中付出了较大的时间和精力，于 2019 年 1 月 28 日至 2019 年 3 月 4 日、2019 年 7 月 17 日至 2019 年 8 月 8 日、2020 年 3 月 14 日至 2020 年 4 月 12 日这三个时间段完成了具体的调研工作，根据前期形成的问题意识，通过概念化操作得到相应的访谈提纲，在实地调研中主要对村民和部分干部完成了访谈，以此来获得研究所需的实证资料。当然，在访谈过程中以着力挖掘事情的深度为核心，同时也通过与村民的日常交往来获得相关的研究资料。

第三阶段是求证补充阶段。作为本研究的收尾阶段，笔者于 2021 年 1 月 13 日至 2021 年 2 月 4 日完成了这一阶段的调研工作。作为对前期调研工作的进一步求证与补充，此阶段主要是针对部分不详细问题进行再一次确认，同时也进一步获取研究相关的文献与图片资料。

（二）调研地概况与事件呈现

1. 调研地的选择依据

对于研究单位的选取，考虑到乡村社区研究的科学性特征，本研究将以一个行政村为研究单位，以传统的村落场域作为研究单位，意味着在这一场域中，不仅个体为了自身的地位与利益而努力，同时，个体在行动的过程中又与村落外的社会空间发生联系，由此推动着村落场域与其他场域发生着诸多的关联①。这样来看，研究选择一个行政村作为研究单位，能使研究既保留研究范围的适度性及内容的丰富性，又能避免研究单位太大所造成的研究宽泛但不够深入的问题。

本研究对调研地的选择主要出于对以下四方面的考虑：一是，从代表性来看，该村地处我国边疆地区，虽然国家财政对这些农村建设有专项支持，但由于省内农村众多，资金投入远远满足不了需要，村落的发展很大程度上需要依靠内部结构的力量，而乡村社会本身由于民族传统的影响，因而，其地方性规范依然能发挥很大作用，同时该行政村所辖范围较广，且主要以傣族居多，村落本身就具有典型的社会生活共同体样态，符合本研究的范畴取向；二是，作为一项社会学的研究，本研究所关注的重点并不局限于民族特

---

① 狄金华. 中国农村田野研究单位的选择——兼论中国农村研究的分析范式［J］. 中国农村观察，2009（06）2：80.

色文化本身，而是考虑民族及其相关因素在村落的治理中所发挥的作用，研究的重点在于受民族因素影响所形成的非正式权威主体与具备合法性的正式权威主体之间的互动关系，以及由此形成的治理机制。因此，本研究并未选择某个民族自治地区的其中一个村落来进行研究，而是选择普通市区内的一个民族村落作为研究对象，这就能排除由于民族区域自治制度这一宏观决定因素所带来的巨大影响，使研究所聚焦的复合治理更能普遍代表大多数村落的实际情况，使研究更具可信度。三是，从普遍性来看，随着边疆贸易、旅游业、翡翠加工等行业的兴起，新兴经济的发展也加速了城市化的进程，该村虽然距离市区约 20 公里、但距离市新兴的工业园区不到 10 公里，具备了较好的城镇化条件，因此，该村正是传统与现代的接合之处，亦是城乡一体化初现端倪之所，乡村的社会治理具有转型村落所面临的一般性发展性问题。四是，Y 省作为笔者的家乡，使本研究具有家乡研究的优势，使用方言与村民的访谈能够获得内涵更饱满的信息，并且能顺利进行访谈获取一手资料，访谈的宽泛性与真实性也能为研究提供更高的信度与效度。

2. M 村基本概况

本研究所选取的傣族村 M 村隶属于 Y 省 T 市西南部的荷花镇①，该镇总面积 125.88 平方公里，辖 10 个行政村 49 个自然村 96 个村民小组，2017 年末总人口为 29618 人，其中傣族 5628 人、佤族 1816 人，占总人口的 25.1%，是全市 2 个少数民族建制镇之一。全镇交通便利，腾陇二级公路穿境而过，镇政府所在地肖庄集镇距保腾高速公路毛家营出口 10 公里，是滇西旅游环线的重要节点。镇共有耕地 26562 亩（水田 15947 亩），人均耕地面积 0.9 亩；平均海拔 1350 米，年平均气温 17.1℃，平均降雨量 1463.9 毫米。民族民间文化绚丽多姿，2000 年被文化部授予"中国民间特色艺术之乡"称号。佤族清戏、傣戏、傣族织锦、武术、农民绘画等沿袭至今。M 村地处荷花镇南部，全村共辖有 5 个自然村，分别是 BP、SDM、XDM、NY 和 NZ，全村共有 8 个村民小组，817 户农户，全村人口 2858 人，其中傣族人口 2380 人，是一个典型的傣族集聚村。其中 BP 自然村有三个村民小组，共有 231 户，958 人，其中傣族 920 人，傣族人口数占该村总人口数的 96% 左右；NY 自然村有一个村

① 该村及该镇虽属于 Y 省的 T 市，但其与德宏傣族景颇族自治州接壤，因此该村的傣族风俗和村貌与德宏地区的傣族基本相同，属于傣勒（也称作"傣那"或"傣纳"），是与西双版纳傣族自治州的傣族（称为"傣泐"）有所区别的。

民小组，共有 190 户，773 人，其中傣族 750 人，傣族人口数占该村总人数的 97% 左右；SDM 自然村有一个村民小组，共有 48 户，212 人，其中傣族 173 人，傣族人口超过该村人口总数的一半；XDM 有两个村民小组，共有 125 户，619 人，傣族人口有 478，村内有超过一半的傣族村民；NZ 自然村有一个村民小组，共有 69 户，296 人，其中傣族村民有 59 人，是 M 村傣族人口数最少的一个自然村，仅有 20% 的傣族村民（如表 1-1 所示）。

表 1-1　M 村人口分布表

	傣族人口	汉族人口	总人口	傣族人口数占比
BP	920	38	958	96%
NY	750	23	773	97%
SDM	173	94	212	81.6%
XDM	478	261	619	77.2%
NZ	59	237	296	20%

M 村属半山区，村内有一处低温温泉——派巨泉。目前，全村面积共有 5.944 平方公里（8916 亩），其中，常用耕地面积为 2195 亩，主要包括水田面积 1655.5 亩、旱地面积 539.5 亩和林地面积 2797 亩（如图 1.2 所示）。M 村海拔高度 1220；年平均气温 16.7℃；年降水量约 1430 毫米。从图 1.2 来看，M 村的耕地较少，全村仅有不到 1/4 的土地能用于农作物种植。受气候和地形影响，农作物以水稻为主。

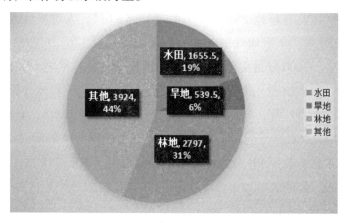

图 1.2　M 村土地类别分布图①

---

① 文中图表数据均来自荷花镇政府内部资料。

M村村委会设于BP自然村,正是由于村委会设在BP自然村,且主要的工业与第三产业均位于此,因此BP自然村是本研究的重点研究对象。M村设党总支1个,共有党员125人,其中男党员97人,女党员28人,流动党员34名。党总支下设5个支部,分别是BP党支部、NY党支部、DM党支部(SDM自然村与XDM自然村共一个党支部)、NZ党支部、玉雕协会党支部。同时设置中国共产主义青年团总支1个,共有团员78名,其中男35名,女43名,下设三个团支部,分别是中国共产主义青年团农业支部、玉雕支部和民兵支部。社区村民委员会下设人民调解委员会、治保会、妇代会、经济管理委员会、村务公开委员会、民兵组织、群防群治组织等。有群众性文艺组织6个、妇女组织4个、老年协会4个。

3. M村"水电站事件"的呈现

作为本研究的主要"焦点",M村的"水电站事件"从开端到结局,无不显示出在基层社会治理中所存在的多元化主体关系与复杂化规则运作。M村水电站事件的治理过程,表现了公共规则与少数民族村落地方秩序的兼容性,同时,也凸显了在少数民族村落的社会治理中,具有正式权威的合法性治理主体正随着社会发展而越来越具有动员能力和影响作用,具有非正式权威力量的民族领袖则在民族活动与日常生活中发挥着越来越重要的作用,他们虽不再是基层治理的关键角色,但也在共建共治共享的基层治理实践中不断发挥着助力作用。

1. 治理缘起:"各自逐利"与"抱团取暖"的农民行为逻辑

M村在镇级某5A级旅游项目开发过程中,因拥有巨型暗河出水口能为发电提供动力,在政府大力扶持下很快成为某大型水电站的选址。由于选址处于该村的BP自然村农田附近,修建之前就有农民提出,水电站的修建可能会影响家里部分农田的灌溉,因而不同意修建。此外,村里思想落后的老人也反对这一项目,在他们的世界观里,万物皆有神灵保佑,他们认为水电站占用了村里水源,村里水神会受到打扰。当然,实际利益才是大部分村民行为逻辑的主导因素,在问及村民对水电站修建的态度时,发现大部分村民希望能通过该项目来获得实际收益。由于村民持两种立场,于是水电站项目一度陷入僵局。水电站为打破僵局就向村民许下了"只要到灌溉期就不发电"的承诺。这一承诺使因灌溉问题持反对意见的农民消除了顾虑,在大部分农民持中立态度的情况下,水电站终于修建实施了。水电站修建因实际利益分化和立场差异,村民表现出"各自逐利"的行为逻辑,但当部分村民利益受损时，他们又会以"抱团取暖"的方式来进行抗争。随着水电站投入使用，运营商并未兑现在农田灌溉期不发电的承诺，致使水电站附近的 BP 自然村颇受影响。灌溉受影响的农户经过与水电站多次沟通都未能解决问题，最初持反对意见的老人得知此事后，便开始在村里肆意传播谣言，他们认定水电站的修建影响了村里的水神，并暗示其他村民这可能将会影响全村运势。当谣言在全村广泛传开时，也使矛盾进一步被激化。

2. 自治失灵："不确定性"与"无组织性"的单一要素治理

事件伊始，村两委未介入治理，而是由村民小组负责处理此事，但以村民小组为主体形成的治理格局明显带有单一性和脆弱性。随着许多与此事无关的村民也开始对此事议论纷纷，BP 自然村的村民小组长表示会积极与水电站的管理层沟通，让水电站履行当初的承诺。然而，村民小组多次尝试都未能使水电站做出让步。村民小组作为乡村治理的最小单元，它是在生产小队基础上所发展而来的村民自治组织，并非一个行政部门。在 M 村水电站事件的最初治理中，单一的内生性治理主体仅依靠地方规范未能处理不确定的突发问题，极易造成治理失灵。由于事情未得到及时解决，部分 BP 自然村村民甚至联合其他自然村村民对水电站的许多设施进行了暴力打砸，对水电站工作人员进行殴打，致使水电站陷于瘫痪，造成了严重不良影响。随着事态不断扩大，村两委正式介入此事，村支书认为矛盾激化的一个重要原因在于大家听信了谣言，扩大了事情的严重性。为此，村支书找来村民小组长和寨老进行会谈，BP 自然村的寨老为了表明自己未散布谣言，他向村支书允诺会协助他们向其他村民解释说和，争取不把事情闹大。然而，BP 自然村寨老的举动引起了村民的反感，甚至部分村民认为他被水电站收买。此外，水电站表明会通过法律途径让村民进行赔偿，这更加剧了村民的抵触情绪。村两委干部虽是村民自治的主要成员，但作为内生性治理主体，他们的权威多来自村民的认可，为避免像寨老那样遭到村民反对而丧失权威及社会性收益，村干部并未采取其他措施化解矛盾。

3. 治理升级："上下互通"与"多元协同"的乡村多要素治理

M 村因水电站修建引发的集体事件在全镇产生较大负面影响，基层党委与镇政府最终出面进行了干预。负责此事的镇政府工作人员在了解到水源问题才是根本矛盾时，便积极与水电站展开沟通，同时也不断向村委会施压，要求村委与村民小组要积极与村民进行沟通，并及时向政府反馈村民的实际需求，由此形成"自上而下"与"自下而上"相结合的治理格局。经过镇政府、村两委、水电站和村民多方的不断沟通与协商，最终形成了解决方案。水电站将通过书面协议的形式与 M 村达成约定：水电站在灌溉期绝不发电，对于村民在此次事件中故意破坏造成的损失概不追究，若村民对水电站再次进行恶意破坏需负全责进行赔偿。虽经过多方协商达成共识，但让村民接受这一解决方案并平息此事成为一个重要环节，村民小组与其他非正式权威主体在与村民进行协商的过程中发挥了重要的作用。村民小组成员通过向自己关系较近的亲戚解释来获得他们的理解，以自身关系网层层突破，在向村民进行科普的同时也不断消除村民顾虑，最终使解决方案得到大部分村民认可。镇政府工作人员和水电站负责人也出面慰问了许多受影响的农户，并对造成直接损失的农户给予经济补偿，最终使此次事件得以顺利解决。

第二章

作为共同体的傣族村落社会结构

为了展现民族因素对村落社会结构及社会治理的影响作用，对傣族村落社会治理的制度变革进行梳理是有一定必要性的。若以此为基础来探讨傣族村落于不同制度背景下所呈现的共同体样态，才能为基于村落共同体的复合治理研究的展开提供必要研究背景。此外，对社会结构中诸多要素实践及发展的空间进行详细描述与分析是具有必要性的，尤其是对村落共同体中的各种影响要素进行关注更是有必要的，包括对少数民族的宗教信仰情况、仪式活动情况、思想文化情况、与其他民族的交融情况等，都应当有基本的掌握。因此，本章将从傣族村落——M村的治理制度变革、社会变迁中的共同体演化和村落共同体的基本要素三方面来展开分析。

一、傣族村落治理的制度变革

基层社会治理意味着政府将通过公共权威实现公共利益的最大化，这就需要充分处理好国家与社会的关系，因而不同时期的经济社会发展水平也决定了社会治理重心与方式的不同。中国从集权到分权的过渡，亦充分显示出了在社会结构的转型过程中，由于社区与村委会功能的不断完善，以及由此带来的"社会性"水平提高，使得国家有机会将权力不断下放。因此，分析不同阶段的社会治理制度，既是透视当时所处社会经济发展水平的一个重要途径，也能以此展现出社会治理中各种主体的发展方向以及权力关系的变迁。

从政治学的角度来看，对于社会政治生活而言，治理行为的技术性因素往往比其价值性因素更为重要，可以说治理是一种偏重于技术性的政治行为①，而技术性的政治行为则表现了进行制度改革的必要性，只有这样，才能在不断的改革与创新中逐渐提高治理的有效性，以更高的行政效率与更低的政治成本来获得更好的治理结果。正是基于这样的理论前提，中国的社会治理也经历了一次又一次的改革，主要可以概括为以下几个阶段：

第一个阶段是 1949 年以前，以"皇权止于郡县"为特点的保甲制度，并在基层以士绅作为主要的治理主体。这一时期的研究集中于乡村社会建设与改造而形成了三大流派：其一，以毛泽东等共产党人为代表的"土地革命派"，主张通过土地制度变革将农民团结组织起来，并建立起共产党领导下的农村革命根据地社会动员模式；其二，以梁漱溟、晏阳初为主侧重乡村社区经济、政治和文化建设的"乡村建设派"；其三，以费孝通、杨懋春等人为主的"乡土学院派"，侧重于乡村社区田野调查为主的实证研究。

第二个阶段是从 1949 年到 1977 年这段时间，以"人民公社"为特点的政府全权管理制度，由国家统一分配统一管理。中国共产党为了巩固新生政权与发展国家工业化体系，在农村实行政社合一的人民公社体制，这一时期的社会治理以农业合作化与"大乡制"为主，显示出政府对农民日常生产生活的整体管理。

第三个阶段是从 1978 年从实现改革开放至今的基层自治制度，随着家庭联产承包责任制的实行和市场经济的改革，社会和市场获得了更多自由发展的空间，也为基层的自治提供了可能。具体而言，在改革开放和社会主义现代化建设时期（1978—2012 年），中国乡村治理的研究出现了两次高潮。第一次高潮始于实行村民自治以后，在"国家与社会"关系的框架里围绕"乡政村治"②"县政、乡派、村治"模式③、乡村治理制度和乡村治理的社会基础④等展开研究。第二次高潮始于农业税费改革以后，研究取向逐渐转向对多元主体的考量，先后出现"简约治理""实体治理""复合治理"和"协同治理"等研究。

---

① 俞可平. 中国治理变迁 30 年（1978—2008）[J]. 吉林大学社会科学学报，2008（5）：5.

② 张厚安. 乡政村治——中国特色的农村政治模式 [J]. 政策，1996（08）：26-28.

③ 徐勇. 县政、乡派、村治：乡村治理的结构性转换 [J]. 江苏社会科学，2002（02）：27-30.

④ 贺雪峰. 乡村治理的社会基础 [M]. 北京：中国社会科学出版社. 2003.

第四个阶段是十八届三中全会以来，随着中国进入新时代，"国家治理体系和治理能力现代化"正式被提出，乡村治理成为新时代国家治理体系的重要组成，出现了大量"新时代乡村治理"研究。当然，随着十九大的召开，我国社会矛盾的转变也为基层社会治理提出了更多新的要求，此时的社会治理开始强调全民参与，着力实现"共建共治共享"。到十九届四中全会，社会治理共同体建设成为实现多元主体共建共治共享的有力方式，学界开始围绕"社会治理共同体""三治合一"等基层共治模式展开研究，而复合治理作为一种主要的基层共治模式，在实践中也不断得以丰富，学界在这一时期也围绕复合治理展开了广泛而深入的探究。

在宏观的制度背景下，傣族村落的社会治理制度基本上吻合，本研究所选择的 M 村作为云南省西南地区一个典型的傣族村落，新中国成立初期及之前很长一段时期是以土司制度为主要治理制度的，并且，在国家政权初步建立的时期，也存在一段两种制度共存的时期，国家政权的建构与下沉经历了一段复杂的过程。乡村社会在历史上出现过的任何一种特殊的治理制度都会产生一些特别的因素或影响，并长期深入地影响着当地的制度变迁及现存的治理模式。因此，本节将继续深入探究 M 村社会治理的制度变迁，重点分析国家政权的建构过程，包括在不同时期一些较为"特殊"的治理方式，及其主要治理主体，从而探究基层社会的地方秩序与国家宏观制度间的相互关系。

（一）土司制度

中国古代不同的王朝对少数民族地区均采取不同的统治方式，就云南的少数民族地区来看，汉唐时期主要采用羁縻统治措施，到了元朝，则开始采用羁縻之治下的土司制度，据史料记载，土司制度在云南存在长达近七个世纪[1]，该制度对云南地区的政治及社会发展不得不说是影响深远的。所谓土司制度，是指以各地原有的民族和部族为基础，在地方设立名目，并任命土长和土官，授予少数民族或部族首领印符，使其充当地方各级政权机构的长官[2]。明代时，云南傣族的土司制度得到了空前发展，不仅制度日趋完善，所辖区域也逐渐增多，在明代中期云南的土司在全国已是最多的，而云南的土司又以傣族地区为首。

---

[1] 方铁. 从土官制度到改土归流 [J]. 文史知识，2016 (4)：10.
[2] 李正亭，孔令琼. 民国时期云南土司衍变与国家融入 [J]. 民族论坛，2019 (1)：9.

　　傣族土司按照行政划分自上而下可分为土府、宣慰使司、宣抚使司、副宣抚使司、安抚使司、长官司、土知州、土把总和土巡检等十个等级。M 村所属地区正是大理地方政权于元世祖十一年设立的腾冲府，且该地在元朝时期还被直接设为腾冲平缅宣慰使司。据史书记载："腾越疆域西至大金沙江，自八关筑而关内仅有南甸、陇川、干崖、盏达、猛卯五土司地……近州域者惟南甸。"① 根据这一描述，以及 M 村所属腾冲西南边界的地理位置，可以推断此时的 M 村隶属于南甸土司，因而受其影响较深。清朝时期，各土司先后归附于朝廷。到清朝道光年间，土司在腾越境内还依然存在，虽然这一时期已经开始推行练田制，但此时的腾越依然辖 18 练及 7 司地②。

　　到辛亥革命以后，云南都督府在南甸司地设八撮县丞（附属于腾冲县），其他土司地则设置弹压委员，以此启动"改土归流"政策。民国 2 年（1913年）时，腾冲辖其练，将南甸划归城关镇，命名九保……到民国 5 年，则改龙川江县佐和八撮县丞为分治员。③ 可见，云南省西南地区的"改土归流"受到了地方土司的极大反抗，在强烈的反对之下改土设县并未能顺利推行，并且经历了较长时期，而最终导致的结果是：自 1932 年起改行政区为设治局并实行保甲制度，而土司仍然沿袭其田亩头编制，形成土流政权并存的两套机构，并一直沿袭到新中国成立后④。因此，从历史记载来看，在新中国成立以前，M 村所属区域长时期保留有土司制度，虽然在民国时期实现了"改土归流"，但在新中国成立以前，M 村存在时间较长且发展较为完备的治理方式就是土司制度。

　　土司治下的地方官吏可分为管理少数民族和管理汉族两种，其中管少数民族的有坑头、老幸和头人等主体，因此，在傣族地区则很好地保留了"土司—坑头—老幸—头人/寨老"的完整体制⑤。从傣族地区的土司治理体系可以看出，从传统封建社会开始，傣族社会就已经具备了典型且完备的等级秩序，行政权力是属于自上而下运作的，而在权力向下延伸运作的过程中，同样也不可避免地存在严格的等级制度及隶属关系。在田野调研的过程中，腾冲市原民委工作人员就曾告诉笔者："解放以前，傣族村落主要是实行土司制

　① 屠述濂.腾越州志［M］.昆明：云南美术出版社，2007：206.
　② 云南省腾冲县志编纂委员会.腾冲县志［M］.北京：中华书局，1995：51.
　③ 云南省腾冲县志编纂委员会.腾冲县志［M］.北京：中华书局.1995：51.
　④ 罗群.云南土司制度发展与嬗变的制度分析［J］.中国边疆史地研究，2013（1）：21.
　⑤ 罗群.云南土司制度发展与嬗变的制度分析［J］.中国边疆史地研究，2013（1）：27.

度，并且在村落主要是由寨老作为主要的治理者，目前仍有收藏的土司授予寨老的委任状为主要依据。"（访谈编号：1-1-06）从这可以充分说明，在"土司—坑头—老幸—头人/寨老"这一治理体系中，"头人"在部分地区也称为"寨老"，并且这一主体从土司制度开始，一直保留至今。当然，在国家政权不断融入的过程中，寨老的权利与义务已经发生了巨大变化，但这一主体的历史性也足以证明它的巨大影响力。在傣族村落，寨老是以自我的权威来实现村落治理的，尤其是地处西南边疆地区的村落，皇权很难触及于此，土司不仅作为政府官员，复杂的身份也使边地土司在官方与边地民众间表现出一种上下通达的兼容性，这就为克服中央和边地民众间的文化冲突提供了一个舒缓渠道①。在具备了以土司为桥梁的治理体系中，村落以寨老为官方的治理主体，实际上就满足了一个完整的社会治理体系，这种民族地区内部的结构稳定性对于化解由秩序危机产生的治理困境是有积极作用的。并且，在民国时期，在封建王朝向主权国家的过渡阶段，少数民族在统一的治理体系下，更容易形成国家意识和疆土观念，并能逐渐形成统一的族群认同，这对于中央政权难以触及的边疆地区来说，是具有一定国防意义的。

（二）政府全权管理

M 村隶属的腾冲市于 1949 年 12 月 15 日和平解放，以原 26 个乡镇为基础，设 26 个小区和 2 个直属村，并于同年 12 月 23 日成立腾冲县临时人民解放委员会，其中，M 村隶属的九保划归为当时的荷花区②。由此，正式开始了新中国成立后的农村基层政权建设，其治理模式也发生了新的改革。与传统汉族村落相同的是，M 村的基层政权建设也是以土地改革为序幕展开的，作为中国民主运动的一项重大改革，最终实现了农民土地所有制的变革，取消了封建剥削制度。但是，与传统汉族村落不同的是，M 村作为一个典型的傣族集聚村，受民族思想影响根深蒂固，内部权力关系更难以打破。尤其受土司制度的影响，村里的阶级意识较为严重，加之受地主和头人的极端阻挠，该村在土改的推进过程中历时也较长。

土改结束后，乡村开始了农业的合作化与集体化模式，而为了适应这一模式的需求，1954 年年初，政务院内务部发布了《关于健全乡政权组织的指

---

① 李正亭，孔令琼．民国时期云南土司衍变与国家融入 [J]．民族论坛，2019（1）：9.
② 云南省腾冲县志编纂委员会．腾冲县志 [M]．北京：中华书局，1995：51-52.

示》，对加强乡政权做了新的规定，即乡人民政府一般应按生产合作、文教卫生、治安保卫、人民武装、民政、财粮、调解等方面的工作，分设各种经常的工作委员会①。这一时期的社会治理是以农业合作化与"大乡制"为主的，充分显示了政府对农民日常生产生活的全权管理。但是，在解放初期实现农业合作化也是有一定的必要性与合理性的，它对于提取乡村社会的经济资源，增强国家政权具有积极的意义。因此，在这样的时代背景下，M 村的社会治理并未表现出任何特殊性。

1958 年中央政治局会议通过了《关于在农村建立人民公社问题的决议》，以此为开端将政府全权管理的社会治理模式推向了高潮，我国的乡村治理由此进入了人民公社制时期。同年 11 月，腾冲全面实现了人民公社，年底共有16 个人民公社，M 村就包括在其中，隶属于荷花公社。到 1970 年，全县调整为 20 个公社、一个镇、188 个大队和 6 个街居委会②。M 村在这一时期的社会治理基本已完全消除了土司制度的痕迹，在实行"三级所有、队为基础"的管理体制基础上，形成了"公社—大队—生产队"这样一个自上而下的完整治理体系。通过行政控制的方式来进行社会动员，从而以低成本的方式来巩固国家政权，可以说带有明显的"政治吸纳社会"的特点，这种政社合一的模式并未展现出村民的自治意识与能力。但是，在这一时期实现的资源整合，成了中国工业化的原始资本积累，是服务于当时国家经济发展实际需要的选择，也具有一定的历史合理性③。

（三）乡政村治

"乡政村治"是张厚安首次提出的，他认为，"乡政"指乡一级的政权（包括镇政权），是国家依法设在农村最基层一级的政权组织，并且与人民公社时期以前的"大乡制"有所不同，"村治"则指村民委员会是农村最基层的群众性自治组织，镇政权和村民委员会的结合，就形成了当今有中国特色的农村政治模式④。M 村所属地区于 1980 年 9 月恢复为腾冲县人民政府，并

---

① 侯万锋．新中国成立以来我国乡村治理模式的历史回顾、现实难题与治理机制优化[J]．河南师范大学学报（哲学社会科学版），2009（9）：45．

② 云南省腾冲县志编纂委员会．腾冲县志［M］．北京：中华书局，1995：55．

③ 吴理财．中国农村社会治理 40 年：从"乡政村治"到"村社协同"——湖北的表述[J]．华中师范大学学报（人文社会科学版），2018（7）：1．

④ 张厚安．乡政村治——中国特色的农村政治模式［J］．政策，1996（08）：26．

于 1984 年 11 月实现公社改区，大队改乡，实行区乡制，在这一阶段，M 村由原所属的荷花公社重新划归为荷花傣族佤族乡。虽然同样是"乡政村治"的治理模式，但当时的荷花乡作为少数民族乡，在制度上就有一些民族性的特点，而 M 村作为该乡傣族村民最为集聚的村落之一，其基层治理与发展趋势更明显地展现出了少数民族的特色。

"乡政村治"一个最显著的变化就是在村一级形成群众性的自治组织，由村民参与来实现自我管理与自我监督，并且由村民自主选举村干部组成村委会，以村委会作为最基层的治理机构。与乡政府是指导和协商的关系。在 M 村，受土司制度的影响，长时间由寨老来主持村落大小事务，在村里具有一定的权威，而村委会的成立势必会影响到寨老的权威。因此，在村委会成立之初，该项制度的推行并非很顺利，受到了每个自然村的寨老和部分村民的反对与不配合。在这样僵持的状况下，乡政府在推进村民自治组织的同时，也确立了寨老的合法性地位，以此作为村落民族事务的治理。在保留每个少数民族自然村的寨老的同时，M 村与其他村落同样拥有村民自治委员会，并作为基层行政事务的主要执行机构。随着税费改革的落实，干群关系得到进一步缓解，村委会在村落逐渐树立其权威，而每个村的村民小组也在村落的治理和发展中发挥着作用，在村落获得了一定话语权。当然，寨老并没有因此而消失，同样在协助治理上发挥着一定作用，并且，在村落的文化领域依旧拥有绝对的权威。

（四）新时代基层共治

城镇化使乡村社会的形态与结构不断发生变化，随着城乡一体化进程的不断推进，中国共产党第十九届中央委员会第四次全体会议通过《中共中央关于坚持和完善中国特色社会主义制度推进国家治理体系和治理能力现代化若干重大问题的决定》（以下简称《决定》）。在《决定》中提到，国家从城乡一体化的视野提出了"加快推进市域社会治理现代化"的要求，《决定》通篇没有特别使用"村庄"或"村民委员会"这类涉及乡村治理且被应用多年的概念，而代之以"社区"这个更具一般性意义的居民点概念，形成了城乡社会治理一体化的政策语境，表明了要通过城乡一体化或城乡融合发展机制实现社会治理现代化①。在这样的发展语境与时代需求下，基于不同发展程度所形成的具有不同形态的各种乡村社区，社会治理必须满足不同侧重点与关键点以达成共同的"治理现代化"目标。

党的十九大报告提出要打造"共建共治共享"的社会治理格局，这是对新时代社会治理做出的崭新谋划。党的二十大报告又再次提到，要"健全共建共治共享的社会治理制度，提升社会治理效能"。M村作为典型的少数民族村落，村落具有更加多元和复杂的主体关系，在这样的制度背景下，该村的社会治理将如何实现优化与有效性，对于这一时期的社会治理，本书将继续深入研究，此处不再赘述。

二、傣族村落共同体的基本要素

目前，虽然并未有太多对傣族村落社会治理展开细致研究的成果，但以傣族作为研究对象的相关研究成果已颇为丰富，在民族的宗教仪式和民族文化方面已经形成了系统的理论体系。

在宗教仪式方面，张公瑾与王锋从傣族的宗教信仰，以及与此相关的生活、教育和法律的各个层面对傣族的宗教与文化进行了"深描"，同时对傣族的佛教信仰进行了具体描述，是对傣族宗教文化较早的研究之一②；早期关于傣族宗教仪式研究的经典著作还有田汝康的《芒市边民的摆》一书，他通过对傣族宗教仪式"摆"的具体描述，展现出了傣族村落由宗教仪式所呈现出来的整个经济社会生活，以及傣族文化的缩影，更从较为深刻的层面揭示了傣族的"摆"为以人为主体的社会交往和各种网络建构与解构提供平台的重要意义③；褚建芳在田汝康的研究上进行再研究，同样以那目寨作为研究地，以包括"摆"这种佛教仪式在内并以其为主的当地仪式生活为研究主体，研究认为傣族由"摆"这一仪式活动展现出了一种等级关系，不同等级之间是一种道义互惠的关系，相同等级之内是一种相互对抗的竞争关系，但竞争关

---

① 党国英. 论城乡社会治理一体化的必要性与实现路径——关于实现"市域社会治理现代化"的思考 [J]. 中国农村经济，2020（02）：2.

② 张公瑾，王锋. 傣族宗教与文化 [M]. 北京：中央民族大学出版社，2002：1-6.

③ 田汝康. 芒市边民的摆 [M]. 福州：福建教育出版社，2016：21-27.

系仍是以道义互惠关系为基础，故后者构成了社会赖以存在和维系的基础①。在民族文化方面，曹成章通过对社会改革前傣族的农村公社制度与传统文化进行全面而深入的研究，提出傣族文化的一个基本概念，即"村社文化"，认为傣族的很多文化在形式和内容上反映出农村公社制度的特点，农村公社制度对傣族的社会历史具有重要意义②；郑晓云认为，全球化会导致各民族的社会转型，而全球化过程对于民族文化来说是一种文化的整合过程，在这样的时代背景下，傣族与泰族在文化特征方面表现出来的相似性与差异性，意味着两个民族有着共同的民族渊源和文化基础，故应当鼓励文化的多样性存在③；艾菊红则将关注的重点集中于傣族的"水文化"，从傣族的生产生活、仪式活动与居住环境展开对傣族与水文化的关系研究，认为水文化在傣族文化中占核心地位，并且是傣族自我认同的一个重要特征，但随着全球化的不断深入，傣族也在不断吸纳其他的文化，水文化的核心地位在逐渐下降，所以，如何调和全球化与传统文化之间的关系也是作者重点研究的问题之一④。

以上关于傣族宗教仪式和民族文化的研究，为本研究进入调研地时有了一个较好的文化意识和理论基础，从现有的研究中可以发现傣族村落的社会结构既包含着民族自身的传统文化，也包含对外来宗教的虔诚信仰，并最终塑造了傣族内外交融的民族特色，同时，中国的少数民族地区呈现出的是"大杂居，小聚居"的特点，少数民族在与汉族交往的过程中，也会受其影响改变原有的一些文化形式。首先，文化传统与经济生产之间存在着明显的互构关系，一方面，傣族原始的水稻种植不断形成了其特有的"水文化"，另一方面，即使在城镇化进程快速发展的今日，在以文化为核心展开的生产生活，也呈现出了傣族"依水为生"的特性。其次，从本研究所选择的 M 村来看，村落既吸收了"他者"的文化，又保留着很深刻的民族底蕴，与现有的关于傣族文化宗教的相关研究不谋而合。最后，在村落的社会结构中，不可避免地产生了外生性要素，国家在为少数民族提供相应的政策照顾，帮助其提高发展速度的同时，这种外生性的要素也不断嵌入村落社会结构的内部，但由

① 褚建芳. 人神之间：云南芒市一个傣族村寨的仪式生活、经济伦理与等级秩序 [M]. 北京：社会科学文献出版社，2005：390.
② 曹成章. 傣族村社文化研究 [M]. 北京：中央民族大学出版社，2006：2-8.
③ 郑晓云. 全球化背景下的中国及东南亚傣泰民族文化 [M]. 北京：民族出版社，2008：29-38.
④ 艾菊红. 水之意蕴：傣族水文化研究 [M]. 北京：中国社会科学出版社，2010：2-3.

于村落内部具有强大的关系网络，外生性要素并未直接消解本民族的思维逻辑，这就使村民形成了受汉化影响但仍具有本民族特征的相似行为逻辑。从共同体的基本要素来看，主要包括一定的地域、共同的纽带、社会交往和认同意识四方面①，而这正表现在傣族的传统生产生活方式、崇拜信仰、宗教活动与行为逻辑四方面。因此，根据现有的理论基础和实际的调研情况，将从这四个较为特殊的方面展开对 M 村共同体基本要素的描述与分析，以呈现傣族村落特有的社会结构要素。

（一）河谷地域：依水而生的生活世界

从傣族居住的自然环境来看，中国的傣族主要分布于我国西南坝区，以云南的怒江、金沙江、澜沧江和红河等流域的河谷坝区为主，所以傣族大多依水而居，且背靠山川，气候以湿热为主。由于大部分傣族集聚的地区都位于河谷地区，并且大部分的傣族先民都认为水是世界的本源，是一种确实存在的神灵。在对水的自然崇拜中，产生了一种名为"南西达景相"的圣水，相传这种圣水能使死尸复活，使老年人返老还童，使年轻人更加貌美，并且还能医治多种疾病。随后，在历史的发展中傣族还出现了具体化与形象化的水神——艮②。一定地域环境的影响以及在相似地域环境中的思想认知，使得傣族在对水的认知与不断调试中形成了特有的"水文化"。傣族的水文化通常体现在对水资源与水环境的认识与信仰、利用水资源的技术和管理水资源的制度这三方面，其中，对水资源、水环境的认识与信仰处于核心地位，是民族宇宙观、世界观和价值观的重要组成部分③。正是对水资源与水环境的认识和信仰，使得傣族村民对自我居住的环境和周围的水源环境有着较高的要求，这种自然信仰使他们形成了潜在的治理规范，并影响着每个个体的生活与生产方式。傣族将水文化融入民族文化体系中，使得生活于同一地域中的个体能形成相似的生活与生产方式。

水文化作为一种社会意识、社会习俗与社会规范，对于平衡人与环境之

---

① 项继权. 中国农村社区及共同体的转型与重建［J］. 华中师范大学学报（人文社会科学版），2009，48（03）：2.

② 《傣族简史》编写组，《傣族简史》修订本编写组. 傣族简史［M］. 北京：民族出版社，2009：288.

③ 郭家骥. 西双版纳傣族的水文化：传统与变迁——景洪市勐罕镇曼远村案例研究［J］. 民族研究，2006（02）：57-65.

间的关系、保护环境发挥着重要的功能①。因此，在日常生活中，傣族极其注重对水资源的保护，在村规民约中会对水源的保护做出明确的规定，虽然自来水已经全面普及，但目前大部分傣族村落依然会保留并使用自然水源作为生活用水。从傣族的日常生活来看，他们在出生、盖房和丧葬等许多人生的重要时刻，都会以水来祈福，在许多重要的民族节庆中也会用水来表达祝福，泼水节就充分显示出了傣族对水的信仰是极高的。随着城镇化的快速发展，在政府大力招商引资的情况下，M村里出现了一个旅游景点——派巨泉、两个水电站，以及几家小型石材加工厂等。在水电站事件中我们能发现，集体行动的爆发受到了傣族水文化的影响，在面对水源破坏的问题时，村民的态度是十分明确的。此外，在问及村民对这些资本注入的想法时，从以下访谈内容可以发现，大部分村民最为看重的还是村落的自然环境不能遭受到破坏。旅游的发展在带动当地经济产业结构变革的过程中，M村的村容村貌并未因此而受到破坏。

访谈编号：3-1-12

问：现在村里有很多旅游开发的项目，你是怎么看的？

答：我觉得这个肯定是很好的，毕竟是能为我们带来很多好处的，以前大家都是种地，尤其老一辈的也不愿意出去打工。要是在村里就有事做，收入还不错的话确实是很好咯。但是，这个东西就是也有坏处吧，外人一多这个环境肯定就不好了，我们傣族是很讲卫生的，你看我们村随时都是干干净净的，如果说有这些外来的发展要破坏到环境，我们是非常不愿意了。

访谈编号：3-2-11

问：我看村里有水的地方都会有严禁倒垃圾的告示牌，是因为你们对水源格外重视吗？

答：是呢嘛，水对我们来说是蛮重要的，像我们很多重要的时候都要取村里的水来洒，这个水是有灵性的，用水来表达我们的祝福和希望，这个是我们一直以来的传统，所以说，这个水是肯定不能给它破坏掉的。

由于傣族一直以来所形成的依水而生的地域特征，使得大部分傣族都聚集生活于我国西南地区的河谷坝区，而水文和气候条件都是种植水稻的最佳

---

① 郑晓云. 傣族的水文化与可持续发展 [J] . 思想战线，2005 (06)：83-88.

选择，所以，水稻种植自古以来都是傣族的主要生产方式与经济来源。更为重要的是，在对栽培水稻起源的诸多争论中，其范围都在古代越人的分布范围之内，而越人作为最早驯化野生稻走向农业文明的说法，也标志着傣族在两千多年前就有了以水稻种植为主的农业生产方式①。并且，在傣族的生产中对水利的应用也是十分突出的，张公瑾认为，"百越各部后裔包括云南傣族皆以水稻耕作作为主要农业，并且有发达的水利灌溉事业。"② 水稻种植与水利事业在傣族的发展史中占据了显著的地位，几千年的历史传承造就了整个民族与水稻种植不可分割的关系。此外，傣族还以水稻种植为核心推进了民族天文历法的起源，可以说，傣族对水稻种植所需的最佳水文和气候都是最为了解的。

M 村在气候环境和水文条件等方面都是适合水稻种植的，从表 2-1 来看，M 村目前大部分耕地都是用于种植水稻的水田，村内常用耕地面积 2195 亩，其中水田面积 1655.5 亩，旱地面积 539.5 亩。从具体的分布来看，其中 BP 自然村有耕地面积 724 亩，水田面积就有 653 亩；NY 自然村有耕地面积 503.5 亩，其中水田 393.5 亩；SDM 自然村有耕地 243.5 亩，其中水田面积 135 亩；XDM 有耕地面积 441 亩，其中水田面积 295.5 亩；NZ 有耕地面积 283 亩，其中水田面积 178.5 亩。以上数据能看出，M 村超过 3/4 的耕地都是用于水稻种植的，这足以说明水稻种植目前依旧是傣族农民主要从事的农业生产活动。虽然，城镇化进程的快速发展推动了农民工进城务工的速度，也在改变着农村的产业结构。但是，在问及村民进城打工的想法时，从以下访谈内容可以发现，大部分村民依旧不愿意完全放弃原本的农耕方式，在村落从事其他第三产业的人大部分是"半耕半工"的状态。

表 2-1 M 村耕地面积统计表（单位：亩）

自然村	水田	旱地	合计
BP	653	71	724
NY	393.5	110	503.5
SDM	135	108.5	243.5
XDM	295.5	145.5	441

① 江应梁. 傣族史 [M]. 成都：四川民族出版社，1983：160.
② 张公瑾. 傣族文化 [M]. 长春：吉林教育出版社，1986：12.

自然村	水田	旱地	合计
NZ	178.5	104.5	283
总计	1655.5	539.5	2195

访谈编号：3-1-12

问：去打工后有去城市生活的想法吗？

答：这个想法么倒是没有，等过几年老了还是要回来的，出去打工也只是暂时的，没有办法呢，等父母老了我也就回来了，老人小孩都要照顾，家里的地也要有人种。

访谈编号：3-2-15

问：为什么土地不承包给别人种呢？

答：我们都是农民，在外面做活也不是天天都有得做，你说农民不种地总不能去买米吃吧，传出去别人都笑呢，而且现在包给人家一年也得不了多少钱，还是自家种着心里踏实，祖祖辈辈都种得，到我这一辈把地搞没咯，怕是老祖宗都饶不了我呢。

第三产业的发展在带动当地经济产业结构变革的过程中，并未真正打破村民原有的生产方式，即使政府大力帮扶村民从事以傣族特色为主的商业活动，许多村民开始通过其他产业和途径获得收入，例如，有一部分村民为了依靠旅游创造更多的收入，选择将一部分旱地改为草莓园或葡萄园供游客采摘游玩，但总的来说，大部分村民基本保留了自家的水田用于种植水稻。这对村民来说，是最基本的保障，他们坚信稻田会使他们不至于落到穷困潦倒的境地。在实现城镇化的进程中，村落的产业与面貌都发生了较大的变化，虽然村落也已经过渡到"以代际分工为基础的半工半耕"，但村民对农作生产依然有强烈的认同，"人的城镇化"可谓该村发展中的一个主要目标。从傣族的生产方式衍生出来的文化体系，支配着农民的思想与行为选择。这种在一定地域内的生活生产方式影响着傣族村民的思维意识，在不断建构自身文化体系的过程中，更形成了一套民族特有的生活生产方式，决定着村落共同的其他文化与政治因素。

（二）共同纽带：万物有灵的崇拜信仰

泰勒（Edward Burnett Tylor）在其著作《原始文化》一书中以万物有灵论为基础研究了原始部族的宗教与文化。泰勒认为对原始部族的系统研究，必先对其复杂的宗教进行定义，而万物有灵意味着将不同阶段的宗教信仰简明为对精神性存在物的相信。虽然最初看来，万物有灵论提供的仅是一个关于"宗教"的最低限度的、赤裸裸的、贫乏的定义，但能发现它所暗含的非凡充实性，因为部族后发展起来的其他信仰无不来源于此①。万物有灵同样也是傣族自然崇拜的最显著特征，对于傣族这个少数族群来说，万物都是有魂灵的，这就与傣族的生活空间、教育水平及生产方式等因素之间产生了必然的联系。中国的傣族主要分布于我国西南坝区，复杂的地理条件使得大部分傣族聚居地区都有着显著的自然环境特征，对于较早时代的傣族村落而言，一些自然现象是村民们所无法解释的，大自然对人类的支配能力远超于人类的适应能力和改变能力，这就使得许多与自然鬼神相关的传说得以产生，由于傣族村民抵抗自然灾害的能力较弱，于是便产生了对自然的敬畏与崇拜之情。但为了征服自然，傣族的先民们就以自身作为依据，想象天地万物都和人一样有生命与灵魂。② 在对万物的崇拜下，傣族的族群内便出现了与此相关的各种自然之神，包括山神、水神、树神和风神等。

当然，对于傣族而言，万物有灵的信仰至今仍然存在的原因，除了与早期流传下来的神话传说有关外，另一个重要的原因在于其对农业生产的影响。傣族的农业生产主要以水稻种植为主，并且目前水稻仍是傣族的主要生产作物，而水稻的灌溉需要大量的水资源，水源是与傣族生产生活息息相关的一个因素，以稻作生产为核心的水文化，暗含了傣族对水的依赖与敬畏。所以，在傣族文化里，水是万物之源，是有灵魂的存在物，水生万物的思想决定了万物皆有神灵的意识，如傣文典籍所记载的："天生水，水生雾，雾生气，气生风，风生神，神生人。③"水是仅次于天而能生万物的根本，因此以水为核心所衍生的万物皆是有灵魂的。在以水文化为核心的傣族文化中，万物有灵

① ［英］爱德华·泰勒．原始文化：神话、哲学、宗教、语言、艺术和习俗发展之研究（重译本）［M］．连树声，译．桂林：广西师范大学出版社，2005：1-24.
② 刘荣昆．傣族生态文化研究［M］．昆明：云南大学出版社，2011：173-176.
③ 何少林，白云．中华民族全书——中国傣族［M］．银川：宁夏人民出版社，2012：303.

赋予了万物神的内涵,虽然神是并不真实存在的抽象物,但对于切实存在的水便是万物之神的化身,所以,傣族人民对万物冠以了灵魂并加以保护,而这也意味着傣族对人与自然和谐共处的追求,并且在这种和谐共存的追求中,使得傣族村落大多具备了良好的自然风光,自然的馈赠反过来更加深了傣族万物有灵的信仰。

M村同样是一个位于河谷坝区的村落,村内有较大的暗河出水口,其水源是村民主要的灌溉水源以及部分生活水源,以该水流为依托,村内的布局结构正体现了万物有灵的观念。村落由寨门、寨心、民居住宅、道路、寺庙、奘房、菩提树等基本要素按照一定的环境秩序组建而成。傣族村落的寨心是村民举行各种仪式活动的主要场所(如图2-1所示),村里的寺庙、奘房和榕树大多围绕于此。对榕树的敬畏与敬拜被村民称为"祭色芒",而在傣语中"色芒"就是寨神之意,并固定一定范围的树林作为色芒林,众人不能砍伐,祭色芒的日期定为傣历五月和七月属马或属牛的日子,一般每年一次,敬献物品需有公猪一头,公鸡七只,茶酒、水果、饭菜、香钱纸火等若干。在M村的"色芒"前立有牌坊,上面书有对寨神的敬畏之意(如图2-2所示),"祭色芒"需要全村村民出资出力参与,这种对万物神灵的崇拜却在市场经济发达的当下得到了较好的保留,一个很重要的原因就是村民对万物有灵的信仰,对自然之神的崇拜。

图2-1 M村寨心民族特色标志

此外,对于自然的崇拜还有来源于某些特定的存在物。在笔者的调研过

图 2-2　M 村"寨神"榕树

程中，发现村内有一处景观，称为"鹅抱蛋"，为了更详细地了解这一景点，笔者特意向村民进行了询问，原来这块石头最初并非如此命名，而是在旅游开发的过程中进行了相关处理。据村民说，M 村寨子中心的荷塘里的那一块巨石，因像是被刀劈开似的从中一分为二，故称"雷打石"，而在这块石头背后包含了神话故事，于是该村出现了拜"雷打石"的习俗，这同样体现村民对万物之神的崇拜。

访谈编号：3-1-04

问：你们村里有什么特别的习俗吗？能否具体讲讲？

答：拜"雷打石"是因为在村内至今流传着一个传说：相传鳌身被女娲点化成巨石伏身在这江畔，千年之后当巨石上面有情侣面对江水海誓山盟时，更让巨石极度羡慕嫉妒，巨石吸天真地秀灵通成了鳌精，每天都要从石头洞里伸出大嘴，吸食来往的行人，而这一切被天上的雷公察觉了，于是在一个夏日正午，突然黑风暴雨，天昏地暗，雷公和电母同时施法，村民们都不敢出门，几个时辰后，人们出门发现这块石头被雷劈成了两半。所以寨子里的老人常道：如若遇上不详之事，天闪雷鸣之时向"雷打石"诚心敬拜，便能逢凶化吉，驱逐污秽之气。

受万物有灵的思想影响，村民除了对自然万物敬畏和信仰外，还会赋予自然之物一些神话传说，中国古代传说中的神话人物被物化为自然中的某一特定物体，其本身就包含了傣族对神灵的信仰，而以真实存在的物体替代抽象的神，并以此寄托自身的信念，是 M 村的傣族依然保留着原始的崇拜与信仰的最重要的表现，更彰显了万物有灵论在傣族村民中根深蒂固的影响，这也是少数民族村落在发展中受不同民族文化影响而形成不同发展模式的一个原因。此外，受万物有灵论的影响，使得"天人合一"的思想观念成为贯穿傣族文化的核心。"天人合一"是中国传统的哲学思想，最早是由庄子提出的，庄子认为"天地与我并生，而万物与我为一"①，这便是"天人合一"最基本的内涵，他强调的是自然万物与人的和谐状态，人是作为自然的一个部分而存在的，而自然也是人的一部分。在"天人合一"的观念影响下，傣族村民十分注重村落的自然生态，他们认为对于自然环境的破坏其实就是对自我的损害与不负责，坚信人与自然之间只有和谐共生才能得以长存。

在现代化的快速发展中，大多数傣族村寨依然保留着原生态的自然风貌，但现代性往往以一种快速入侵的方式植入任何一个角落，使得村落内部也上演着一场又一场关于生态发展的故事。M 村的村民们一直在努力地维持着人与自然的和谐状态，村落形成了白鹭成群、竹林月光和芭蕉林间流水潺潺的美好风光。受傣族追求人与自然和谐共生的观念影响，在早期的城镇化进程中，现代化的发展及建设曾成了官民之间冲突的主要矛盾，乡镇政府期望改变村落的落后面貌，帮助其赶上快速现代化的浪潮，但很多砍伐树木和占用农田的项目并未获得村民的认可。可是，当具有民族风情的自然村落成为旅游开发的优选之时，终于实现了村民对信仰与现代发展的统一认可。村民在现代化的进程中虽有发展的堕距影响，但同样感受到了市场经济与现代化发展的利益。所以，可以说，在实现旅游发展的同时，也意味着村落最纯真原生态的自然风光将不复存在了，虽然目前的大部分少数民族村民都保持着传统民族意识与现代观念共存的情况，但现代性的实现不仅仅依靠社会发展的动力机制，它依旧是以本民族传统的思想观念为基础展开实践的。

（三）社会交往：复合交融的宗教活动

傣族的宗教信仰包括原始宗教与南传佛教两大类，虽然南传佛教对原始宗教冲击较大，使得原始宗教呈现衰落的趋势，但在大部分傣族地区，随着在社会发展过程中二者的不断冲突与适应，在相互的融合下，即使佛教占据了主导地位成为傣族的主要支配宗教，但原始宗教也并未完全消失。

---

① 曹础基. 庄子浅注［M］. 北京：中华书局，2014：30.

原始宗教是傣族部落最原初的先民信仰，并且也是一直流传至今的宗教信仰，虽然这一类信仰并无确切的类属划分，但其所信仰的各种外在表现形式使学者都不得不将其称为宗教。恩格斯（Friedrioh Engels）认为"最初的宗教表现是反映自然现象、季节更换等庆祝活动，一个民族生活于其中的特定自然条件和自然产物，都会被搬进它的宗教里"①，大多数傣族村民本身就具备了"万物有灵"的思想意识，他们更是将自然万物融入最原始的宗教信仰中。具体来说，原始的宗教信仰在人类的思维活动开始时，就伴随着人类对自然界的恐惧、敬畏和适应而产生，在这个过程中产生了万物崇拜，而以万物崇拜为起点又衍生出了图腾崇拜与祖先崇拜。傣族的原始宗教以万物有灵为基础，信奉的便是万物诸神，相信所有神灵都是各自为政，而自我对神灵的敬畏与崇拜是由自身的需求与自我的内心所决定的，是一种随心所欲的自由崇拜。

M村目前依然保留着对原始宗教的信仰，例如，在每年农历八月十八日举行的"档少幌"，傣族村民认为少幌是傣族寨子的一种标志物，所以一般立于寨心前面的公共空间内（图2-3）。少幌由大龙竹制作，有十几米高，杆顶上插一面三角小彩旗，用数个篮状的竹编固定于竹竿上部，篮下用木刻成鱼状固定于杆上，上面挂一个长条的白布布幡，为不使布幡卷曲，上面用若干竹片撑起，标杆直指蓝天，竖标杆前要供茶酒和斋饭，焚香纸钱，整个仪式由寨长主持完成，他虔诚地祈求跪拜，之后村民通过跳象脚鼓以示庆祝，祈祷全村风调雨顺，人畜平安。此外，档少幌还源于另外一个传说，所以村民相信少幌不断就会一年平安，并且在战争中，任何一方见到少幌，表示该村保持中立，战争就不会打到村子中来，能为全村保平安。

从傣族的原始宗教中能看出作为一个民族的文化源头，它从观念上开始了人类适应并征服自然界的过程，逐渐出现了"超自然力量"的信念，正是在这种信念的驱使下，发展出了许多关于人与自然、人与神的思考。由傣族的原始宗教，呈现出了在这种信仰的仪式活动中不同主体的阶层分化，以寨老作为主持，包含了在乡村社会网络中，寨老的权力与地位，这使他获得了绝对的权威，因此，寨老的人选必定是村民心目中足以信服和敬佩的人。此外，在傣族的原始宗教中还衍生出了相关的"职业者"，即村民口中的"摩

---

① ［德］马克思，恩格斯. 马克思恩格斯全集（第27卷）［M］. 中共中央马克思恩格斯列宁斯大林著作编译局，译. 北京：人民出版社，1972：63.

图 2-3 M 村内所立"少幌"

弄"和"摩万"。"摩弄"是村里的大巫师，懂得医术、草药等普通村民所不懂的事物，所以常被村民请去做法事，被村民认为是能裁定生死和断魂路的人；"摩万"同样具有超自然的能力，但由于能力不如大巫师，权威也次于大巫师，所以被称为小巫师。可以说，由原始宗教为核心的一系列社会角色，本身就暗含了村落社会的权威结构。

一千多年前，南传上座部佛教由印度经过斯里兰卡和缅甸等地，最终传入了中国的西双版纳和德宏地区，傣族的原始宗教与佛教由于本质上的差异而发生了冲突。与原始宗教信仰万物之神不同的是，佛教强调的是对佛祖的唯一信仰，一切信念与行事都需要按照佛教的规定来，需要信徒虔诚信服佛祖的独尊地位，这在本质上是与傣族原始宗教随心所欲的自然信仰截然不同的。然而，傣族的原始宗教是基于最原始的采集与狩猎经济的，而南传佛教则已经过渡到了以农耕经济为基础的宗教信仰，其本身较原始文化更加系统和全面，所以，南传佛教在传入傣族地区时，便很快成为傣族的主要宗教信仰①。经过一千多年的发展，南传佛教已经成为绝大多数傣族所信奉的宗教，在每个傣族村落几乎都建有规模不等的寺庙，而围绕佛教展开的一系列活动与仪式也成为傣族村民不可或缺的一个部分，例如，《贝叶经》②除了作为南传佛教的经典，有记载大量与南传佛教相关的经文，更记载了傣族的诸多人文历史与法律法规，充分显示了南传佛教之于傣族的重要地位。

M村的寺庙位于村中央的公共空间，寺庙规模较小，仅由供奉佛祖的大殿、两间厢房和一个院落组成，在院子的围墙上刻有寺庙修建时村民的捐资详情，每到农历的初一和十五，村里的大部分人都会到寺里斋戒及参与其他佛教活动。在寺庙的旁边有一独栋的建筑物则是该村的奘房，奘房是佛爷长期念经和打坐的地方，佛爷是全村最虔诚的佛教信徒，一般在十五岁左右就开始受戒，必须学习相关的经文并常年于奘房内念经，为村子祈福，所以村民尊佛爷为佛祖在人间的化身，佛爷在村民心里是经过修炼已经得道的高僧。M村虽然因一些特殊原因目前没有佛爷在奘房，但在过往的岁月里也一直保有这一角色，甚至在未来依然可能出现。据M村的村民说，佛爷每日于奘房内修行，由村民轮流送三餐，在一些佛教的重大节庆里就会由佛爷主持，例如，傣族的"做摆"这一佛教活动，就离不开村里的佛爷③。虽然佛爷并未直接参与村里的各种公共行政事务，但在傣族普遍信仰的佛教活动中，依然建立了自我的权威，并渗透到了村民的观念里，成为影响村落非正式权威结构的一个不容忽略的重要因素。

傣族作为我国的少数民族之一，不仅历史文化悠久，其民族特色也十分鲜明，而由南传佛教为核心展开的一系列宗教活动已经渗透到了傣族村民的特色文化之中，包括傣族最为重要的新年节庆——泼水节，也产生了与佛教不可分割的关系。傣族每年都会在农历三月中旬举办浓重的傣族春节——泼水节，节日期间，傣族人民要到佛寺向佛祖敬献贡品，并且以泼水之意洗去一年的污垢，祝福未来吉祥。通过与村民的访谈，不难发现，对于傣族村民而言，泼水节可谓是他们最为重大的一个节庆。

---

① 何少林，白云.中华民族全书——中国傣族［M］.银川：宁夏人民出版社，2012：210.
② 傣语称为"坦兰"。
③ 田汝康在《芒市边民的摆》中详细描写了傣族做摆的情形，以及做摆时由佛爷请佛和赐名等重要的环节，说明在傣族的佛教活动中佛爷具有实际的功能。

访谈编号：3-2-20

问：村里较大的民族活动是什么？请具体描述。

答：每年的泼水节，我们都有很多不同的庆祝（方式），但是最重要的，也是整个泼水节的开始就是寨老带着大家到寺庙里祷告，我们都要沐浴前往佛寺参加浴佛的仪式，每家准备一些贡品，然后跪在佛祖面前祷告，以求得一整年的风调雨顺和清吉平安。泼水节是我们最重要的节日，现在虽然有很多年轻人都出去打工了，但泼水节的时候大家都还是会回来的，这个时候村里是最热闹的。

在傣族最为重要的泼水节中也包含了与佛教相关的仪式活动，这种几乎全村村民参与的情形充分显示出南传佛教在傣族村落的独特地位。当然，并不是所有的村民都真正理解佛教，也不是所有人都是发自肺腑的虔诚信徒。但是，这种普遍信仰并参与佛教活动的表现，与傣族传统的群体观也是密不可分的。所以，只要到了一定年纪的老人都会严格地遵守佛教戒律，参加所有佛教活动，可以说他们实际上是在"实践"着佛教的仪式活动。

（四）认同意识：个体相似的行为逻辑

从 M 村在水电站事件中大部分村民的实际行动来看，村民的行为明显表现出了相似的逻辑并具有一定的特殊性，即存在既有弱势心理与风险意识，但又愿意无条件参与集体抗争的这种内在矛盾。围绕社会结构与农民行为的逻辑，贺雪峰曾对不同类型的村庄进行研究，认为农民行为产生的动因是社会认同，即对"公"与"私"的认同差异是造成农民行为逻辑差异的内因。对于傣族农民来说，其中更包含了民族与国家双重认同的复杂关系，这可能是傣族农民行为逻辑的主要影响因素。并且，认同问题作为少数民族研究的一个重点问题，长期以来也形成了冲突论与共生论两大领域，目前越来越多学者对两种认同关系的判断从冲突对立转向共生共存，整体上呈现出"冲突论"与"共生论"二元对垒的基本态势。从国家政策导向来看，要实现中华民族共同体意识，就必须实现各少数民族的合理认同关系。基于认同问题在少数民族研究中的重要地位，以及认同关系在民族团结与国家发展中的重要意义，因此，可将"认同性"作为少数民族农民政治行为的其中一个解释维度。

以认同性作为影响农民行为的主要因素，在族群认同与国家认同的双向关系中，分析傣族农民行为选择的特殊动因及表现结果也具备一定的合理性。首先，民族政治的问题首先要解决的就是其认同问题，因多民族国家已成为现代国家结构的普遍存在形态，族群认同与国家认同必然形成了共存的局面，因此民族国家的"国家认同"危机的症候是"族群认同"与"国家认同"的紧张关系，只有实现两种认同的良性关系才是维护政治有效性与社会和谐的必要条件，因此，它构成了少数民族农民行为选择的关键依据；其次，少数民族的认同关系问题不仅是简单的"非此即彼"的二元论问题，它可能存在包含与被包含的关系，或者是意识中的先与后的关系。由于认同的情境性意味着少数民族成员需要根据不同的情境和场合，来确定认同意识的内容和程度。因此，当两种认同感同时存在于同一个体的意识内时，一旦认同产生的客观条件发生变化时，就可能促使少数民族农民政治行为的选择依据是所处情境中的"第一认同感"。最后，农民的认同感会主导其做出差异化的选择，无论是冲突还是对抗，其表现出来的正是两种认同关系差异化背后的不同行为逻辑。因此，对于同一村落的不同个体，甚至对同一个体而言，其认同感是处于变化之中的，而这一关系的动态变化对少数民族农民的政治行为选择具有十分重要的直接影响。

由于少数民族农民认同感的形成具有很强的情景性，当客观环境或认同关系发生变化时，就会使个体形成不同的认同意识，并做出不同的行为选择。因此，以认同性作为解释少数民族农民政治行为的关键因素，更能充分地解释少数民族农民在做出政治行为选择时所体现的各种逻辑。（如表 2-2 所示）

表 2-2 傣族农民行为逻辑与认同关系

前提条件	认同性	行为逻辑	治理有效性
利益受损	族群认同与国家认同对立	排他性	无效
无利可图	族群认同先于国家认同	消极性	低效
有利可图	国家认同先于族群认同	协同性	有效

首先，傣族农民的排他性行为逻辑主要源于少数民族在族群认同的过程中，形成了族群认同与国家认同的对立关系，这主要表现为在行政事务和政策执行中的不配合，甚至会因此形成集体的抗争。如果对本民族的认同是少数民族农民的唯一认同，就会促使他们产生强烈的排斥心理，并将国家认同置于其对立面。在族群认同与国家认同的对立关系导向下，当本民族群体中的某一个体利益受到损害时，少数民族农民往往会形成"族群意识"，而族群

认同与国家认同也会在他们的意识中成为"非此即彼"的二元对立关系。因此,在这样的认同关系影响下,他们更倾向于选择对本民族群体的绝对遵从与维护,在这种认同关系下所形成的行为逻辑是一种较为极端的农民政治行为,会造成社会治理的失效,使农民在政治参与的过程中更容易发生冲突与危机。

其次,傣族农民的消极性行为逻辑源于在实现认同的过程中,族群认同先于国家认同,这主要表现为在公共事务中的不积极参与。由于个体认同感的形成是一个动态的变化过程,而少数民族地区与其他发达地区的发展堕距往往会造成个体在对国家权威形成认同时仍略差于对本民族的认同,因此它主要出现于国家建设的初期。从消极性行为逻辑的深层角度来看,国家认同对于少数民族农民来说,虽然并不是被割裂对立开来的,但其意识中的国家认同并未充分形成,认同意识先与后的关系成了农民在做出行为选择时主要的依据。这种认同关系可能会降低少数民族农民在基层治理中的参与度,使得他们在面对很多政策的实际执行时,形成一种虽不在意能从政府得到多少利益,但却很注重自己已有的利益是否受到威胁的价值取向,在这种价值观的影响下,其行为逻辑必然会走向消极的一面。

最后,傣族协同性行为逻辑是一种理想化的行为逻辑,它源于少数民族农民的国家认同超越了族群认同,并主要表现为在政治过程中的积极有效参与,并善于利用协商的方式来积极参与公共决策,对基层社会的有效治理具有重要意义。当然,从目前大多数少数民族农民的认同意识来看,这种认同关系的形成仍源于在国家特殊照顾政策中享受到了实际利益,并非自发形成的。其背后关于国家与民族不同层面之间得以稳定和发展的各个要素之间的契合点,是处理好在少数民族区域自治中的国家与社会、个人与社会关系的关键,只有真正实现少数民族农民国家认同与族群认同的统一,且将族群认同内化于国家认同之中,才能最终实现少数民族农民有效的协作性行为,助力村落治理与国家发展。

三、傣族村落社会变迁中的共同体形态

傣族社会在历史的发展中呈现出了不同的治理制度,由此也在不断重构着村落的共同体形态。根据不同的维系纽带,在不同因素下形成了具有差异

的认同意识，最终形成了具有不同属性的村落共同体。从传统的原始社会到现代社会，在不同的制度变革与社会变迁中，傣族村落的共同体也在不断演化，总的来说，基于共同认同意识而分别呈现出了以"血缘""交往"和"精神"为核心的共同体形态。

（一）"血缘"为基础的共同体

傣族基本集聚于我国的南方地区，而南方的自然环境大多以山地和高原为主，所以，大部分傣族都生活于高原的河谷地带，由于自然环境的局限性，使得聚落的形成规模都较北方平原地区小了很多，并且在原始社会中大多以一个大家族为主而生活在一起。此外，由于自然环境相对比较恶劣，所以家族内的许多家庭为能更好地抵御自然风险而集聚生活，正是这种特殊的自然环境使得原始的社会生活呈现出了明显的以血缘关系为基础的群居特征。M村内目前仅有三大姓氏，并且表现出分别集聚于不同自然村的特征，几乎同一个自然村内的村民之间都存在着一定血亲或姻亲为主的、或远或近的亲属关系，这正充分体现了村民之间存在一定的血缘关系，使得每个自然村的男子基本上都以一个姓氏为主。由于一个村落被一个血缘填满，村落的生活世界与信仰世界交织在一块，"历史感"与"当地感"同构同生，人们的本体性价值决定社会性价值的表现和实践形态，所以这种以血缘为联结纽带的村落社区就其性质和特质而言是血缘共同体①。从这个意义来看，在傣族村落社会中，血缘作为联结村落的一个基本要素，也是村落社会结构中各种关系网络形成的纽带，村民基于共同血缘集聚起来，并在共同的生活、生产和相互交往中形成了共同体，村民的思维和行为也会因血缘关系的影响而决定村民在村落内部的实践方式与逻辑。

从民族学的分类来看，无论按照哪一种分类标准来进行区分，民族的最初起源都离不开血缘，以血缘为基础形成的氏族群体，构成了最初的民族②。正是基于一定的血缘关系，在体质人类学上构成了某类群体的相似特征，这种以血缘关系为基础所形成的群体内部具有很强的亲密关系，也是共同体的

---

① 杨华. 初论"血缘共同体"与"关系共同体"——南北村落性质比较 ［J］. 开发研究，2008（01）：95.

② 刘志一. 论民族是具有自我意识的语言文化血缘共同体 ［J］. 西藏民族学院学报（社会科学版），1989（04）：15.

最基本形态。因为只有在具有血缘基础的相互关系中，才能想象出一种共同体的胚胎，或者在意志里得到阐明的发展成为一种共同体的倾向和力量，母子关系、夫妻关系和兄弟姐妹关系是最强有力的关系，且每一种关系都以自己的特殊方式发展着①。所以，在较早的原始社会中，傣族以家族群居的方式生活于共同的地域环境中，形成了以"血缘"为核心的共同体。而这一时期的共同体是较为脆弱的，由于维系共同认同的要素是具有自然属性的血缘关系，所以一旦这种关系不存在了，就意味着共同体将被消解。此外，由于血缘关系具有明确的指向性，它就会使一定个体自然属于共同体内部，而把许多不具有血缘关系的个体排除在外，这种社会结构中的共同体具有很明确的共同体边界，是一个内部很紧密且对外十分封闭的聚合体，并且共同体的主要特征是由个体特征而得以表现的。

　　以血缘共同体为基础所形成的宗族观念，影响着傣族村民的婚姻与生育观，在封建统治的影响下，尤其受土司制度的长期影响，传统的傣族社会内形成了固定的通婚集团，阶级分化下的婚配制度使得统治阶级内部有明显的内部通婚现象。对于村落内的普通百姓来说，这种封建传统的思想影响同样也是存在的，造成的是傣族村民的婚姻关系都是建立在买卖或父母包办的基础上。在这样的婚姻制度下，使得村落内的许多婚姻关系存在一定的血缘关系，所以，即使在传统社会的发展进程中，也未必会出现高度的流动性。由于村落共同体较为封闭，且边界明显，所以并不具有明显的"地缘"特征。如果以南方村落为参照，可以发现在稳定的社会中，地缘不过是血缘的投影，地域上的靠近可以说是血缘上亲疏的一种反映，区位则是社会化了的空间②，所以，这种关系网络是非常符合费孝通所提的"差序格局"③的。由于维系社会关系的主要纽带是共同的情感认知而不是共同的地域，所以这种村落共同体的形成十分需要血缘关系作为基础，来为内部关系的强化提供自然的源动力，呈现出一种比较原始的以"血缘"为核心的共同体形态。

① ［德］斐迪南·滕尼斯. 共同体与社会——纯粹社会学的基本概念［M］. 林远荣，译. 北京：北京大学出版社，2010：53-55.
② 杨华. 初论"血缘共同体"与"关系共同体"——南北村落性质比较［J］. 开发研究，2008（01）：95.
③ 费孝通. 乡土中国［M］. 南京：译林出版社，2020（05）：24.

(二)"交往"为纽带的共同体

傣族因其特有的民族节庆和宗教活动，便有较多围绕仪式活动而展开的社会交往。一方面，农民通过仪式活动来实现对本民族信仰的传承，仪式活动本身就包含了农民代代相传的普遍认同，因此，从历史的纵深度来看，这种影响是根深蒂固的。另一方面，从横向的受众群体来看，由于傣族的大部分仪式活动都是农民集体参与的，这使得在仪式感中所塑造出的认同感具有一定的广泛性。此外，由于傣族的祖先崇拜、神灵崇拜和宗教信仰等影响，其仪式活动的类别也十分多元化，这是村落内部存在多种权威主体的原因。正是多元权威在历史的长期进程中得以共生共存，各种权威关系的交错便形成了村落的文化网络，从而发挥出一定的力量。杜赞奇将村落的权力关系统称为"权力的文化网络"，文化网络由乡村社会中多种组织体系及塑造权力运作的各种规范构成的，是权威存在和施展的基础。其权力的文化网络主要强调的是对组织系统中权力赖以生存的文化及合法性的分析，内含由市场、宗族和宗教诸多非正式要素组成的关联网。同时，在傣族村落社会治理的过程中，村落的文化网络正展现了由仪式感建构的社会资源的交互运作，是不同主体嵌入其中时被不断形塑的场域。在内涵各种权力关系的文化网络中，农民作为嵌入于该网络中的核心力量，自我也受到了社会结构的不断解构与建构。傣族村落由民族仪式塑造的文化网络，成为村落内部一个强大的资源运作系统，它潜在地支配着农民在其间展开的日常生活和生产方式，民族仪式的保留不仅在增强着民族的内部整合，也使得农民将其文化不断内化为主要的认知标准。故此，对于傣族农民参与社会治理的行为分析，首先应强调的就是其社会结构中的民族性文化要素，以及在傣族村落社会结构的文化网络中所具备的功能。

在各种具有民族特色的节庆活动或宗教活动中，形成了傣族村落具有民族特色的文化网络，使村落内部具有强大的关系网，并在村民的日常交往中发挥着潜在的作用。傣族村民在日常的交往中会使用本民族的语言，这对于促成个体的共同认同有很强的推动作用，通过语言表达来获得对本民族的认同，并在仪式感的活动交往中获得了相互的信任与依赖。现有的大部分社区研究都普遍认为，城市社区相比传统的乡村社区更接近"共同体"的概念，因为社区共同体的核心要义在于熟人化、社区认同、邻里信任与互助①。在乡村社会中，熟人化这个基本前提本身是客观存在的，以血缘为核心的共同体促成了这种熟人社会，但只有足够频繁的社会交往才能真正实现社区认同和邻里信任互助。由于傣族村落并非一种封闭式的社区结构，所以在村民日常生活中会存在十分普遍的日常交往。例如，当某个家庭有红白喜事的时候，村里的大部分村民都会去相帮；在过年或一些传统节日里，亲戚之间也会频繁的走动；等等。这种频繁的日常交往不断地增强着村民之间的关系网络。由于傣族村落是一种典型的同质性社会，村落内部并无太过明显的阶层分化，这更加剧着村民之间平等的互动往来，促使村落社会形成了以"交往"为核心的共同体。

在村民普遍的日常交往中，熟人社会的特征进而被不断凸显，社会网络也逐渐呈现出社会资本的现实作用。由于傣族村落社会具有各种宗教活动和民族节庆，这种大规模的集体活动使得村落社会的日常交往表现出人格化的特征，频繁的人际互动在村落内部累积成了特殊信任和道德义务，这种以"交往"为核心所形成的共同体，就表现出了一定的权力关系。随着社会交往的日益复杂，在这样的社会背景下，生活世界中的主体交往面临巨大压力，这就使得一部分个体不得不用一种非语言表现的权力或金钱来调节其社会关系。于是，这就形成傣族村落以"交往"为核心的共同体具有明显的功能性意义，在日常交往中形成的社会关系使村落内部可能出现一定的分化，也使得具有个人权威的主体地位得以凸显。由于维系社会关系的核心纽带是以个体行动为表现的社会交往，因此，在以交往为核心的共同体中，个体的行动与权威将不断影响着共同体的形态与功能。

（三）"精神"为核心的共同体

血缘共同体作为行为的统一体发展和分离为地缘共同体，地缘共同体直接表现为居住在一起，而地缘共同体又发展为精神共同体，因此，精神共同体可被理解为真正的人的和最高形式的共同体②。经由婚姻和血缘关系而形成

---

① 熊易寒. 社区共同体何以可能：人格化社会交往的消失与重建［J］. 社会科学文摘，2019（09）：50.
② ［德］斐迪南·滕尼斯. 共同体与社会——纯粹社会学的基本概念［M］. 林远荣，译. 北京：北京大学出版社，2010：52.

的家庭的亲属群体表现为具有一定边界形态的共同体，而稳定的社会交往关系需要依靠社区成员之间拥有共同的文化传统、价值观念和行为规范。正是在村落中的各种地方性规范的指导下，通过持续的社会交往形成了较为稳定的社会关系，由此构成了村落共同的维系纽带。傣族村民在社会交往中实现的互助与信任使具有共同认同的民族意识逐渐嵌入村落的日常生活世界中。并且，在现代社会的发展中，社会结构的变迁不断地丰富着人们的生活世界，日常交往的频率与方式也变得更加多样化，许多乡村社会组织应运而生。在这样的社会背景下，村民在丰富且复杂的社会交往中，更容易形成具有"有机团结"特性的社会网络，M 村村民在水电站事件中的行为逻辑正充分表现了这种整合方式。从水电站集体事件的发生来看，即使没有受到利益损害的村民，也会参与到这类集体行动中，并且大部分村民都认为应该积极地参与这种集体行动，否则就会被其他村民孤立和排挤。从这些事件中可以看出，在少数民族村落社会中，村民都对本民族的传统与文化有很强的认同感，相同文化的影响使得个体之间形成了思想上的相似性，这就使得他们之间形成了基于相同地域、相同民族和相同文化下的紧密整合，这种社会整合的形态可以说是一种以共同意识认同为基础的整合方式。

在傣族村落社会中，以血缘为核心的共同体构成了社区的最根本基础，随着共同体内个体之间的频繁交往，逐渐过渡到了具有一定社会功能的以交往为核心的共同体。但正是由于个体之间在共同地域内的频繁交往，彼此之间"你中有我，我中有你"的社会关系使傣族村落成为一个典型的熟人社会。在这样的熟人社会中，具有民族特殊价值的内在规范会影响着个体的行为选择，在面对现代社会中的许多公共事务时，村民也会形成共同的目标取向和利益需求。并且，由于民族文化和生产生活方式的根本差异，傣族村民对本民族具有明显的认同意识，而这种认同意识则表现为村落内部的共同认同，这使得村民在进行行为选择时就会表现出对精神层面的需求，并表现为一定的相似性。一般来说，构成精神共同体必须具备四方面的特征，分别是具有共同的目标、具有共同的规范和价值准则、具有区别于其他群体的共同体意识、成员能从精神共同体中获得精神情感的满足①。因此，从精神共同体构成的基本要素来看，处于现代社会中的傣族村落社会，所表现出来的正是这种以"精神"为核心的共同体形态。

① 刘善仕. 精神共同体的建构及其伦理意义 [J]. 广东社会科学, 1998（02）：50.

　　傣族村落以"精神"为核心的共同体是现代社会中的主要村落共同体形态，它具有更加高级的内涵，也具备更加丰富的社会功能。从精神共同体的构成来看。因为社区精神才是构成社区的实质，所以这种村落中的精神共同体是具有一定稳定性的，且维系共同体的纽带不容易被打破。此外，在现代社会的发展中，地域之间的流动性在不断增强，即使是在具有同质性的傣族村落，也出现了明显的人口流动。但正是存在以精神为共同认同基础的共同体，所以，这种村落社会的强关系并不会因为流动性而破坏，反而使共同体的边界不会受到地域的影响而存在明显的区隔。总之，因为这种精神共同体是一个以共同的志趣和共同的价值追求为内核、由主观认同这一志趣和价值追求的个体为成员所形成的一种精神场域①，所以傣族村落以"精神"为核心的共同体，表现了个体对本民族文化具有明确的共同认同，并且在这种认同感的作用下，村落内部形成了有机的社会关系，村民个体之间具有一定的依赖性。此外，这种"精神"共同体也使得村落具有很强的社会责任感，使得许多具有权威的个体能走到村落治理与发展的舞台中来，并发挥自身的社会资本力量。

---

　　① 肖红军，秦在东. 精神共同体及其形成路径探析［J］. 学术论坛，2011，34（06）：32.

第三章

复合治理之缘起：村落社会的多元治理主体

在党的十九大报告中，已明确提出要"健全自治、法治与德治相结合的乡村治理体系"，党的二十大对"共建共治共享"的社会治理制度也做出了明确的要求。可以说，从目前社会治理的制度环境来看，国家也越来越重视基层社会的多元主体治理，这都在深层次的逻辑里阐释了"建设人人有责、人人尽责、人人享有的社会治理共同体"理念在乡村治理中的重要意义，所以无论是在横向层面还是纵向层面，其社会治理的范畴与主体都应该是多元化的，单一的治理渠道与治理主体已经不能满足当下的治理需求。社会治理一直以来都是一项复杂艰巨的工程，处理好村落社会在治理过程中面对的各种问题是社会发展的必要需求。这一理念的要求对于村落治理矛盾的解决是至关重要的，它是调和国家与社会、国家与民族、传统与现代等不同要素之间平衡的重要机制。由于社会治理主要是"以实现和维护群众权利为核心，发挥多元治理主体的作用，针对国家治理中的社会问题，完善社会福利，保障改善民生，化解社会矛盾，促进社会公平，推动社会有序和谐发展的过程"。[1]因此，在基层社会治理中较为关键的两个要素分别是治理的主体及其治理过程，而 M 村社会治理的最大特性也正是由这两个要素所体现的。从参与社会治理所呈现的社会生活共同体来看，M 村较传统汉族村落的区别就在于村落整合程度更高，且村落社会中的内部关联较为紧密，这就会使许多具有权威的非正式主体能积极参与到社会治理的实践中，与正式主体构成复杂的治理结构。在村落社会生活共同体中的各种非正式权威主体中，村落社会中还存在着具有个人权威的民族领袖人物、具有话语权的市场精英和各种社会组织，他们在社会治理的实践中也发挥了重要的作用。

---

[1] 姜晓萍. 国家治理现代化进程中的社会治理体制创新［J］. 中国行政管理, 2014（02）: 24.

村落共同体中的非正式主体不断建构自身的治理权威,并由此构成了多元权威主体的共生之象。然而,对于傣族村落社会治理而言,一个重要的方面是各类治理主体在基层社会中是如何发挥效用的,以及彼此之间是如何互动的,这构成村落治理场域的一个重要方面,也是现实村落复合治理的基本条件。因此,本章将从村落社会不同的治理主体切入,通过不同主体的权威生成路径来探究其发挥作用的机制,从而挖掘傣族村落生活共同体中各种主体获取参与社会治理话语权的基本方式。同时,重点考察村落治理场域内的诸多相互关系,在 M 村水电站事件中深入挖掘不同治理主体发挥权威力量的运作机制,将整个村落共同体中的各种权力关系展开来剖析,从较深层次研究处于同一治理场域内的多种治理主体之间如何互动,以及形成了什么样的治理主体关系。

一、村落共同体中的内生性治理主体

村落内生的各种权威主体是以村民主体为基础而产生的,虽然部分主体的权威来源不具有合法性,但在村落的社会治理中体现出了明显的现实意义,表现为另一种较有个性特点的权威运作逻辑。在社会治理实践展开的过程中,村两委干部和村民小组的权威力量均来源于村落共同体,在国家政权自上而下的下沉过程中,村两委和村民小组作为主要的治理主体参与村落的各种公共事务,并依靠自身的合法性与权威力量占据社会治理的主导地位。

随着城镇化进程的不断推进,正式治理主体在村落社会治理中发挥了越来越重要的作用。傣族村落与汉族村落在历史的长期发展中,很多方面都出现了趋同的态势,以至于很多人认为当前的少数民族出现了汉化趋势。但事实证明,无论时间如何推移,少数民族及其集聚的地区总会呈现出一定的差异性,这种差异性是受到民族传统文化根深蒂固的影响而造成的。并且,在制度背景的影响下,傣族的优秀文化也得到了人为的维护、保存和发展。在傣族村落的社会治理中,寨老作为土生土长的村民,他与村落的发展与治理存在着紧密的内在关联,并且在历史的演进中更多地承担起了民族文化发展的责任,他们往往与普通的乡绅和宗族长老有所不同,传统村落的乡绅大多是在某一方面有突出作为而获得村民尊敬和认可的人,宗族长老大多是指在宗族保留较好村落的某一姓氏群体中最为德高望重的长者。有研究表明,在当前中国的大部分农村地区，乡绅和宗族长老在村落中的影响力正在日益衰退，而傣族村落的寨老却与之不同，他们依旧在村落的民族文化事务中发挥着重要的作用，并且形成了村落特有的"寨老制度"，正是由于寨老的治理权威非常强，所以是绝不能忽略的一重治理权威。此外，在基层社会的权威实践与运作中，除了有村干部和村民小组的积极参与和落实外，各种具有同质性的个体形成自治组织，包括各种小团体和经济合作社，在村落的日常生活和公共事务中，他们能以互惠的方式带给其他村民实际利益，并在这个过程中树立起一定的话语权，从而成为村落治理中具有权威的一大主体。

（一）村两委：村务工作的"主导者"

自 1982 年以来，随着"村民自治"这一提法开始出现于《宪法》中，我国的村民自治就开始蓬勃发展起来。《宪法》第一百一十一条明确规定："村民委员会是基层群众自治性组织。"由此，我国的村民自治制度得到了合法性的支持。对于村民自治的发展过程经历了 30 多年的调整与改革，如今已逐渐发展成熟。因此，基层自治一个较为突出的特点是由村民直接行使民主权利，依法解决自己的事情，通过基层自治在村一级全面推行民主选举、民主决策、民主管理和民主监督。由村民选举产生的村党支部和村民委员会就是主要负责并实施具体工作的部门，同时也担负着完成大部分公共行政事务、解决村民纠纷、发展地方经济和处理公共服务供给等问题的义务。因此，本书将由村民选举产生的村两委干部统称为"村干部"，之所以把这两个组织的人员统称为一个群体，主要原因是二者在某种程度上是一种相辅相成的关系，并在社会治理的理念与行动两个不同层级共同完成村民自治的相关任务，可以说是一个统一的整体。

在新中国成立以前，M 村就已经诞生了中国的第一个村党支部，随着社会变迁的不断推进，村党支部的基本工作原则和内容都发生了转变，而"党委领导"的核心理念却依旧不变，当然，目前所提倡的党委领导绝非专制主义下的绝对领导，而是团结多方主体，为其准确把握发展路径的"领路者"角色。所以，对于傣族村落的社会治理而言，党的领导是实现社会有效治理的基本保障，而党支部书记也只有在做好村落社会发展"领路者"这一角色时，才能使其权威得以生成。在《中国共产党农村基层组织工作条例》中，明确规定了党必须坚持党的农村基层组织领导地位不动摇的原则，同时也指出了基层党委在农村全部工作和战斗力的基础，并主要负责全面领导乡镇、村的各类组织和各项工作。因此，在长期的实践中形成了这样的局面：村党支部书记在实际的工作中往往处于核心地位，并接受上级党委的领导。于是，他们长期协助乡镇政府完成一些针对村落的具体工作，可以说他们实际上成了自上而下行政体系中的最基础一环，这种特殊的角色定位使得村党支部持续存在了较长时间，而这也是这一时期的村支书大多被比喻为"经纪人"的重要原因。随着中国共产党十八届三中全会的召开，我国"社会管理"的提法开始向"社会治理"转向，这意味着政府以促进不同领域协调运转及发展为目标对社会系统各个领域进行的统筹管理，标志着对公共事务的管理将实现向协商与合作方式的转变，这同时也意味着实施的主体将不再局限于政府，更多的社会组织将纳入其中，更加多元化的角色互动关系也将随之出现。这一变革对农村地区的治理来说有一个显著的影响，即在治理的过程中更加鼓励多元化主体的参与。当然，这并不表示基层的治理与事务工作由村民或社会组织全权负责，而只是在某种程度上的"政权悬浮"，乡镇政府同样处于指导地位，同时村党支部也依然处于重要的领导地位。但是，一个较大的转变是：这一时期的村支书已不再是"经纪人"，而是"领路者"的角色。经纪人最显著的特点是其所属的立场，经纪人表示村党支部是以政府为立场的，而当村支书不再是"经纪人"时，也意味着村支书将更多地以协商的方式与乡镇政府配合完成具体的工作，在对某一政策和工作落实的过程中，不再是所有任务的直接下派，而是与村民协商后的共识结果。

宏观制度变革同样适用于傣族村落，M村的村党支部书记无论在工作内容还是工作职责上本质上是一致的。当然，傣族村落最大的差异性是来自于村民内部的。由于村落共同体中的傣族农民个体具有很相似的行动逻辑，这与其所产生的认同感密不可分，尤其民族内部的紧密程度又会使得他们很容易出现"一边倒"的行动逻辑。从以下访谈内容来看，在问及村支书对水电站事件的看法和态度时，村支书表示负责解决村落的各项公共事宜是本职工作，而要获得村民认可需要来源于他与村民的统一立场。所以，当村支书在落实某项政策或工作时，某个个体的排斥可能很快就会转变为集体的排斥，而当他在完成某些工作时，若以村民的立场去与政府协商达成共识，往往就很容易完成。

访谈编号：2-1-02

问：请问您是怎么看待水电站这件事的？您认为村民对您平时的工作还算配合吗？

答：他们也不是说不配合我的工作，我觉得大部分人都还是比较配合的，都是能配合的肯定是会配合的，但老百姓也是不容易，如果说你办的事不行，肯定大家都是有意见的，你就说之前修水电站，其实最开始就是村上几个人商量了一下，他们也就和涉及的那几家讲了一下就去搞了，结果呢，这个水影响灌溉的可不是一两家，是好多家的事了，人家怎么可能不去闹。这个事情一出，我们也没有办法，这个也是我的职责呢，我肯定是要把它给解决好的，所以我就约着村里其他人去积极和政府商量，去想办法解决，也是没有拖得太久就把这个事情解决咯。

访谈编号：2-1-05

问：请问您是怎么看待水电站这件事的？

答：这个事情，最开始大家有点不信任政府，但我们不一样，我们都是一个村的，肯定是多相信我们一些，所以解决起来也更容易。事情发生了之后，我们作为村委的负责人，自然是要全力去解决这个事情的，这个也是我们的责任咯。

问：您认为村民对您平时的工作还算配合吗？

答：基本还是很配合的，但这个也是分事情，你说如果有好的事情，有利益的事情，那大家肯定是相对配合的，但每个人也都是有自己想法的，你如果真的威胁到他们的利益，那肯定是不会有人配合你。你就看最近这个事情就是啦，如果是去帮大家争取利益，那大家都还是蛮配合呢。

在 M 村水电站事件中，村两委作为村民与基层政府信息交流与衔接的重要媒介，既是基层政府破解地方矛盾的主要力量，同时也是村民反馈需求与回应政策的最佳主体。从上述与村干部的访谈内容中不难发现，无论是村支书还是村委副主任，都提到了"职责"和"责任"。这充分显示了村两委干部在村集体事务中赋予自我的工作属性。当然，从两位村干部的访谈内容也能看出，当下村两委在基层治理中基本都能获得村民的普遍认可，他们具有一定的自我权威与话语权，当然，这也仅限于在村民利益不受损害的前提下。

目前在许多农村地区依然存在村主任候选人以违规形式获取选票的局面，

这意味着村主任能从基层的自治中获得某种收益。从村主任通过所处位置职权能获得的收益来看，这种收益大概有社会性和物质性两种。如果村主任期望获取的利益是社会性的，这种社会性的利益代表着他对自我地位、声望和面子的追求，这是在熟人社会的中国农村许多村主任都有的心态。他们期望通过村主任这一职位来获得村民的尊敬，乃至对自我所处的整个家族的尊重，所以他们的行动大多是出于为村民考虑的，他们更多的是以维护本村利益、获得村民拥戴为动机的。相反，另一类村干部所期望获得的是物质性的收益，他们期望通过这一中间人的身份获得一些其他灰色收入。但是，从当下实际的情况来看，许多村干部并不仅是受其中一种收益的驱使，而往往是受两种动机的共同作用。贺雪峰认为，从当前农村的实际情况来看，只有那些传统文化保持比较完整、宗族组织较为健全的农村地区，村干部较为看重社会性的收益，其原因在于村庄具有密集的文化网络，并因此具有自主生产价值的能力①。从这个角度来看，对于民族观念深厚且具有完整宗族组织的 M 村而言，村主任较为看中的是社会性的收益，所以他们更偏向于保护村庄的立场，他们也更符合实现村庄自我管理的"代理人"角色，而这就使得他们更容易不计较物质回报去做出保护村庄及村民利益的行为。当然，村主任在最初出现的时候并不能得到村民的认同，他被视为了政府的下属，所以村主任的权威建构也是一个较为复杂的过程。正是他们长时间以"代理人"这一角色作为行动的根本，通过更多地去反映村民的利益诉求，并不断为村民提供有价值的回报，才在村里站稳脚跟。

在实地调研中笔者了解到，20 世纪 90 年代初期 M 村上任了第一个村委会主任，他在刚上任时曾一度受到过村民的排挤，当时村民对他的工作很不配合，并且极不信任，在这样的情况下其工作很难推进，为了让村民了解并认可村干部的立场，他用实际行动演绎了村落"代理人"的基本立场。对于M 村来说，每年最大的一个节庆就是泼水节，村民们会以平摊的方式集资举办这个节日，节日期间会有各种大小祭祀仪式，以及村民自发的文艺表演。但是，由于一些家庭经济水平偏低的村民不愿意为此事出资，所以曾一度形成了泼水节办与不办的两难选择。刚上任的村主任也清楚村民渴望一起过泼水节但又不愿意出钱的想法，于是他把这一情况向镇政府的领导进行了反应，

---

① 　贺雪峰，阿古智子．村干部的动力机制与角色类型——兼谈乡村治理研究中的若干相关话题［J］．学习与探索，2006（8）：71.

并在他一次次的言说下，这件事得到了镇政府的重视，政府通过向市一级申报项目的方式，终于为 M 村取得了民族文化建设的专项经费，除此之外，每年泼水节镇政府还会为他们提供舞台搭建等其他的协助，同时号召全镇的傣族村民参与到这个节庆中。

正是解决了傣族村民们在最大节庆时的一个困扰，这位村主任的事迹成了一个成功的典型，使得 M 村的村主任终于在村民中获得了认可，而他的这一事迹也成为每一任村主任竞相学习的榜样。而现任村主任也在想方设法为村民提供实际的利益。随着芙蕖湾项目的落实，现任的李主任也看到了机会，于是他向政府表达了村民期望重修庙宇的愿望，因为傣族是信仰佛教的，而村内的庙宇已经修建了多年，虽然经过了多次修缮，但目前也已经很破旧。当然，M 村的李主任不仅仅寻求了政府的资助，也向当地的傣族协会寻求了帮助，于是，原本并没纳入规划中的庙宇如今也成了旅游的项目之一，同时，政府还提供资金来源为该村修建了文化大院（图3-1），并内设专门的民族文化陈列馆，用于展示傣族农民的纺织艺术品、耕作农具和油画等。

图3-1　M 村文化大院

M 村的基层社会治理一直以来都有一个与汉族村落明显不同的集体活动，受民族传统和信仰的影响，村落内部一直保留了传统的宗族祭拜和其他祭祀活动，这种大型的集体活动使村民内部有着较大的整合程度，这种高度的同质性促成村落共同体形成。村民在对政策或项目的接受上也会有很多的相似性，致使村落的所有公共事务都必须得到村民普遍的知晓或参与才能顺利进行。在这种特殊的情况下，村支书和村主任在任职期间如果以村民根本利益为立场，村民往往会有同一立场的感受，此时的村支书不再是行政体系中的领导者，而是与村民共同立场的同伴关系，这样便能使村民更多地感受到利益获得而非利益剥夺，这个过程的重要意义是建立起了村民与村干部的良性互动关系，而这种良性的互动关系也能强化村干部在社会治理中的权威。由于村干部建立了自身的权威，所以在处理 M 村水电站的事件中，才能真正发挥当家人的主导作用，在与乡镇政府或水电站管理层协商、合作的过程中，充分体现出村干部在工作执行前以村民的立场去考虑对村庄发展的有利解决方案，在做出判断后与乡镇政府协商对方案进行有效的调整，在解决诸多矛盾时更加充分去考虑村民的利益需求。因此，对于整个事件中各种矛盾的化解，正是由于村干部的权威力量来源于村落共同体内部，所以这种权威是更容易获得村民认可的，而在推动村落发展和维护内部和谐稳定的过程中其权威力量的合理发挥，就极大地推进了治理的有效实践。

（二）村民小组：内部秩序的"推动者"

村民小组并非一个行政部门，它是在原来的生产小队基础上所发展而来的村民自治组织，也是乡村社会治理的最小单元。从属性上看，村民小组属于社会组织，它的根本目的是在村民自治体系中协助村委会完成实际工作。从具体的工作来看，村民小组在村落的社会治理中，主要从以下三方面来行使职责：一是收集并向村委会反映本组村民的意见和建议；二是向本组村民传达村委会做出的有关决定；三是协助村委会办理本村的公共事务和公益事业。从村民小组的职责来看，它实际是为了实现一些较为庞大行政村落的事务分解。虽然，当前的《村民委员会组织法》涉及村民小组的内容很少，并且在有涉及的相关条例中，也表明村民小组是可设立也可不设立的，它的作用是可以由其他组织或方式替代的①。但是，对于傣族村落而言，村民小组的设立还是有其必要性的。傣族村落主要分布于云南省境内，受地形因素的影响，许多同属于一个行政村的不同自然村之间往往相隔一定距离，甚至有些自然村距离村委会所在地较远。如果没有村民小组作为社会治理的上传下达媒介，将严重降低村落的社会治理效率，甚至会影响到许多公共事务的执行。

由图 3-2 可知，傣族村落的组织架构与汉族村落基本一致，村民小组分设于每个自然村，由 5 户到 15 户组成一个村民小组，并由村民按 5—15 户推

---

① 程同顺，赵一玮. 村民自治体系中的村民小组研究 [J]. 晋阳学刊, 2010 (02)：32.

选一人作为村民代表，即村民小组长。村民小组长的主要任务就是协助好村两委完成各项工作，处理好本村民小组的公共事务，并将本小组的基本需求向上进行反馈。总的来说，M村的村民小组完整地内嵌于村落共同体中，所以它能在以下两方面发挥作用：一方面，村民小组将有利于增强村民之间的关系网络。随着熟人社会逐渐走向半熟人社会，许多北方的乡村已出现人际疏离的现象，以理性计算为基础的人际交往逐渐替代了熟人社会的礼尚往来，原有的"差序格局"正走向瓦解。因此，如果要实现乡村振兴战略，首先需解决由人际疏离所带来的公共性危机。而村民小组的作用就在于，通过较小的治理单位来保持村民与村两委的关联，使村落原有的社会生活共同体得以强化，促使村民之间都能形成稳定的社会关系，从而实现乡土公共性的再造。另一方面，村民小组将有利于提高基层社会治理的效率。由于村级公共事务涉及的范围和人员都较为广泛，如果只依靠村委会来完成具体工作的执行，这就需要增加很多的人力和物力，这对于简化村委会行政体系来说是非常不利的，而通过村民小组来实现对行政事务的分解，将加快公共事务的处理速度，同时，由于每个村民小组的人员有限，就能很好地避免由于涉及人员过多而造成的工作效率低下，这对村落社会治理能力的提升是有一定意义的。由于村民小组具有的治理功能，这一最小治理单位在实践的过程中更容易形成与村民的直接互动，进而生成自我的权威。

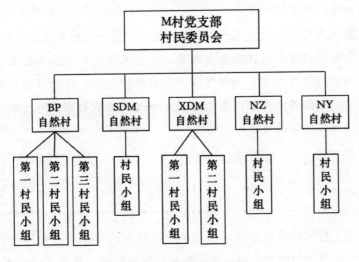

图3-2　M村组织机构图

访谈编号：2-1-03

问：您认为自己在村里有什么责任和义务？为什么愿意当村民小组长呢？

答：其实对于我来说，村里发展得好，我也很高兴呢。我觉得作为小组长，我的主要责任就是想办法把我们这个小组的人都团结起来，有事一起商量，有问题一起解决。当然，还有一个更重要的责任就是完成好村上安排下来的工作。为什么说是更重要呢，主要是我觉得一般有什么工作下来，它都是和大家息息相关的，尤其是我们少数民族，有时候还有些优惠政策，你说如果因为我的原因耽误了大家，肯定是不好呢，还有我个人也觉得，这个小组长主要还是大家信任你，所以肯定要当好的。你说我为什么愿意当，那肯定不是为别的呢，我觉得这个也不是什么官，只是想帮助大家，被大家信任。我也比较年轻，很多工作做起来也不费力，所以说还是很乐意呢。

访谈编号：2-1-06

问：您认为自己在村里有什么责任和义务？为什么愿意当村民小组长呢？

答：我们都是自愿成为小组长的，当然肯定也是有大家伙的支持。我觉得小组长主要就是要把大家都团结好，齐心协力地去帮村子把一些事做好，还有就是我们需要花更多的时间和精力去服务大家，我想这个可能才是最重要的，你比如说哪家有事人家最先想到你，你肯定要尽力去帮。

访谈编号：2-1-07

问：您认为自己在村里有什么责任和义务？为什么愿意当村民小组长呢？

答：我家娃娃还小，在家也有生意，我也不像他们要出去打工，基本都是在家，以前也上过高中，一样懂点，大家就推选我，我觉得这是个好事情也就答应了。小组长主要也是带领着大家一起把我们的事做好，还有就是上面有什么工作安排下来帮着去完成。

从与村民小组长的访谈来看，在 M 村的社会治理中，村民小组长主要以协助村委会开展相关工作为己任。对于村民小组长而言，协助好村委会完成相关工作，是使村民利益得以保证的关键，他们也正是在与村民积极互动的过程中获得了村民的普遍信任。村民小组所具有的实际价值使得他们更容易获得其小组内其他村民的认可，进而生成自我的权威。从表 3-1 来看，BP 自然村的规模是最大的，且该村的两委选址也位于这个自然村内，因此，在长期的发展中就形成了一个潜在的规则，即该村的村干部大多是由村民小组长发展而来，由于 BP 自然村拥有更多的村民小组长，且这个自然村的经济发展是最好的，于是造成了 M 村的大部分村干部都来自 BP 自然村。《中华人民共和国村民委员会组织法》第二条对村民委员会的群众自治组织性质和四项任务进行了明确的规定，指出：村民委员会是村民自我管理、自我教育、自我服务的基层群众性自治组织，办理本村的公共事务和公益事业，调节民间纠纷，协助维护社会治安，向人民政府反映村民的意见、要求和提出建议①。从这一规定来看，村民自治是作为基层直接民主的重要方式而存在的，它是以广大村民为主体立场的，是村民直接行使并管理与自我相关利益的各种公共事务的有效方式。当然，这并不意味着所有的村民都是以直接参与的方式去实现自我管理，而村民小组正是在不断实现自我管理的过程中，因获得了村民的认可同时获得了参与村干部竞选的有利社会资本。在竞选村干部的过程中，由于村民小组长一直保持着与本小组村民的普遍交往，他在协助村两委完成日常工作的同时也获得了村民的认可，所以很容易被选为下一任村干部。

表 3-1　M 村部分历任村支书的基本情况表

姓名	性别	民族	任期	所属自然村	是否任村民小组长
LXL	男	傣族	2021 年至今	BP	是
LXL	男	傣族	2018 年至 2021 年	BP	是
LWJ	男	傣族	2012 年至 2018 年	BP	是
ZCY	男	傣族	2009 年至 2012 年	NY	是
LST	男	傣族	2006 年至 2009 年	BP	是
CWY	男	傣族	2003 年至 2006 年	XDM	否
LBG	男	傣族	1997 年至 2003 年	BP	是

从部分历任村支书的基本情况来看，可以发现，大部分村支书在成为村干部之前都曾作为村民小组长协助村两委完成许多行政事务，这个过程中实际就是以自身职责来"得民心"的一个过程，如果仅仅以自我利益作为村民小组的行为动机，将严重违背小农经济背景下的农民利益需求，如果无法在群众中得到信任，那么村民小组长可能很难在村落里建构起自我的权威。尤其是在少数民族村落，少数民族之间的整合程度更高时，他们的思维逻辑更加偏向一致化，当本民族集体的利益诉求得到满足时，他们更容易形成集体

---

① 徐勇．中国农村村民自治［M］．上海：三联书店，2018：76.

的认可，而这种集体的利益诉求往往又是以民族因素呈现的。所以，村民小组在少数民族村落建构权威的一个重要方式就是去实现民族集体的利益诉求，真正去做好村庄"当家人"的角色。而处于这个核心位置的村组干部能够做到的并且切实有效的方式，就是积极地向上反映村民的诉求，并且努力为村民向上级部门争取利益，通过其所处位置的"上传下达"功能实现保护村民利益的作用，从而建构起一定的权威。

从村民小组所处位置来看，它是连接各个自然村落与村两委的主要桥梁，并经过国家普遍的制度性安排实现具体运作，而在这个双向的输出过程中，却可能呈现出多样化的自治模式。从傣族村落的社会结构来看，它包含了更多的与民族和宗教相关的要素，而这些要素都在一定程度上影响着村两委及村民所做出的每一个行为选择，也决定了他们在实现自我管理、自我教育、自我服务时会受影响而做出失范的行为，这就很可能成为村落治理中的不稳定因素。因此，对于傣族村落的社会治理而言，一个具有合法性地位的治理权威主体存在是极其有必要的，这种必要性不仅仅是通过其上传下达的特殊地位而决定的，在某种程度上，傣族村落似乎更需要一个强有力的主体来维持着村落社会内部的秩序与规则，这既是对国家治理在行政末梢提供的稳定性，也对处理和解决群体之间纠纷有重要意义。村民小组长按照制度要求去履行应尽的义务时，无论是对上传递意见，还是对下维护社会治安，甚至是处理各种公共事务，究其根本都是在维持规范的社会内部秩序。在水电站事件中村民小组是最初站出来与水电站管理层沟通的一大主体，他们虽然没有解决根本的矛盾，但正是由于他们充分地履行自我的义务，才最终推进了整个事件的解决，这就能很好地解释村民小组在维持社会内部秩序时所具有的权威作用。

在傣族村落的社会治理中，村民小组以村两委为依托展开了一系列的公共事务管理，一个重要的意义在于治理主体在维护村落社会的结构稳定时，也在维持着民族群体内部的原有秩序，这种内部秩序是其民族所特有的生产生活习性，在他们长时期的生活场域中所形成的习惯由此而得到了较好的保留。村民小组长利用权威的作用在将一些较为重要的国家政策与制度融入村落的社会治理中时，也充分赋予其合法性，使村民更加认可这些规定。从村规民约的内容来看，M村村规民约的第13条和第14条规定都是为了避免由于本民族的宗教信仰而造成的不良社会问题所制定的，但这要获得村民的认可，就需要村民小组不断地在思想上破除传统的封建思维，而作为村落共同体中的主要治理主体，村民小组也更容易通过自我的权威来为村民建构起新的认同意识。由于傣族是有本民族的风俗文化或宗教信仰的，由于村民之间的利益分化和认同差异可能导致冲突，而村民小组作为维护社会和谐与稳定的重要自治组织，其职责是非常大的。而村民小组作为维护社会和谐与稳定的重要自治组织，其职责是非常大的。可以说，傣族村落的村民小组长更需要具有能让村民信服和认可的权威力量，只有这样，他才能更好地去避免各种由于宗教问题而带来的负面影响，也更能及时地纠正各种偏离社会主义核心价值观的行为，这也充分说明了傣族村落的村民小组在维持规范的社会内部秩序中的重大作用。

（三）寨老：传统文化的"维护者"

新中国成立以前，寨老就在傣族村落的各项公共事务中发挥着十分重要的作用。如前所述，在土司制度时期，寨老的职责类似如今的村干部，他主要负责村里的各种大小事务，而与此不同的是，那一时期的寨老是被纳入行政系统内的，是由所属的土司直接任命的行政人员，所以他们作为行政体系的最末端完成许多行政事务，接受上级的指派完成向下管理的工作，这一时期的寨老拥有很强的合法性，他们在这样的行政工作中已经建构了正式的权威，正是土司制度在傣族村落的长期存在，使寨老的社会地位得到了很好的保留。并且，寨老也充分发挥着村民与官员互通的中间作用，这也使其能很好地得到村民的信任，所以在新中国成立之时，寨老这一角色并没有被直接取缔，只是他已缺少了合法性地位，虽然如今的寨老已经很少直接去管理村庄的各种事务，也并未直接地参与到社会治理中。但他们已实现了向传统与文化领域的回归，所以他在村民的心里占据着重要的位置，这也是许多村干部在村落治理时会选择与寨老协商的原因，甚至是委托寨老去完成实际的工作。因此，对于寨老权威的探讨，本书将关注的核心放在新中国成立以后，更多的是去探讨寨老这一角色在新中国成立以后为什么能在民间一直保留并且在基层的治理中依旧有一定作用，去深入分析他们的这种权威为何能得以延续。

由于寨老在土司制度时期就已经存在，在村民的普遍认知里，寨老可以说是村落的最高权力象征，所以，一些较为神圣的场合都会由寨老来主持，这也使得寨老高频率地出现在村民的日常生活中，而在一些特殊的情境体验中，寨老又是最为重要的核心主导者，于是，在历史的进程中，傣族村民便习惯了这一社会角色的固定存在。当然，正是受民族文化的影响，少数民族往往有更多的礼仪与信仰，这种民族文化在日常生活中的渗透很好地奠定了寨老存在的合理性。傣族村落的寨老实际是建构了卡里斯玛型的权威，当然，寨老存在的合理性并不局限于此，还包括在村民日常中文化渗透所建构起来的。在M村，几乎每一家有红白喜事的时候都会有寨老的踪影，例如，有人家娶亲的时候，寨老似乎就充当了"司仪"的角色，当一对新人进入家门时，他会说许多吉利话并发出各种口令，包括"新人迈过火盆，从此日子红红火火"等类似的吉利话，同样也会主持新人拜天地、拜高堂及对拜。这种中国较传统的婚礼习俗在M村一直有很好的保留，其中一个重要的原因就是有寨老的主持。另一个更重要的原因是，在M村的各种喜事中，无论是结婚、乔迁或大寿，几乎每家都会请寨老去主持或说点吉利话，并且认为这项工作只有寨老去完成才可以，其他人是不能随意顶替的。

访谈编号：3-1-14

问：您认为自己在村里有什么责任和义务？

答：基本上平时只要哪家有事都是我去帮着整的，人家也会来叫你去帮忙，所以我都是不会拒绝的，因为这个本身也是我作为一个寨子的寨老应该完成的事情，这个传统也是一直以来都有的，我肯定也会遵守。

在与M村寨老的访谈过程中能看出来，无论是村里的哪一户人家有红白喜事，寨老都不会拒绝村民的这个请求，因为他把这当作了一项重要的工作。在少数民族村落，除了正式的权威主体外，非正式权威主体的构成也是多元化的，而这些非正式权威的主体大多与本民族的文化传统密不可分，在民族文化影响力较大的村落内部，寨老存在的合理性是随着民族文化在村民日常生活中的渗透而不断建构的。在日常生活的某些重要时刻由寨老来主持，这意味着寨老在某种程度上具有了一定的神圣性，在村民对本民族文化认同的前提下，寨老实际上是为村民实现了从意识形态向实景体验的转化，在这个过程中，村民势必会形成对寨老的信任感，这就为寨老的权威建构奠定了重要的基础。

由表3-2、表3-3所呈现的内容来看，无论是从纵向的历史维度来看，还是从横向的区域现状来看，傣族村落的寨老这一角色从个人特征到被选方式都呈现出了鲜明的特征。首先，从选拔方式来看，在傣族村落要获得寨老这一职务并不是那么容易的，他是通过公开选举产生的，每一任期为三年，且可以连任。这意味着村民在进行选举的时候，寨老本身就是具备某种个人魅力并且很能"得人心"的，他能在日常生活中让村民感受到自我的优点；其次，从寨老的个人特征来看，在民族属性上必须是傣族，而且由于年龄较长，所以寨老一定较为熟悉各种民族文化仪式，只有这样他才能完成自我的职责，并且最为重要的一点是，寨老在村落社会中一定有某一方面较为突出，属于村落中的能人或乡绅，只有这样他才能实现自我的权威运作；最后，部分寨老表现出了与村支书之间存在某种社会关系，或曾任村支书，或与村支书之间有血亲或姻亲的关系，这一现象较为普遍也具有一定的合理性。因为寨老是村落共同体中的活跃人物，他必定与自然村落中的每一户人家多存在密不可分的关联，而村两委为了更好地完成许多行政工作，也需要得到寨老的协助，所以一个能配合村两委工作的寨老被选举出来对村两委是非常有利的，村干部因为在寨老选举中具有投票权，且他本身有很强的权威，因此，村干部在一定程度上在潜在地推动着寨老的选举，由此构成了傣族村落特定的寨老选举制度。

表 3-2　BP 自然村部分历任寨老情况表

姓名	性别	民族	当选年龄	当选方式	任期	其他
LYD	男	傣族	58	村民票选	2020 年至今	大米加工厂老板
LST	男	傣族	62	村民票选	2017—2020 年	曾任 M 村村支书
LWQ	男	傣族	57	村民票选	2011—2017 年	小学退休教师，腾冲傣族协会成员
LJY	男	傣族	54	村民票选	2008—2011 年	与时任村支书有血亲关系
LXQ	男	傣族	60	村民票选	2005—2008 年	村内辈分最高，妻子经营小超市

表 3-3　M 村各自然村现任寨老情况表

姓名	性别	民族	当选年龄	当选方式	自然村	其他
LYD	男	傣族	58	村民票选	BP	大米加工厂老板
NZY	男	傣族	62	村民票选	NY	与现任村支书有姻亲关系
ZZX	男	傣族	61	村民票选	XDM	人行退休职工

访谈编号：3-1-16

问：请您具体介绍一下你们村的寨老，谈谈您对寨老的看法。

答：我们村这个寨老是一直都有的，甚至是在新中国成立以前就有了，我们和汉族村子不一样，我们必须要有这种一个人来主持有些场合的，以前土司管的时候寨老都是直接任命拿工资的，但现在不同了，现在寨老都是一分钱都不拿，纯义务性的，但是从来不会有没有人愿意去当寨老的情况，因为大家都认得，我们没有寨老是不行的，以前我们村里还有佛爷，也是有了多少多少年呢，但现在也不强求了，没有人去做也不会说什么，但寨老不一样，我们都是每年选一次的，愿意当的人都站出来给大家投票，这个是很公平的。

访谈编号：3-2-27

问：请您具体介绍一下你们村的寨老是如何选出来的。

答：村里基本大部分人都会去投票呢嘛，不管是村主任、村民小组还是寨老，我们都是会去选的。选举也不是什么麻烦事么，像我们村的寨老，都是大家开会举手表决的，一般一家至少是要出一个人呢，而且寨老都是自愿报名，然后大家来选。村干部么我们也不是很懂，反正一到要选的时候，我感觉大多数人还是会投这个票呢，以前可能是大家也不懂，现在很多国家来的政策很多事都是和我们相关的，你要是没有选好这个人，说白了到最后吃亏的还不是我们，所以说，我们就是很乐意的，而且觉得都是和自己相关的，也是应该的。

傣族村落的寨老显然来自村落共同体的，所以他在本村内往往能得到本民族普遍的认可，这类群体之所以能在日常生活中的某些神圣时刻起到重要作用，是因为他们能在具有仪式感的民族集体活动中赋予自我一种神秘的民族力量。作为被村民挑选出来的寨老，他往往是民族仪式中的主导者，而这无疑也赋予了他较多的社会认同，对于傣族村落内部的寨老而言，他们身上其实都肩负着弘扬本民族文化的重要使命，或者说，他们本身就是使本民族文化得以世代留存的一个主要媒介。在调研过程中，在与寨老访谈的过程中，能对 M 村的泼水节有一定了解，可以说傣族村落目前最大的一个仪式活动就是每年泼水节中所举行的祭寨活动①。在 M 村，这个活动几乎是全村村民都会参与的，甚至大部分在外打工的青年也会特意返回家乡，在这个仪式活动中，村民会以各种形式参与到其中，一般情况下每家也会拿出资金作为仪式活动的经费，活动的实施主要由男性来负责体力上的工作，女性村民则主要负责做饭。在仪式开始时，村民会在村广场摆上各种贡品（包括猪头、全鸡、活鱼、净水、蜡烛、香炉及其他一些贡品），当所有贡品就位时，寨老作为主要的主导者开始跪拜于前，同时开始为全村祷告祈求，而村民也都会虔诚地站于两侧，祷告结束后，寨老会用树枝将干净泉水轻轻洒在村民身上，意味着村民的祷告已获得了上天默许。当仪式结束以后，也是村里每年最热闹的时候，村民们会用干净的树枝给家人朋友轻轻洒上泉水，以表示对他们的最大祝福。这一天是妇女们最忙碌的时候，她们将会为全村准备午餐，而午餐的食材一部分就是来源于祭祀的贡品，直至大家一起用餐后才算结束这个祭寨的仪式。

访谈编号：3-1-14

问：在村里您一般有哪些必须完成的事情？

答：主要是泼水节啊这些节日需要祭祀的，我就要去主持，去约着大家一起整。还有就是哪家家里有什么大小事情，都是要请我来家里帮主持呢，只有找我来他们才放心，所以一直以来，基本哪家有事都是我去帮着整的，家家都是这种，我们村里的人都是非常信任我的，所以说，我是不会说看哪家好哪家有钱关系好去哪家，就是家家都去帮了。主要是我本来就是大家选出来的，你也不能说要搞不一样的，这个是要被笑话呢，而且本来就是好事，他们请我过去，我也是讨个吉利，再说了，这种家家户户呢喜事，哪个不想沾沾喜气。

---

① 泼水节时 M 村的所有自然村一起举行，且主要在 BP 自然村文化广场举行，祭祀仪式的主持者由三个自然村的寨老每年轮流负责。

访谈编号：3-1-14

问：那泼水节的这些活动是谁来负责的？比如在祭祀的时候由谁来主持？

答：一般么也没有说哪个主要来负责，它还是大家都参与的，每个人有每个人负责的事情，比如说我媳妇这两年就是跟着做饭，主要是负责切菜，像我儿子他们就是做苦力了，搬搬搞搞，每个人都去做事情呢，因为这个祭寨的事本来就是大家很乐意去做的事。你要说哪个来主持祭祀么，这个主要是我来负责呢，因为这个是多少年的传统呢，一直以来，我们村的人都觉得说只有寨老才能去完成这件事，当然，这个也是我应该做的所以我也是非常愿意去为村里做这件事的。

从 M 村的祭祀活动来看，由于傣族有着本民族特有的传统信仰，并以各种仪式或宗教活动的实践作为外在的呈现方式。所以在这个过程中，村民大多能感受到神圣的仪式感，这种在集体民族活动中获得的仪式感会深刻地影响到个体的生命体验，因为，不管多大规模的仪式都能通过它的运行机制来产生有意义的文化功能，从而影响到仪式中每个个体的思维意识。这也说明，仪式在建构结构、运行机制和发挥文化时存在一种一以贯之的运行逻辑。运行逻辑并不是一种抽象的实体存在，而是人们实践中产生的思维图式，又指导着人们的实践的辩证关系①。寨老作为仪式中的主导者，他是使仪式感实现文化功能的一个不可或缺的角色，傣族村落的寨老正是以仪式感将本民族的文化一直延续下去，而他所处的位置也是村民认可的，这也充分说明了他自身存在的必要性。

从宏观视角来看，傣族村落的寨老其实不仅肩负了发扬本民族文化的民族使命，同时也肩负着实现乡村文化建设的政治使命。在乡村振兴战略中再一次强调了农村地区文化建设的积极意义，并推崇"乡风文明"，从 M 村的具体情况来看，该村在民族传统等文化方面的各种事宜中，都是由寨老来主持的，这意味着他在本村的文化领域是具有重要地位的。在文化发展的双重使命下，傣族村落的寨老获得了实现自我价值的一个重要方式，这也是他们能积极参与其中的一个重要原因。甚至他们会因村民所赋予的特殊角色而说服自己更多地参与到村庄的其他事务中，在使命感的驱使下赋予寨老参与村庄治理的较大责任感。正因如此，在本民族的各种大型仪式活动中，寨老也

---

① 刘伟兵，龙柏林．仪式感如何生成——仪式发挥文化功能的运行机理研究［J］．西南民族大学学报（人文社科版），2020，41（02）：26．

顺理成章地成了不可取代的人选，当他们在这种集体参与的神圣体验中获得核心地位时，也意味着他们在村民内心获得了极大的认可。从这个角度来看，作为由村民自发选举产生的寨老，对村民而言他本身是具有一定权威的，并且这种权威并非自上而下建构的，而是其本身所内含的。通过仪式感使本民族文化得以保留，这也进一步强化了村民对他的认可，也使得其自身的权威得以强化。

在 M 村水电站事件出现的时候，寨老作为治理者参与了这一事件的实际解决，但他在这个过程曾陷入了一度尴尬的境地。一方面，乡镇政府认为是寨老散布谣言，才使部分老年群体认为水电站的修建影响到村落的水神，会影响全村的运势，由此才爆发了最终的集体行动；另一方面，由于寨老积极参与事情的解决，他为了表明自己并未散布谣言，就允诺了乡镇政府和村两委，会协助他们向村民解释并说和，但他的这一举动最初引起了村民的反感，甚至部分村民认为他背叛了全村。在这样窘迫的处境中，寨老只有不断地与政府和水电站负责人协商，以此来为村民获得更多的补偿，并通过向村里关系较近的亲戚不断解释来获得其他村民的理解。经过了寨老与其他各方的长时间协商，尤其是对那一部分有强烈迷信思想的老人进行解释，以长期以来建构的信任关系，来说服在事件中反应较激烈的村民，并以本村寨老所承担职责的立场，来为村民谋取最大化的利益。由于迷信的思想意识被不断破除，村民逐渐开始理性地思考事情的前因后果，并充分考虑所提出的各种解决方案，所以，当寨老积极走出自身窘境的同时，他也利用自身角色所具有的社会功能来参与了整个治理过程，为事情的最终解决取得了一个多方均为满意的结果。

虽然，在 M 村水电站事件的解决过程中，村两委及村民小组占据着主要的地位，但寨老在治理过程中的积极参与，也进一步推动了事件的进展。从寨老在村落中的实际职责来看，他并未直接参与各种行政事务，但这一角色在少数民族村落并未被取缔，一个重要的原因就是，寨老在民族传统文化的传承与维护中依然发挥着重要的作用，而他们所处的立场也更容易影响村民自治的实际效用。傣族村落受文化影响较深，同时也是在文化的渗透下才能一直保留有本民族的传统特色。多民族文化共存是避免少数民族被完全汉化的关键，而在实现少数民族村落的文化传承过程中，实际上也是重要的社会再生产过程。高丙中认为，将"社会再生产"引申到文化问题上，指社会通过自觉的活动达到：使特定的观念、价值被传递下去，使文化及其所代表的规范得以继续存在；因为特定的价值得以传递，社会仍然按照既定的规范延续，最终社会得以按部就班地维持①。可以说，这是在傣族村落需特别注重文化要素的重要原因，而寨老作为村落文化建设中的重要角色，他在乡村建设中对实现民族文化自觉发挥着不可忽略的作用。在傣族村落的日常生活世界中，寨老主要是一些民族活动和仪式活动中的主持者。从一个小家庭到整个村落，寨老对于村民而言，是本民族所有神圣仪式的主导者，也正是通过这些仪式活动，促使村民获得对本民族文化的自觉。民族的生存与发展离不开文化自觉，而文化自觉的主体是人。既然文化自觉的主体是人，这也就意味着，在傣族村落的建设与发展中，关键还在于村民个体上，而社会治理本身也是一个以村民参与为主的自我管理过程。寨老作为具有村民普遍认可的权威主体，他在少数民族村落的社会治理中，是将村民个体整合起来的关键。

随着镇级旅游开发项目的推进，M 村的广场、寺庙和民俗展馆都得到了修缮，面对焕然一新的村落样貌，寨老发挥自我权威所做的第一件事，就是号召全村村民对这些公共设施进行打扫和维护。在寨老的号召下，通过主持村民会议最终确定了三条规则：一是以一户为单位，每周由一户来对主要的公共场所和设施进行打扫和装饰，并由该户来管理展馆和寺庙的一把钥匙，而另一把钥匙则长期由寨老管理；二是在与村民的共同商议下，还决定了在举行大型活动时由参与活动的村民集体打扫，若有拒绝打扫的将取消他下一年参加各种活动的权利；三是在广场摆摊的商贩必须负责好卫生，如果发现破坏或者不清扫的情况，将取消其摆摊的资格和参加村里活动的权利。在寨老的权威作用下，该项规定一直以来都得到了较好的执行，不仅是出于傣族这个民族对环境所具有的天然使命，更是由于惩罚的条件对于村民来说是极其严格的，因为村民大多认为，不能参加祭寨等民族活动，就很有可能会受到神灵惩罚。

寨老本身是依靠文化作用来建构自我权威，并以此获得在村落中的话语权，也正是在文化的作用下才能使自我的权威得到不断强化，同时，寨老也正是利用村民对本民族文化的自觉来治理村落。虽然在许多农村地区都出现了"原子化"的现状，但在调研中笔者发现，M 村并不存在明显的原子化现象，村民之间依旧保持着紧密的关系，甚至每个自然村的村民都是相互认识

---

① 高丙中. 对节日民俗复兴的文化自觉与社会再生产［J］. 江西社会科学，2006（02）: 7.

的，具有明显的社会生活共同体特征。一个很重要的原因是，在城镇化进程的快速发展中，寨老依靠文化来促成村民的文化自觉，在村民文化自觉的前提下更容易依靠文化来建构村落内部的社会网络，通过各种文化活动将村民都积聚到一起，所以，在傣族村落，寨老是实现社会凝聚的关键人物。当然，将村民凝聚起来不仅是为了提高社会整合程度，也是为了形成完整且有效的社会网络，而作为核心位置的寨老将更容易掌握村落的基本情况，从而也就更容易合理地调动各种有效的力量参与到社会治理中。寨老依靠文化自觉搭建起村落的社会网络，并利用自身所处核心位置发挥了权威的作用，在将村民凝聚起来的同时，也充分调动了各种有效的社会力量，如此便形成一个良性的局面，这不仅提高了村落的社会整合，同时也使同处一个社会网络中的个体之间能形成相互的促进作用，使村落社会生活共同体中的各种内部关联不断增强而形成具有社会资本的社会网络。

（四）社会组织：公共事务的"协助者"

村落社会治理能形成多主体良性互动的关键在于权威的多元化特征，即在治理的过程中并非是单一的主体在主导整个村落的治理与发展，而是由多种治理主体共同发挥作用，并相互调节与协同作用于治理中。从 M 村的社会治理来看，多种权威主体得以共生与共存的一个关键得力于政府的各种制度支持，使得不同主体之间能相互作用而形成有效的协调机制，从而解决各种权威主体之间可能存在的许多冲突。为深入贯彻落实习近平新时代中国特色社会主义思想和十九届四中全会精神，M 村所属市于 2019 年启动了"1+1+N"农村末梢治理体系建设试点工作。围绕"支部到组、自管到户、商量到人"的治理主题，在全市选择部分村落作为试点，然后再大范围推广"1+1+N"农村末梢治理模式。其中第一个"1"代表要建强一个村民小组党组织；第二个"1"代表要建好一个村民小组党组织领导下的村民自管组；"N"则代表着要健全村民小组党组织领导下的 N 个群众组织。通过推广"1+1+N"农村末梢治理模式，其根本目的是在基层社会治理中使村民小组及其党组织能永葆活力，真正实现村落中的党员"活起来"，与群众"动起来"，用村民自治填补法治与德治的空白，真正实现变"一人管"为"多人共管"，变"要我管"为"我要管"，从而构建起"组组行动、户户参与、人人有责"的农村治理新格局，最终实现对群众安全感和满意度的持续提升①。从"1+1+N"农村末梢治理模式在 M 村的实际运作来看，作为"1+1+N"治理建设的主要试点，M 村同样结合村落自身优势，利用镇旅游开发项目的契机，将该模式较为有效地应用到了实际的治理中，使村民都积极参与到基层的治理中。除了村民小组外，村民自管组的成立主要是以寨老为核心组成的，这也进一步证实了寨老在村民中所具有的权威作用；此外，在村两委的主导下，M 村也规范化地管理了各种村民自治组织，并正式成立了人民调解委员会、治保会、经济管理委员会、村务公开委员会、民兵组织、群防群治组织、群众性文艺组织、妇女组织和老年协会多种不同的群众组织，使其在不同领域发挥自我管理的作用。

各种自治组织的加入参与，使其权威关系展现出来的是以内生型权威为核心并层层向外的结构，其中社会内部的各种主体与群众组织依然是治理的主要核心。在社会治理的过程中，强调村民积极参与，就是为了实现治理主体的多元化，只有这样，才能避免在治理中出现"一刀切"的情形，而由此带来的权威多元化，也能避免社会治理中的垂直权利关系，使不同权威主体直接能得以相互平衡。如果充分发挥农村社会内部多元权威的作用，同样也意味着村落内部足以形成自我平衡的机制，并能避免在与各种嵌入性权威主体互动时的被动状态，也能在自我管理的过程中培养村民积极参与治理的现代民主精神，使农民在社会治理中参与领导选举、协商化议事和经费管理等实践中形成新的观念和意识。农村社会组织的最大特点在于，它能以自我组织和自我约束形成，并在不断发展的过程中展现出自身所具备的自律机制②。可以说，农村社会组织的形成与运作都是自发的，这种自律机制使农村社会组织更需要村落内部原有的秩序与规则来维护其发展，因此也更容易获得普遍的社会认同，而这种社会认同更利于发挥社会组织的积极作用，从而为社会治理节省必要的成本。

由于社会组织的个体均来自村落内部，且任何一个村民都可能同时出现在多个社会组织中，这本身也在强化着村落内部的社会关联，使村落共同体结构趋于稳定。因此，如果能合理利用农村社会自治组织的作用，较好地形

---

① 以上内容来自中共 TC 市委党建工作领导小组"腾党建发〔2020〕2 号"文件。

② 刘义强. 构建以社会自治功能为导向的农村社会组织机制［J］. 东南学术，2009（1）：79.

成多元权威的合理结构避免由治理主体单一化所造成的专制主义，也能促成在社会治理的过程中形成不同主体之间的相互调节，最终达到不同权威主体对不同社会矛盾与冲突的调节。总的来说，这种由权威多元化所形成的平衡机制是使村民及其不同社会组织能共同在社会治理中发挥效力的保障，通过各种社会自治组织的积极参与，使具有平衡机制的各种权威主体发挥作用，在加强村民积极参与的同时，将更利于着力推进傣族村落的共建共治共享。这不仅是实现乡村振兴战略中"有效治理"的主要推动力，也是实现多元权威主体协同的有效动力。

在傣族村落社会中，村民之间本身就是一个具有很强关联性的社会生活共同体，在具有差序格局的村落社会中，不同关联性强度的个体之间也会形成不同特色的群体，尤其是在村民自治制度已经日渐成熟的当下，村民自治组织也在不断的发展中，这形成了许多基于血缘、地缘和年龄的村民自治组织群体。M 村以寨老为核心的小群体，主要负责处理村落中与民族传统相关的一些事务，同时村落还成立了老年会、青年会、妇女会和表演队等不同的社会组织。因此，在村落社会内部，具有各种各样的互动关系，包括村组干部与寨老及村民的互动、寨老与村民之间的互动、村民个体之间的互动、不同社会组织间的互动等。但究其根本，其互动关系展现的都是由村民个体与不同群体之间的互动，而在这些复杂的社会互动关系中，互动的过程与结果更是充分地影响了社会结构的外化形式，进而决定村民社会治理的发展方向与可能性。因此，对傣族村落内生性权威间的互动关系研究，将通过 M 村在泼水节中寨老与村落社会内部其他治理主体及村民的互动来展开。

傣族村落社会内部较为原始与直接的互动，大多是围绕本民族的传统文化展开的，在村民参与民族活动与仪式的过程中，更加直接地呈现互动过程所包含的社会网络。对于傣族村民而言，民族活动覆盖的范围较大，几乎大多数村民都会参与到其中，而在这个过程中也更容易形成村民之间的联系，从而为社会互动提供必要的基础。在 M 村的各种民族节庆与活动中，规模最大的当数每年都举行一次的泼水节。泼水节当天几乎全村的村民都会参与到这一集体活动。作为傣族的一个标志性节庆，在这一天大家相聚欢庆，从实际的活动来看包含了庄重的祭祀仪式、温暖的聚餐和欢乐的表演玩耍，泼水节这一整天的所有步骤都需要提前进行准备，在前期的准备以及当天的活动中，都充分展现了社会内部的分工及互动。从整个活动的流程来看，寨老可谓整个节日的核心人物，首先，泼水节前需要由他与妇女会商讨当天所需祭品及各种食材货物；其次，寨老需要向村党支部报告泼水节的时间及内容，充分获取村党支部的许可，并由村委会向政府进行报备；最后，寨老还需要与青年会商议当日活动的场景布置，包括祭坛的摆设及舞台的搭建。可以说，在泼水节前期，主要产生寨老与妇女会、青年会及村两委之间的互动，这需要彼此之间的充分沟通与协商。随着泼水节的开启，最主要的便是祭祀活动，在祭祀过程中，寨老也顺理成章地成为整个节日的主持。除此之外，每一户都会以老人为代表，因为在这个神圣的祭祀过程中，需要参与的人三叩九拜，还需要烧一些代表钱财物品的祭品，这个过程主要是由老年会来完成的，在祭祀的过程中，妇女会同时为村民准备午餐。到了那天晚上，表演队会为村民准备丰富的表演，以此来庆祝这个圣大的傣族节日。

访谈编号：3-2-15

问：村里较大的民族活动是什么？请具体描述。

答：在泼水节那几天，我们村就是最忙的，这个相当于是你们过年一样，我们不一样呢是我们相当于是一个村的人在一起过，人一多肯定事情也就多了，做饭都得好多桌，我们村里会做饭的基本都是要帮的，这个主要是她们妇女会来做，你说这个不像在家里做，哪几个切菜，哪两个主厨，这些都是要分清楚的，尤其有些人她不仅要帮厨，可能晚上还表演节目，像我们妇女会是每年都会出节目的，我们其实最忙了，买东西也是我们去搞，还有很多其他的事，都是有相应的人来完成的，这个也是一年一年积累下来的经验呢，不然那么多事一下就乱套的，这个时候大家心里都开心呀，所以有什么意见不合的大家也是好说好商量，你就说席面要做哪几样菜，这个都是得讨论好几天呢，以前么都是按传统的那几样，基本上年年差不多，但现在年轻人多啊，观念也不可能一点不变，还有以前祭祀的时候要自己啊做蒸糕，现在也不做了，都是直接买蛋糕，这个时候就是大家一起商量着去做了，你要是自己拿主意肯定不行，就比如我们商量好了也不得呢，最后还是要各个回家去和家里人说，基本上才能定得下来呢，我们村的这个传统是年年都有的，我想以后也应该一直保留下去，这个毕竟是我们傣族最大的一个节日呢。

泼水节中各种社会组织的实践过程展现出来的社会组织所具有的治理功能，使其也成为傣族村落治理中的一重主体。农村社会组织以自我组织和自我约束形成，并在不断发展的过程中展现出自身所具备的自律机制，如果能促使农村社会组织协助村委两委，将利于基层民主政治的推进，为实现乡村的有效治理提供保障。一方面，农村社会组织的形成与运作都是自发的，这种自律机制使农村社会组织更需要村落内部原有的秩序与规则来维护其发展，因此也更容易获得普遍的社会认同，当农村社会组织获得村民的认可时，它也将村民带入基层治理的工作中并成为主要的协同力量，从而为社会治理节省必要的成本。正是由于农村社会组织的自发性使其具备了自律机制，使得社会组织更适合参与到基层社会的治理中，并发挥社会协同的作用。另一方面，农村发展的根本是使生活在这个地域空间中的人得到真正的发展，而农村社会组织的自律机制意味着将融入现代组织管理技术，这不仅能使组织获得活力并走向完善与成熟，也能在强化组织结构的过程中培养组织成员的现代民主精神，使参与社会组织的农民在自我实践时获得新的思维方式与思想观念，例如，农民在农村社会组织中参与的组织领导选举、协商议事和组织经费管理等，都能为推动农民积极参与民主政治和公共事务提供一定帮助，这将有利于实现村民在基层治理中的积极参与。

二、村落共同体中的嵌入性治理主体

傣族村落的社会治理从本质上看，与传统汉族村落遵循相似的治理目标和原则，社会治理的基本要求同样也是通过多种主体的平等沟通、协商与合作来依法对社会事务进行引导与处理，既实现公共利益最大化，也以此来实现对经济、政治和社会进程的管理。在我国，无论是什么样的社区形态，社会治理的本质都是在政府主导下吸纳社会的一种多方参与，而这种社会治理的实现主要依靠的是"党委领导，政府负责、民主协商、社会协同、公众参与、法治保障和科技支撑"。从这一治理理念的主体责任来看，在社会治理中发挥主要治理力量的主体是党委和政府这两大正式主体。此外，资本下乡过程中的实践者靠着自我能力的发挥并带领村民走向致富，他们可谓是村里的"市场精英"，在良好的市场环境中依靠自身的能力在创造自我财富的同时，他们能以互惠的方式带给其他村民实际利益，并在这个过程中树立起一定的话语权。因此，有必要厘清在村落社会的治理实践中，嵌入性治理主体是如何合理嵌入村落共同体中并获得村民认同的，只有这样，才能深入探究村落社会中的各种嵌入性主体如何在治理过程中发挥作用。

（一）乡镇政府：稳定发展的"指导者"

基层的治理自始至终都无法脱离国家的制度背景，自新中国成立以来，我国的各种规定与政策都与少数民族紧密相连，许多法律制度也是特意为少数民族制定的，在发展的过程中，傣族村落的社会治理也理应在国家的主导作用下来展开。对于基层社会而言，乡镇政府作为国家行政的末梢，在实现国家政权建构与政策落实的过程中，可谓是最为重要的一环，正是通过这个过程，使乡镇政府逐渐建立起了在村落内部的权威体系。总的来说，乡镇政府在傣族村落得以建构治理权威的核心是围绕社会秩序与进步而展开的。首先，通过一系列少数民族政策的执行，在政治、经济和文化等方面，尽可能避免傣族村落的发展堕距，鼓励村落的积极发展，从而实现社会的进步；其次，在实现社会治理场域基本秩序时以合法性建构起正式的权威，并通过民族政策的实施来实现村落的进步，同时惠及村民个体，最终使这种正式权威得以强化；最后，利用合法性权力与权威的力量，为村民搭建起合理的认同关系。通过这样的方式，乡镇政府不仅实现了在村落社会治理中的参与和领导，同时也在日常生活中与个体间生成合理的互构关系，并合理地嵌入村落生活共同体中。

自新中国成立以来，国家政权在少数民族村落的建构大多经历了一段漫长而复杂的过程，在这个过程中，国家权力机关必须不断破解民族与国家之间的张力，并发展为村民普遍认可的行政机构。虽然这是很有挑战性的，但在多民族国家实现国家政权在基层的渗透却又是有很大必要性的。张静认为，国家政权建设是指国家通过官僚机构的下沉，通过加强对基层社会的渗透和控制，从而将分散的、多中心的、割据性的权威体系，逐步转变为一个以现代国家组织为中心的权威结构的过程①。虽然，与西方国家政权建构需要官僚化与监控化直接存在巨大悖论，但更符合我国现实情景的是，以民主治理的方式来实现国家政权的建构，最终是以实现统一的权威体系为目标的。从这个层面来看，国家政权在基层的建设过程就是国家行政机构逐渐下沉并不断渗透基层的过程，在这个过程中，最为关键的目的是将分散的权威体系集聚成一个能共生且能合力发挥作用的权威体系中。而在傣族村落，国家政权的初步建立过程更是异常复杂，它不仅是官方与民间的互动过程，同时也内含

---

① 张静.现代公共规则与乡村社会［M］.上海：上海书店出版社，2006：44.

傣族与其他民族间的各种互动。所以，如何将傣族的民族领袖权威纳入一个统一的权威体系中，也是国家政权在初步建立时所需解决的一大问题。随着国家自上而下地不断输入资源给农村，极力解决农村公共服务供给的困境问题，尤其是通过税费改革，也较大地减轻了农民的负担，这都较好地实现了国家政权在基层社会的建构。并且，对于傣族村落而言，以民族区域自治的方式使其适当自治并保留传统民族文化，正是在这样一种善治的环境中真正实现了国家政权的进一步下沉。

村民对当前这种"服务型"乡镇政府的满意，所代表的就是个体对国家政权的认可，这是国家政权在基层有效渗透的体现。国家政权在基层渗透的同时，也是为乡镇政府这一实体性的行政机构搭建话语权的过程，当然，一个重要的原因在于，在国家宏观主导的乡村治理理念下，无论是新农村建设还是乡村振兴战略，傣族村落的发展路径基本上取得了与传统汉族村落一致的适用性，而这种适用性能很好地改变傣族村民的劣势心理，促进他们对国家的认可，利于共建共治共享理念在基层深化。从宏观的制度背景来看，我国一直以民族区域自治制度作为一项基本的政治制度，以保证各民族能保留民族特色又能在政治上保持高度一致，使得国家主权得到保障。当然，发挥凝聚作用把多元主体结合为一体的另一个重要因素在于缩小民族地区之间的发展不平等，由于我国大部分的少数民族都分布于发展较为落后的西部地区，加上长期以来受教育程度较低的影响，少数民族集聚地区的发展大多相对落后，这种不平等是加剧少数民族心理落差的一个因素。因此，根据实际发展的状况适当地给予少数民族一些帮扶政策，针对不同民族出台各种民族政策作为辅助，在政治、经济和教育等方面基本都有相应的政策向少数民族地区倾斜，通过民族政策改变民族关系，也是将少数民族人民凝聚到一个统一整体的重要方面。而从这一理念和政策的实地执行情况来看，笔者在与乡镇政府工作人员的访谈中发现它确实是具有一定的现实意义。

访谈编号：1-2-04

问：是否有针对少数民族的特殊照顾政策？请具体介绍一下。

答：现在来看，国家肯定也还是会给少数民族农民一些好的政策的，包括上面有好的项目下来，我们也都是要先考虑给他们，这种政策的照顾主要还是在文化上的多些，就拿我们现在搞这个旅游项目来说，整个乡镇也确实是这个傣族村的自然环境是最好的，所以在规划的时候也会根据他们村的情况来衡量，就比如给他们修那个文化大院来做民族文化展馆，他们那个农民画家的画，还有他们傣族妇女搞的纺织都给他们一个展示的机会，这些都是一种照顾呢。还有少数民族高考加分，包括我们政府这个领导班子，它是必须包含傣族的，其实这些我觉得都是国家在政策上给少数民族的一种照顾。

乡镇政府作为主要的行政机构，国家的很多政策都将依靠它来落地实施，M村所属的乡镇政府与该村一直保持着良好的互动关系，这也是因为该镇的大部分行政村都属于汉族村，而当国家有与少数民族相关的政策下达时，他们都是最直接的受益者，所以他们很容易形成对政府公务员的信任，这也是乡镇政府在村落治理中构建权威的一个方式。在政治上，少数民族集聚地区多实行民族区域自治，少数民族拥有和汉族同样平等的政治参与权利；在经济上，少数民族村落能获得更多的产业帮扶政策，M村就是在政策的帮扶下，形成了较大规模的草莓种植产业；在教育上，为了弥补少数民族与汉族的教育不平等，少数民族都能获得一定的照顾。总的来说，国家政策有许多针对帮扶少数民族的，而这都在乡镇政府去落实的过程中，搭建起了与少数民族村落村民的有效互动渠道。尤其当问及村民对国家少数民族帮扶政策的态度时，大多数村民都表现出了十分满意的态度。

访谈编号：3-1-12

问：你是否知道有哪些针对少数民族，尤其是你们村的特殊照顾政策？请具体介绍一下。

答：现在不是搞什么芙蕖湾旅游项目嘛，一开始我们村是不在主要的规划范围内呢，但后来听说国家支持搞民俗文化还给了一笔钱，乡政府后来就我们那个织锦、画和嘎光整了一个展馆。所以说，这个国家还是比较重视我们少数民族呢，平时也会给我们一些照顾。

访谈编号：3-1-16

问：你是否知道有哪些针对少数民族，尤其是你们村的特殊照顾政策？请具体介绍一下。

答：国家好像每年给我们钱办泼水节，还有小孩高考时候给加分，还有这几年说扶贫，好像也是给过一些好呢政策。但说实话，我现在的感觉是不如我小时候，现在我们和汉族也没有太大的区别了，但也确实是现在的生活条件也不比他们差，那以前，有些汉人还是有钱得多呢，国家照顾我们少民族我们心里也高兴，尤其现在日子比以前好过，以前都是瞧着别人好过，你说到底照顾我们有多少不好说，但我们也还是感觉得着呢，乡政府有时候也会多照顾我们一些，那个建水电站本来是可以给其他村的也给了我们，虽然后面出了一些问题，但老百姓确实是得着钱啊。

乡镇政府在落实各项有利于少数民族的政策时，也是使其不断建立起权威的有效助推力，而在这个过程中建构起的权威也将有利于乡镇政府在其他工作和社会治理中获得更有力的话语权。随着社会发展的不断推进，可以说少数民族村落与汉族集聚村落的发展差距在逐步缩小，过度的民族政策也会暴露出一定的社会风险，尤其是当具有很强"民族主义取向"的国家政策在一个地区的不同村落得到呈现时，很可能激起汉族农民的不满情绪。所以，现在有学者提出，应在民族政策的基本取向上实现由"民族主义"向"国家主义"转变，这是一个重大的政策调整①。在实现民族政策向国家主义的转变，意味着民族之间的边界将被逐渐模糊，这同样是需要乡镇政府以一种巧妙的方式来破解这两者之间的张力，在协调不同民族之间的各种问题时促成民族融合，可以说，这是在少数民族村落获得秩序与进步的前提下才更有利于实现的。乡镇政府依靠民族政策建构起的权威，同样将更好地利用到这种转向的落实中。也正是有了在日常生活中的权威渗透，当 M 村的水电站事件爆发之后，最终也是依靠乡镇政府的参与才使各种矛盾得到了调解。据笔者所知，在解决水电站引发的一系列矛盾冲突时，乡镇政府曾作为中介，分别与水电站负责人、村干部、寨老和受灌溉影响的村民进行了多方位的座谈，从不同层面了解了事情的本质，并通过与不同利益主体的协商，使得事情得以解决。

从乡镇政府参与解决水电站事件的立场来看，在调和个体嵌入社会治理场域中的样态，以及优化个体之间及个体与外部世界他者之间的关系时，基层政府起到的核心作用是在社会治理中通过准确的指导为村民搭建起了合理的认同关系，从而使村落社会生活共同体具有一定的自治功能。基层政府在村落的社会治理中往往发挥着更直接的作用，对于社会治理的整体把握、对村民自治的行政性指导，以及在宏观层面上的主导等方面都是基层政府发挥实际作用的主要方面。但是，在实现村落有效治理的同时，依靠基层政府权

---

① 周平．中国民族政策价值取向分析［J］．当代世界与社会主义，2010（02）：135.

威真正破解的难题则在于村民个体上，这对傣族村落的治理而言是尤为重要的，它是改变村民从认知到行为的根本，也是更有效吸纳村民实现自我管理的一个重要路径。如前文所述，构成傣族村民行为逻辑的一个重要影响变量是其认同感，这是与汉族村民有本质区别的一个影响因素，这也造成了在 M 村的水电站事件中，大部分与此事无关的村民也积极参与集体行动的主要动因。尤其从制度变迁的历史发展来看，在新中国成立以前及新中国成立初期，土司制度的影响使得大部分傣族都有着对本民族的绝对认同，但对于统一的民族国家认同感却很低。随着国家政权的不断下渗，以及长久以来共产党对傣族的帮扶和教化，可以说目前的傣族已经形成了对国家的强烈认同感。但是，当族群认同与国家认同一分为二地存在于个体中时，就不免会有发生冲突的状况，而这种冲突也是造成傣族村落治理难题的一个方面。

访谈编号：3-1-07

问：前段时间政府出面帮你们解决水电站的事，为什么一开始大家还和政府对着干？

答：也不能说是对着干呀，那是影响到我们寨子的事呢，虽然说实际影响到灌溉的只有那几家，但是这个是可能影响到我们整个寨子的运势的，有些东西是你不可不信的，尤其我们傣族最讲究靠水生活，我们都信是有水神保护的，所以说平时政府怎么管怎么弄我们都是会尽力配合的，但你要是影响到我们自身，那肯定是不得的，就算你是政府的想来说情，他们也不能违背我们的意愿呢，我们就是不听他们的我们也是不怕的，我们一个寨子那么多人，他们也是会考虑呢。

访谈编号：3-1-12

问：前段时间政府出面帮你们解决水电站的事，为什么一开始大家还和政府对着干？

答：他们一开始都是帮着水电站的说话，我们肯定是不服的，就算你是政府我们也不可能全听你的。不过后来乡政府有领导亲自来和我们谈了这个事情，也向我们保证了会去和水电站交涉，把这个发电用水的问题处理好，他当时来说的时候态度是很诚恳的，并且你说当领导的都亲自来谈了，我们也不是不讲道理的，肯定也会信他们一次，也好这件事最后确确实实是按他说的去解决，从这点来看的话，我们现在也是比较信任政府的。

从以上访谈内容来看，在 M 村的水电站事件中，农民集体行动的动机有一部分是来源于民族信仰的，正是由于他们有着非常强烈的民族信仰，也使得在他们群体内部有极强的整合关系，而这也促使他们形成了对本民族的认同感。傣族村民对本民族的认同感是驱使他们将本民族视为一个整体，成为他们愿意为民族利益而行动的一大原因。虽然在当下的现实生活中，傣族村民也具有很高的国家意识，并且对国家也具有很强的认同感，但是，对于他们而言，本身在意识内所存在的两种认同感就意味着有可能出现二元分化的境况。虽然村民已具有正确的主权意识，但是，当他们整个民族的利益或者传统信仰遭到破坏时，便会使其内心产生被入侵的感受，从而迫使他们产生一定的排斥心理，而在实现城镇化的进程中，这种现代性对传统的冲击却是难以避免的。因此，在傣族村落的治理中如何从根本上应对这个难以解决的发展悖论是极其重要的，而乡镇政府在这个问题的处理上可谓是发挥着至关重要的作用。

在傣族村落的社会治理中，只有在村民对国家有充分的认可时，才能促成村民在意识上形成对国家与族群认同的统一，也才能使其形成对国家与本民族关系的正确认识。乡镇政府在日常工作中建构权威并不断融入村落的共同体中是使其获得村民信任的一个重要因素，而信任则是官与民之间形成互动的重要纽带，也只有在良性的互动关系中建构起村民对国家和政府的充分认可，才能使傣族村民的认同感得以优化。当傣族村民能形成对国家的高度认同，并且能通过生活共同体的形成来实现民族与国家之间的合理认同关系时，才能避免类似水电站事件这类恶性集体事件的出现。并且，在整合性较高的村落共同体中实现这种认同关系的搭建，意味着只有当大部分人被带入村落稳定发展的话语体系内，他们才能普遍获得村落治理中的"当家人"的身份认同，从而积极参与到村落的选举、监督和维护等各种公共行政事务中，在村落的公共事务中真正地做到自我管理与自我监督。

（二）市场精英：利益需求的"补充者"

在党的十九大报告中，明确提出将"产业兴旺"与"生活富裕"作为实现乡村振兴的重要路径。这意味着农村社会的发展需要在不断坚实农业综合生产能力的基础上，逐渐推动二、三产业的发展，以实现一、二、三产业融合发展的新体系。另一方面，在推动农村产业兴旺的同时，应不断提升农村就业，不断拓宽农民收入渠道，进一步缩小城乡之间的二元区隔与收入差距。乡村振兴战略的产业兴旺与生活富裕存在一定的内在关联与相互影响，产业的升级与发展可能带来农村新的就业市场，而村民的生活富裕后，也将刺激第三产业的发展。在实际的调研中，笔者了解到，M村目前的经济水平在全镇已经算中上等水平，这与当地积极发展民族文化旅游产业是有很大关系的。近年来，傣族村落因其特有的民族风格建筑、民族美食和民族节庆等各具特色的因素而促成了民族文化旅游的发展。对于傣族村落而言，发展民族文化旅游的意义非常显著，一方面，这能够在现有的单一的以农业为核心的产业体系上进行升级，在形成更加完善的产业体系时，同样也能拉动其他服务行业的兴起，更好地解决了农民的就业和收入问题，M村就是以本村的一个旅游景点为依托，形成了规模不等的傣味小吃店和农家乐，而这些餐馆也确实改变了村民的经济水平。另一方面，本民族文化也因此得以宣扬与保留，在城镇化进程中实现产业的革新与村转居的变革。如果忽视了对傣族村落文化的保留而以统一模式进行发展，往往会导致少数民族的逐渐汉化，但如果是依靠本民族的文化特色作为支撑，围绕民族特色展开产业的发展，这样既能得到村民的支持，也是弘扬民族文化的一重有效路径。

虽然在M村的水电站事件中并未表现出市场精英的参与，但随着村落市场经济的快速发展，以民族文化为依托的旅游业正推动村落中出现许多个体户，而在这个过程中脱颖而出的市场精英往往也能生成参与治理的自我权威。由于市场精英与每个村民个体之间存在着密不可分的关系，甚至一部分市场精英就是本村的村民，所以作为一个重要的治理主体，市场精英的作用也是不容忽视的。在M村的村落社会治理中，处理好经济问题并维护市场的稳定是改善民生的重要途径，而这种必要的经济资本也是为基层社会治理提供基础的重要保障。就村落社会的实际治理来看，市场精英并不直接参与到基层的治理中，也并非是对社会治理直接产生作用的权威主体，但在社会治理中他们的作用是以一种间接的方式产生着极为重要的辅助作用。一方面，当村落有资本进驻时能为村落提供市场，市场精英能推动村落产业升级，使传统的以农业为主导的产业结构得以优化，尤其是对于傣族村落来说这种现实意义是非常重要的，因为在促使非物质文化转换为实际产业的过程中，这也是实现民族文化发展的有效方式。另一方面，在市场经济的推动下，产业结构得以优化的一个重要结果是村落中的各个产业得到合理的发展，这能使村落的就业市场也得到一定的发展，如果在市场精英的主导下市场秩序能得到规范，而稳定的市场关系也意味着稳定的就业市场，那么一部分村民的就业问题能得到就地解决，这是为村民带来实际利益的一个渠道。

市场精英要在村里树立自我的权威，这种非正式权威的建构往往比正式权威更需要经过一个复杂漫长的过程。从利益的视角来看，马克思主义深刻地揭示了利益在社会发展中的重要性，而马克思主义的利益观也包含了各种利益主体之间的内在关系，由此来看，市场精英的权威建构正是全体村民间利益关系的建构过程，也是一个利益互惠的过程，市场精英在以利益获得为前提的同时，如果同样给他者带来利益，那么也更容易建立起两者间的直接关系从而获得他者的认可，并且，市场精英在占主导地位的利益互惠中更容易建立起他自身的话语权。此外，随着市场经济的快速发展，以及互联网的普遍运用，即使在农村地区，也更容易形成个体的相对剥夺感。当处于同一个时空中的同一群体中有人获得较好发展时，其他人很容易产生这种相对的剥夺感，而市场精英通过破解这种他者的相对剥夺感，也是建设自我权威的一个有效方式。对于 M 村而言，具有民族特色的竹楼、傣味小吃和凤尾竹林等都是十分有用的物质资源。所以，利用本民族的文化特色来发展地方旅游，并由此带动其他产业的发展，是一个有效的产业兴旺之道，而在这个过程中能够发挥衔接和领导作用的个体，就极容易成为村落的市场精英，并能在推动产业发展的过程中同样为其他村民创造利益，而这个过程也正是其建构自我权威的主要路径。

市场精英为村民带来的是直接利益，而这种依靠市场来带动生产方式变革的途径也使得村民的实际收入得到明显的提高，在改善村民生活水平的过程中意味着民生得以改善。在这个过程中，市场精英能获得村民的信任与认可，在其带动之下，许多村民在参与市场中也是与市场精英获得联系的最佳途径。因此，若以市场精英作为连接村民与外部世界的桥梁，那么，市场精英在深入村落内部的同时，也取得了在村落各种公共事务中的话语权。在村落的社会治理中，市场精英能更好地说服村民积极参与，也能更有力地提供治理的经济资本。在 M 村市场精英的推动下，村民实现了将集体所有制的土地转换为生产资料的愿望，这充分说明了市场精英在村落社会治理中提供必要经济资本的重要。M 村在几年前的村落容貌是十分破旧的，道路泥泞环境较差，尤其在漫长的雨季，村里的土路给村民带来了许多麻烦，包括村里的公共广场和庙宇都是十分破旧了。虽然当时任职的村支书提出了希望村民集资维修公共设施和道路的意见，但由于政府能给的资金只是很少一部分，大部分的资金是需要由村民来出的，所以这个提议并没得到村民的认可。市场精英 LMD 在 M 村投资修建农家乐之初，他的生意也受此影响，虽然村落内有一个天然的景观，但由于未投入资金开发，甚至基础设施也没跟上，导致了依靠此自然景观获得的集体收入是很微薄的。随着芙蕖湾项目的落实，M 村的市场精英 LMD 瞄准了该景观可能会带来的经济效益，他依靠自身的社会资本取得了相关企业的投资，当然也是在与村两委的合力帮助下取得了政府的扶持，在以该景点作为抵押获得了资金，并且这部分资金全部投入村落的基础设施建设中，而由此产生的连锁反应便是 M 村的旅游产业得到了一个质的改变，而政府也愿意为其出资投入更多的项目。

访谈编号：1-1-05

问：M 村在经济发展中是什么水平？和其他汉族村比有哪些优势和劣势？

答：M 村以前是经济很差的，他们少数民族的思想是相对保守一些的，其实一开始大部分人家都不愿意出去打工，都是在家守着那些地，最多就是到集市上去卖点小菜或者做些小生意，也是到后来了才有人开始陆陆续续出去打工的，但是他们家里一有什么事或者寨子里有什么事都是会马上就回来，时间久了有些人在外面做也是难挣钱。所以现在是很好的，很多家开始种草莓，有些开小吃店，还有人家去帮着景区打工，这个就地解决了一部分人的收入问题呢，村民的生活也是越来越好。而且像以前村子里很多时候都是只有老人和小孩，年轻的都出去了，对这个家庭不好，对村子里的很多事情的处理也是很不好的，只有说解决他们的收入问题，大家能踏踏实实的在家里，村里有什么事大家也一起出力，这个才是最好的。

从 M 村修路事例的缘起与结果来看，虽然许多村都通过集体土地获得了一定的公共利益，但如何通过这种公共资源来激活村民积极参与村落的公共事务，使其成为有效社会治理的经济基础是更为关键的。只有通过一个有力的纽带来促成这种资本的转换，才能最终实现在围绕集体土地利益分配产生的村级公共治理活动，形塑村庄政治基本格局[1]。这意味着，实现少数民族村落集体资源向经济资本的转换很大程度上是离不开市场精英的，他们能依靠自身的权威获得村民的认可，这就有可能改变少数民族农民的一部分传统落

① 桂华. 农村土地制度与村民自治的关联分析——兼论村级治理的经济基础 [J]. 政治学研究, 2017 (01): 99.

后思想，当然，正是在发扬民族文化的前提下才有可能获得村民的信任，也只有在村民的认可基础上来带动村民的参与，才能更好地将个体投入资本的再生产中，从而为解决村落的公共服务供给、改善民生、提供社会福利等方面提供可靠的经济基础。

三、共生与互嵌：乡村复合治理的必要前提

乡镇政府、村两委、村民小组、寨老、市场精英和各种社会自治组织，作为村落主要的治理主体共同处理村落的各种事务，并依靠自身权威推进村落的发展，在实现村落治理有效性的过程中分别发挥了重要的作用。村落共同体中呈现出的多种治理力量，意味着他们彼此之间将形成不同的关系网络，在各种主体的互动关系中，对社会治理产生决定性影响的当数各种嵌入性主体与村落共同体中的各种主体之间的互动关系，以及村落共同体中所包含的各种主体间的互动关系，不同的互动关系背后意味着会存在冲突与共谋并存的可能。同时，在复杂的关系网络中，每一种主体之间的互动关系是形塑治理场域的重要维度，是真正构成了村落社会复合治理的根本。所以，只有深入探究出现主体多元化的社会结构因素，并从中厘清各种主体之间的互动关系，才能更加深入地展现由互动过程呈现出的关系模式及与之对应的权赋关系，从而更确切地掌握傣族村落社会治理场域的本质，以及在傣族村落社会生活共同体中所具备的治理复合化的必要条件。

（一）多元主体关系下的社会资源分化

基层社会的治理是一种分散化的治理，是一种以政府为主导，通过不同部门各司其职来实现对社会发展任务分解的过程。随着社会治理的全面推进，这种分散化的社会治理模式逐渐被协同化的社会治理模式所取代。其中，一个重要的原因是不同治理主体间的资源占有正在逐渐分化，由于不同治理主体间差异化的产生，若要实现社会治理的有效性，意味着不同主体间不可能再分而治之。由于社会治理中的各种组织和行为体具有不同的价值判断和利益需求，使得他们也拥有着不同的社会资源，在社会系统中，他们之间就保

持着竞争和合作的关系①。所以，在村落的社会治理中，即使不同主体间存在着竞争关系，但由于不同权威主体利益需求的差异，使他们形成了差异化的资源占有，这就使得不同主体间不得不围绕同一治理目标形成协商与合作的关系，由此，构成了村落复合治理的多元主体基础。

在村落的社会治理场域中，存在着各种各样的权威主体，他们既作用于治理结果，同时也在社会治理的实践中形塑不同的互动关系，这进一步决定了社会治理的有效性。如前文所述，在 M 村的社会治理中，乡镇政府、村两委和村民小组具有正式的治理权威，并能以合法性参与到社会治理中。但是，除此之外，在村落的社会治理中，还存在其他的许多非正式权威主体，虽然他们未获得合法性基础，但由于在社会生活实践中建构了自我的权威，因此，在实际的村落治理中也具有一定的话语权，这类权威主体包括寨老、市场精英和各类社会自治组织等。其中，寨老在村落社会治理中的地位是十分重要的，由于有了这一具有民族特征的主体存在，使得村落的社会治理更需要各种主体之间通过协同来实现有效治理。因此，在村落社会治理中，治理主体的多元化正是通过责任分配与任务分解两方面得以体现的。

从社会治理责任的分配来看，乡镇政府与村两委是主要的责任者，肩负着村落有效治理的主要责任。乡镇政府作为连接国家与基层的主要中介，其根本责任就是完成好政策的落实工作，使各种利国利民的方针政策能落到实处；同时，乡镇政府在实现对不同村落社会自治的指导时，也应理顺与村两委的职责关系，避免对基层社会的直接管控。村两委作为社会治理的主要执行部门，在治理的过程中担负着主要的职责。首先，村党支部主要负的是领导之责，在社会发展的路径选择与治理实践中，村党支部应充分发挥基层党组织的引领作用，带领村民积极实现乡村振兴，推进各个领域科学持续发展；其次，村委会主要负的是执行之责，通过对具体工作和事务的处理，来实际解决村落中的各种公共事务，保障村落社会的正常运作；再次，村民小组的主要责任是负责处理好村两委与村民之间的对接，保证本小组的自我管理；最后，较为重要的是村两委的有效配合，作为基层自治的主要自治组织，村两委在社会治理中必定要承担起配合合作、合力推进村落发展的共同责任。当然，对于傣族村落的社会治理而言，寨老虽不是主要的治理主体，但由于本民族文化的影响，加上在少数民族自治的制度背景下，寨老也被赋予了相

---

① 李汉卿. 协同治理理论探析［J］. 理论月刊，2014（01）：138.

关的使命，使其不得不肩负起处理好村落中各种民族传统活动仪式的责任。

从社会治理任务的分解来看，由于不同治理主体肩负着不同的责任，使得他们在实际的工作中将完成不同的工作任务。乡镇政府的主要任务就是保证各项政策的有效落实，指导村民自治合理开展；村两委的主要任务则是带领村民实现对各种公共事务的处理，保证公共服务的供给，以及在社会治理中的自我管理与自我监督；村民小组的主要任务则是协助好村两委的相关工作展开，完成与村民的各种对接工作；而在与寨老的访谈过程中也发现，寨老在村落社会治理中的主要任务就是处理好本村的各种民俗文化活动，确保各类宗教信仰与文化活动符合社会主义核心价值观的根本要求，并坚持党委在这个过程中的领导作用。

访谈编号：3-1-14

问：您认为自己对村里的发展和各种事务有多大的帮助？

答：多大的帮助倒也是谈不上，但我觉得因为大家都信任我，所以我也要尽自己所能去做力所能及的事，比如说哪家有个大事要帮忙，我肯定是二话不说呢，所以现在，你说像我们村，如果真的没有寨老倒还真是不行，因为大家都习惯了说村里有这么一个寨老，大事小情都能来帮衬着些。所以有时候像村里有什么事情他们也会来找我，我基本都是会帮着去做的，只要是对大家好呢，有好的事我肯定也是很愿意帮的。还有这几年么，政府也格外重视我们傣族，每次我们选出了寨老也是要报备的，像有时候还会叫上我也去开会，去学习各种精神，我也会下来传达给大家，你看我们广场堂屋那些画像都是我有一次去开了回来约着大家整的，都是现在习近平总书记提的一些思想，虽然我们是少数民族，是老百姓，但这些东西确实是需要学习的。

根据在傣族村落社会治理中的责任分配与任务分解情况可发现，傣族村落社会治理的治理主体多元化特征有其必要性。以上访谈的内容也充分说明了，只有保证了治理主体的多元化，才能避免治理责任与任务的难以实现。此外，寨老在傣族村落的社会治理也是有存在的必要性的，除了本民族赋予他的民族使命以外，在统一的多民族国家发展中，维护本民族社会的内部稳定，保证党和国家的领导地位，都离不开寨老这一角色的政治使命。因此，通过对傣族村落权威主体的责任与任务分析，再一次证实了在傣族村落的社会治理中，多元化治理主体存在的现实与必然，这是构成复合治理的必要基础。虽然社会治理中的不同权威主体间是基于共同目标的，但各种主体在治理过程中的利益需求是存在差异的。并且，由于村民的利益需求存在一定差异，这就迫使不同治理主体需要更充分地去满足村民的利益需求，在多种权力与利益的交互作用下，进一步增加不同权威主体之间的利益需求。从整个水电站事件的发生与解决过程来看，资本的进驻彻底改变了村落社会治理中的利益分配格局，在这个项目的规划中，由于不同利益的驱使，使得各种主体因此获得了不同的价值判断，最终刺激了不同治理主体在社会治理过程中的作用发挥。在水电站建成之初，村民们期望通过这个项目来获得经济利益，而村组干部则期望通过这一项目来实现在政治生活中的自我价值。

由于市场与资本的进入，村落社会的发展获得了更多的可能性，也正是在农村市场经济快速发展的当下，越来越多农民开始追求切实的经济利益，并在利益的驱使下决定自我是否参与到政治生活中。村民在参与政治生活的同时，也就意味着许多村民将加入村两委的竞选中，成为正式的治理主体。并且，当大部分村民对某一利益形成统一的认可时，在分蛋糕的环节上村组干部占据了一定优势。然而，与村民较为不同的是，除了经济和物质上的利益需求，村组干部还需要获得村民对自我价值认可的需求，所以，他们在社会治理的过程中，最期望获得的利益并非物质的，而是来自村民的普遍认可，即社会性的收益。从乡镇政府的利益需求来看，他们在村落的社会治理中需要获取的也绝非物质上的利益，而是行政体系中的某种政治成绩，即使辖区范围内的各个村落都获得实际的发展。从这个意义上来看，乡镇政府与村民的利益需求是不存在冲突的，这也使得乡镇政府在价值判断上具有更强的合理性与中立性。对于傣族村落而言，寨老的利益需求基本代表了村民的普遍利益需求。以寨老为代表的大部分村民的利益需求都是来源于对日常生活的品质提升，他们往往是期望获得更多的经济收入和更好的公共服务供给，这种利益需求主要是以物质为主的。

利益需求的本质化差异，造成了利益分配机制会自然地偏向对不同需求的满足。所以，在利益分配的过程中就会出现差异化的特征。不同主体之间的利益分配差异会驱使各种行动主体在参与社会治理的过程中侧重于不同的领域，这也能刺激不同的权威主体在同一事件中发挥出不同作用。由于利益分配的差异化，使得不同的治理主体能获得不同的可利用资源。并且，在社会关系网络中，正是每个个体所处位置的差异，也决定了其社会资本占有的差异。从社会资本的视角来看，社会资本是个体与群体所形成的关系网，以及由此产生的信任，这意味着个体通过社会结构所获取的各种可利用资本将成为决定其社会交往的根本资源。所以，对于不同的权威主体来说，在社会治理的过程中，他们都分别占有不同的社会资源，并且，这种社会资源是个体参与互动的主要影响因素。

访谈编号：1-1-02

问：您认为傣族村落寨老的存在有什么意义？

答：他们傣族都是比较认可这个寨老的，所以他的存在肯定是很有意义的，毕竟这个寨老存在了那么多年，他肯定是有不可取代的地方，不然你看像佛爷这几年基本上很多傣族寨子都没有了。这个寨老他在村民中是比较有威信呢，他要去帮着各家各户主持各种大事，像村里面有什么民族活动，也要靠他来主持。

访谈编号：1-1-03

问：您认为村干部为什么是不能取代的呢？

答：因为对村民来说了嘛，村干部做的都是行政性呢事务，村干部不一定都是比较年轻的，他们最大的特点还是说熟悉村里的这些工作，以做好本职工作为主，他们的身份不一样，所以肯定是取代不了呢。不过，他们之间也不存在什么矛盾，因为大家对他们的期望也不一样，他们获得的东西肯定也是有区别呢。

从上述访谈来看，在傣族村落社会中，不同主体都占有着各自的社会资源，并且正是这种资源的分化，使不同主体在社会治理中分别扮演了不同的角色，行使着各自的使命。作为较特殊的治理主体，寨老在村落的社会治理中同样拥有特殊的社会资源，由于获得了参与村民日常生活的机会，在各种重大仪式中所处的核心地位赋予了寨老绝对的权威，由寨老自身权威所展现的，正是他在村落社会中所占有的独特资源。例如，村民的信任与认可、治理的话语权和特定的身份地位等，都是使得他在治理过程中的地位很难被其他主体所取代的原因。正是由于每一种权威主体所处位置和立场的差异，所获社会资源也是不同的，这就进一步加剧了社会资源的分化。由于社会资源的不断分化，各种权威主体在治理过程中也越来越相互依赖，这种由社会资源分化产生的依赖关系，促使不同治理主体走向"协同"。从协同治理理论的内涵来看，指的是在各种现代技术的作用下，多元化主体相互协调，合作治理公共事务以达到治理目标的一种方式。所以，为了实现共同的治理目标，不同治理主体将充分利用自我的社会资料进行相互合作，以实现资源最大化利用，从而更高效地完成治理目标。因此，对于傣族村落的多元化权威主体而言，由社会资源分化产生的合作关系构成了复合治理的基础。

（二）村落共同体中多元治理主体的互动关系

村落社会的多元主体共存，构成了复合治理的必要条件，而这些主体的权威无论在来源上还是合法性上都是不尽相同的（如表3-4所示）。不同的主体互动促使多重权威交融，并形成一定的权威结构，从而直接影响到社会治理的实践过程。从村落共同体的层面来看，乡镇政府和市场精英作为主要的嵌入性治理主体，并不是村落治理中的主导力量，但乡镇政府依靠权威能以最合法的方式来为村民搭建一个合理的认同关系，为村落的社会治理提供必要的群众基础；市场精英则为村落的社会治理提供必要的资本基础，而这个经济基础的来源也是需要依靠其权威带动产业升级才能得以实现的。村两委和村民小组作为主要的内生性权威，也是村落治理的主要负责机构，他们实际上所担负的大部分职责，其本质都是维护规范的社会秩序，尤其对于村民而言，当本民族的规则与现代制度的规则发生冲突时，更凸显了村组干部的这一职能；而寨老作为村落共同体中村民较为认可的一个权威主体，他是将村民凝聚起来的关键，并且也是把村落内部各种有效的社会力量调动起来的关键。

表 3-4　M 村主要治理主体

治理主体	来源	合法性	是否具备权力
村两委	内生性	正式	是
村民小组	内生性	正式	否
寨老	内生性	非正式	否
社会组织	内生性	非正式	否
乡镇政府	嵌入性	正式	是
市场精英	嵌入性	非正式	否

"互动"一词最早来源于物理学，用来解释物体或是系统之间的作用及影响，从而说明能量守恒定律。到了 19 世纪，在社会科学中也开始使用"互

动"一词，用以解释社会学的某些想象，用来指社会上的个体之间或群体之间通过语言或其他手段传播信息而发生依赖性行为的过程。随着这个概念的不断普及，著名的社会学家齐美尔（Georg Simmel）、米德（George Herbert Mead）和戈夫曼（Goffman Erving）等思想家逐渐建构起了有关的理论，进而发展成为"社会互动论"的完整理论体系。当相关的双方相互采取社会行动时就会形成社会互动，由于群体活动和社会过程是由互为条件和结果的社会行动为基础的，因而社会互动也表示为个体对他人采取社会行动和对方做出反应性社会行动的过程。在 M 村的村落社会治理中，各种主体之间存在着相互的联系和影响，彼此之间具有很强的关联性，而当其中某一个主体采取社会行动时，也将影响到他者并由此获得反馈，彼此之间可谓存在着明显互动关系。因此，发挥村落共同体内生动力的作用，关键在于实现多元主体的有效互动，这种互动包括嵌入性主体与村落社会生活共同体内部各种主体之间的互动，也包括村落社会生活共同体内各种主体之间的互动（如图 3-3 所示）。

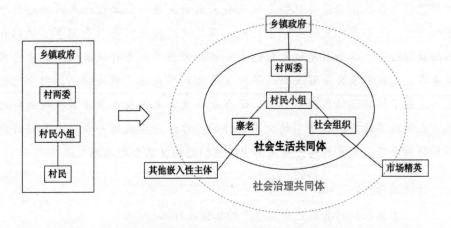

图 3-3 傣族村落多元主体互动关系模拟图

1. 嵌入性主体与村落共同体各主体的互动

傣族村民的思维意识中内含着国家与族群的双重认同，而认同关系会直接影响村民参与政治活动的行为选择，这种认同感不仅是一个很重要的影响因素，同样也是促成政府与社会之间互动的影响因素。在 M 村修建水电站的事件中，在村落发生矛盾并最终化解矛盾的过程中，充分展现了村干部、村民小组与镇政府之间的一个良性互动模式。虽然在事件初发时期出现了村民打砸的恶性事件，但在村组干部向镇政府对此事进行汇报以后，镇政府便及时制订了解决方案。当然,这个解决方案的制订并不是由政府全权负责的,相反地,它是由村组干部向下了解情况,在获得村民的真实需求以后与受害村民共同制订的。虽然最初的提议基本是以村民为立场而不计后果的,但政府并没有直接否定,政府所做的是对村干部提出的方案进行解释并提出调整方案,然后再由村干部对村民进行解释,以此来进行不断协商,从而获得了一个较好的且可以两全的合理解决方案,也只有如此,政府才能出面与水电站负责人取得理想的商谈结果。从与村支书的交谈中能够认识到,在这个过程中,村干部依靠自身权威获得了对此事的代理权并与镇政府之间以协商的方式使事情矛盾最终得以化解。

访谈编号:2-1-02

问:您认为水电站的事情最终能得到解决的根本原因是什么?

答:我认为这件事最终能够得到很好的解决是有多方面原因呢,一个是大家能够信任我,给我有机会去找政府来出面,另一个原因也是政府对这个事的态度,他不是说直接一竿子打死,不是说因为我们有人去闹事了他们就不给我好脸色,这个也是他能想到老百姓的苦处了,还有就是从我自身的角度来看,由我们来提出解决的具体方案是比政府直接去解决好的,因为他们并不是最了解实际情况呢,当然,还有就是大家也没有咬死不放,该让步的地方也做出了让步,这个事情就是这样的,你退一步我退一步,大家好好商量就能解决了,光靠打骂是解决不了任何问题的,只会越来越生气。

访谈编号:1-2-04

问:少数民族村落在社会治理中的优势是什么?

答:像他们村里的寨老,还有其他像老年协会、妇女会呀那些组织,其实是很好的,尤其像寨老是别的村没有的,并且这个寨老在村里也是很有威严的,村民对他都是比较认可的。如果说多给寨老一些机会,让他帮着村委会去处理一些问题,是有一定作用的,像寨老他也是家家户户都认识的,而且他们寨老是每家每户有事都去帮忙的,如果让他出面的话村民还是会买他的账的。但是么,寨老也不傻,他也不可能说完全按照政府的要求去做,他也会考虑的,说实在的,他还是很为大家的利益考虑的,因为这个事一旦处理不好是很惨的,一旦让村民感觉他帮着政府来和他们对着干,他们是会把寨老换了,那一家人在村里都抬不起头的。所以说,有什么事我们都是好说好商量的，最终也是为了完成工作，只要能按照他们意愿来，我们都还是会好好商量呢。

对于傣族村落来说，乡镇政府与村落社会之间的互动除了体现在与村组干部和村民之间以外，乡镇政府与寨老之间的互动关系也是值得关注的。由于村委会这个中间组织的存在，虽然政府与寨老产生直接互动的可能性并不是很充分，但对于傣族村落来说，村民对寨老有着较高的认可度，这也意味着政府与寨老进行直接的互动在某些特殊情况下也是很有必要的。在面对许多民族性问题时，当村组干部难于解决时就需要寨老的协助。因此，在傣族村落实现治理的过程中，政府与社会良性互动的关键在于以协商的形式来实现权威之间的互补，发挥民族领袖在政府与村组干部间的补充作用，在政府或村组干部这类正式主体不能发挥权威作用形成村民认可的领域，借助民族领袖的权威作用来破解治理的困境，从而形成权威相互补充的情形并将多种权威渗透到基层，最终在社会治理时获得更好的效率与秩序，这既能保证国家的利益，同时也能充分满足人民的需求，形成多方治理主体共谋的局面。

随着社会转型的不断深入，我国人民的生活领域已出现了政治、经济、社会、文化和生态五个领域的结构分化，而彼此之间又存在着紧密的相互关联，其中以政治、经济和社会三个重要的方面决定了国家治理的主要制度体系。所以，嵌入性主体与社会生活共同体各主体的互动也不仅仅局限于乡镇政府与村落社会，嵌入性主体也可能是来自其他领域或部门的主体。从市场的角度来看，在农村基层社会治理中，市场精英与社会内部各种权威主体的互动是基于根本利益的，当面对共同利益之时，二者之间更容易出现协作方式的互动，反之，如果当利益产生分歧时更容易出现冲突矛盾的互动形式，而这也将严重地影响到村落的正常运转，甚至影响到政府与社会、政府与市场之间的关系，最终造成严重的不良事件。所以，从市场与社会的互动来看，形成理想化的良性互动关系，关键在于两种权威基于根本利益的合理调节机制。

企业作为市场的主体，更是社会的产物，所以企业本身就具备着承担社会责任的艰巨任务。在资本下乡的背景下，乡村地区出现了许多内生型企业，同样也有许多外来型企业的入驻，即使是一些偏远的少数民族村落，这种趋势也是不可逆转的。随着乡村市场的不断完善，它对社会进行不断的再造并形成了"村企合一"的模式。当然，在村庄再造的过程中，社会与市场之间经历着复杂的磨合过程，甚至会产生冲突。在水电站建成之初，由于水电站发电影响到了村民的农田灌溉，而双方未能达成妥协，所以发生了村民与水电站的冲突事故。事情的根本就是双方产生了利益的分歧，水电站需要保证足够的发电量来实现利益，而村民也绝不允许自己家的稻田里没有水源灌溉。面对这个冲突，最终得以化解的根本就是调和好双方的根本利益，在这个过程中，村两委与寨老都发挥了重要的协调作用，也展现了双方有效的互动过程。

访谈编号：3-1-14

问：能否给我详细介绍一下水电站事件的整个过程？

答：就是前不久，水电站刚刚开始发电的时候，他们有几家的地就没有水灌溉了，然后他们去和水电站的人讲，最终事情也没有得到解决，这个事搞得我们很多人都比较不满的，尤其一开始政府也没有出面来管，再加上几个年轻人也是比较冲动些，所以就搞得有些严重。但是后来，村支书和村上的人都来调解这件事，包括我也去帮着他们说，我们约着去和政府沟通，当然最多的还是支书去找水电站的人说了好久，又来说服村里的人，也是靠着政府的帮衬，最后这件事才得到了解决。当时没有办法啊，我就和村支书去找水电站的负责人协商，后面我也回来劝了好几次，有几个人还说我收了水电站的钱，虽然不是很多人怀疑我，但搞到最后我也是很为难，但也没有办法，工作还是要做，最后说给村民补偿，还有尽量避免村民用水时候发电，大家也就不怀疑我了，最后也算是一个皆大欢喜的结果了。

从上述访谈内容我们发现，在 M 村的水电站事件中，发生冲突的根本在于村民的利益受损，在这个冲突背后并非村民对企业的不满，而是对于农民而言，他们不得不守住自己的基本保障。在调解冲突的过程中，村组干部和寨老利用自身权威获得与企业及政府对话的机会，村组干部与寨老积极站在村民的立场上为村民争取利益，当然也能积极焕发企业的社会责任，并利用此次机会实现企业与社会的协作。在傣族村落的社会治理中，市场精英与社会内部的互动关系其本质与其他大多数村落并无差别，但市场发挥着重要的资源配置的作用，并且在共同利益的驱使下，可通过良性的互动关系来实现双赢的局面。例如，在 M 村的道路修建事例中，当无法筹集到足够的资金来修建道路时，依靠市场的加入，通过市场调节使村落的自然旅游资源充分转换为修路所需的资金来源，不仅实现了旅游资源的最大化利用，同样也以此为契机解决了基本的民生问题，在市场与社会的良性互动关系的作用下，可以说是很好地解决了由于政府供给不足所产生的问题。然而，与其他村落较为不同的是，傣族村落共同体表现出更加多样和复杂的社会关系，并存在着更多元化的权威主体，如果多元化的权威作用能得到合理利用，使社会内部的资源力量充分发挥其（正向）功能，这将成为社会与其他部门领域在互动过程中的重要调节机制。总之，要实现社会的良性互动，关键在于充分发挥权威主体的调节机制，着力寻求社会与外生性权威的共同利益，可通过谋求双赢的局势来获得二者间有效的互动，最终推动村民的资源有效配置及公共服务合理供给。

2. 村落共同体中各主体间的互动

从社会互动理论的视角来看，当具有相互关联的个体或群体采取相互社会行动时意味着社会互动的产生，这个过程是相互关联的其中一方对另一方采取社会行动和对方做出社会行动反应的过程。社会互动的主体双方不仅仅局限于个体，同样也存在于群体之间或个体与群体之间。村落共同体从微观的角度来看就是由村民构成的，但从中观的角度来看，它充斥着多种多样的群体，而彼此直接存在着巨大的关联与交叉，这种关联性构成了其互动的根本。在社会内部的互动过程中，互动的双方将形成相互的影响关系，其中一方在行动过程中能意识到自我行为对他人造成的结果，反过来，另一方的期望同样影响着对方的大多数行为。

M村在举行泼水节时，村民在这个节日前后的一段时间里，彼此间都在展开较为积极的互动，村民之间也建立起了稳定的社会关系，在全村参与的集体活动中，为了解决事务的繁杂性，村民根据事情的性质将不同的任务分由不同的组织来完成，由此避免了由于参与人数较多而带来的混乱。从这个节日的活动过程中不难发现，一个村民很有可能同时归属不同的社会组织，而以他为核心展开的关系网络便形成了交叉的关系，这就进一步强化了寨老与村民之间的互动关系，这种关系网络的存在也为村落内部的良性互动提供了基础。围绕民族传统文化习俗展开的社会活动，充分显示了在傣族村落内部所存在的紧密社会关系，而在社会治理中呈现的各种权威主体在这个过程中也会相应地融入互动中去，并在互动的同时不断交融，这个过程不仅是对村落社会整合的不断强化，同样也在强化着内生性权威主体的作用。此外，在民族文化活动中建构起来的互动关系，能在民族节庆的实践活动中使村民自治组织成员内部间的关系更加紧密，在这样重要的实践活动中也使得组织不断完善和壮大。组织发展带来的最大意义就是能使成员从以个人主义为导向的行动上升到集体主义的行动，使农民自治组织成长为一个成熟的组织形态，并为乡村的其他社会建设和发展提供有效模式，使其能更有利地作用到村落的社会治理中。

村落共同体中的主体互动关系表现出了复杂的关系网络，而寨老与村组干部的互动实际上会极大影响村落社会治理的成效，如果彼此之间存在明显的冲突关系，将严重影响到社会治理的效度，甚至阻碍社会的发展；相反，如果彼此间能实现权威的融合，保持统一的立场，以村落发展为原则，在治理的实践中寻求相互合作与协商的互动关系，就能真正发挥出内生性权威的合力作用。从民族传统活动展现出的不同权威主体及村民自治组织群体，他们以自我组织和自我约束形成并在不断发展的过程中展现出自身所具备的自我管理能力，如果能促使农村社会组织协助参与社会治理，积极实现不同治理主体的权威融合，在相互的协商与合作中将利于基层民主政治的推进，便能为实现乡村的有效治理提供保障。同时，农村发展的根本是使生活在这个地域空间中的人得到真正的发展，这个过程对于傣族村民来说意味着更加困难的社会化过程。只有合理利用村落内生性权威间的良性互动关系。并发挥其作用，才能在强化社会内部结构的过程中，使村落内部的各种资源得以激活，使农民能积极参与到各种社会组织中。通过自我实践获得积极参与自治的主动性，这将有利于推动农民积极参与民主政治和公共事务，从而实现村民在社会治理中的积极参与。

（三）从"一家独大"到"多元赋权"的复合治理契机

在 M 村的社会治理中，呈现出了复杂的主体关系，在从中央到地方再到最基层的治理渠道中，包含着多样化的治理主体，并且，目前的社会治理已经不能完全将市场的作用排除在外。在多种治理主体的权威互补、调节与交融过程中，不同治理主体间在实现着相互关联，基于各种治理主体的良性互动，构成了村落的治理场域。在实现诸多治理主体良性互动的过程中，傣族村落社会生活共同体中的不同非正式主体也同时嵌入治理场域中，并且以相互的协调来达到最终的权威平衡。因此，通过对村落治理主体的权威结构探究可以发现，在多元化主体互动的关系中，多种主体之间能通过相互协调实现有序的治理，并能在这种复杂的关系中推动乡村治理的发展。究其根本的动力机制，关键因素是多种治理主体的权威力量所形成的模式化互动关系样态。当然，也是各种主体之间的相互关系，决定了这一治理权威结构的样态，在互动关系中所形成的治理权威结构，改变了傣族村落"一家独大"的权赋方式，也正是在实现"多元赋权"的过程中，这种权赋方式也成为治理复合化的一大契机。

有学者提出，尽管当下已形成了一些较有代表性的权威结构的相关研究，如"阶层博弈论"①"三重互动论"② 和"自由政治空间"③ 等，但是，这些仅仅能解释权力与权威的"落差性"特征，即"上"与"下"的关系，而忽视了乡村权力与权威的"梯度性"特征，即"外"与"内"、边缘与核心的关系，同时也包含落差性特征，"梯度性"，不仅从平面上，而且从层次上完整表达了乡村权威的结构性特征，学者将这种结构特征称为"权威梯度"④。目前的基层社会治理都充分强调"共建共治共享"理念的重要性，在当前社会发展进程中，共建共享共治理念已经成为重要的指导思想，随着城镇化水平的不断提升，这就需要不断加快农村社会的发展，以缩短农村与城市之间的差距。而对于傣族村落来说，在村落共同体的作用下，共建共治共享就意味着需在基层社会的治理中实现治理权威结构的革新，这种新的权威结构将不再是单一的"自上而下"的垂直的线性结构，较为理想化的结构应该是符合"权威梯度"的，只有有效地调动农村社会发展的积极性，调动更多的资源，实现在基层治理中稳定的权威互动关系，改变线性的治理渠道，才能真正实现村落的共治并推动农村社会的快速发展。可以说，这种梯度的权威结构正构成了多元权威主体协同的主要动力因素。

"自内而外"的梯度权威结构从空间层次上更完整地表达了乡村权威的结构性特征，是多元权威主体协同复合的主要动力因素。在"自内而外"梯度治理权威结构作用下，多元权威打破原有的治理主体关系，得以重塑一个更

---

① 卢福营. 村民自治与阶层博弈 [J]. 华中师范大学学报（人文社会科学版），2006（04）：46-50.

② 金太军. 村庄治理中三重权力互动的政治社会学分析 [J]. 战略与管理，2002（02）：105-114.

③ 杨善华. 家族政治与农村基层政治精英的选拔、角色定位和精英更替——一个分析框架 [J]. 社会学研究，2000（03）：101-108.

④ 李艳丽，高洪波. 走向权威制衡的政治：农村权威结构新论 [J]. 社会主义研究，2011（06）：64.

具包容性的治理空间，使不同治理单元之间不会因行政区划而产生空间区隔，在治理中能形成良性的互动关系及具有协同功能的有机联合体，为实现村落复合治理提供可行性。在以行政村为空间的社会治理实践中，存在三种不同的主体互动关系，主要表现为不同自然村之间的主体互动、各个自然村与村两委的主体互动、行政村与上级党委和政府的主体互动，在不同的主体互动中会形成一种复杂的交叉关系，使得各种治理单元之间也产生一定的交叉与重合。虽然不同社会关系可能会形塑同一行政村内不同自然村之间的空间边界与区隔，但由于村落社会的权威结构具有"自内而外"的梯度特征，不同主体均能获得平等参与基层自治的权利，并通过这一权威结构融入同一治理体系中，使行政村与各个自然村之间、不同自然村之间能在治理中形成良性的互动关系。并且，这种立体的梯度权威关系与单向度的线性权威结构有所不同的是，不同主体间的相互关系可能会随现实需求而不断变动，具有更加多样化的特征。不同治理主体间的关系重构意味着治理空间将不断重构，而治理空间再生产的过程也将推动不同主体之间不断磨合协调，以达到更佳的互动状态，进而实现有效的复合治理。

一方面，从宏观视角来看，村落社会在与村落外部的互动关系中，呈现出了以乡村社会为核心的治理主体权威结构，并以此为中心层层向外，村落治理不仅仅是受到从中央到地方的层级管理模式，已不再是原初的"中央—地方—基层"的单线式权威结构，从嵌入性主体与村落共同体各主体的互动关系来看，基层的治理是在政府指导下实现的，而不是由政府全权主导的。此外，在这个整体的权威结构中，其中一个重要的主体权威是来自市场的，随着改革开放的不断成熟，市场在当下的基层社会治理中，越来越发挥着不容忽视的作用，而对于少数民族村落而言，市场的作用也不仅局限于对乡村产业的革新和对经济资本的保障，它也能促使少数民族文化与民俗得以推广，从而加大村落文化创意产业的发展。在市场作用下诞生的市场精英，由于他们为村民提供了根本的利益而获得治理话语权，其权威的生成与存在，也较好地成为国家与社会在互动中的平衡角色，从而避免了国家与社会由于非此即彼的二元关系所造成的结构性张力。

另一方面，从中观视角来看，村落内部的各种权威主体之间同样形成了稳定的梯度结构。基层的治理不再局限于村委会及村民小组，村落社会内部的各种权威互动也呈现出了治理主体的多样化趋势，原初的"村委会/党委—村民小组"治理模式已被打破，在改变原有的垂直权威结构的同时，意味着在基层的治理场域中，更多的主体也在发挥作用，由村民组成的各种社会组织成为解决不同事务的主力，而另一个维度的权威则是各种治理精英，包括村落内部的寨老、各种宗族族长、乡绅和能人等。其中，与传统村落较为不同的是，在傣族村落因为有寨老权威的存在，他们作为傣族村落具有悠久历史的传统治理者，其存在的必要性决定了他们在村落治理中的整合作用。较当下许多传统村落非正式权威主体正在不断衰落而不同的是，这一主体具有较强的稳定性，由于他担负着重要的民族传统文化的传承之责，民族领袖在村落内并不会急剧衰落，他们在发挥自己独特价值的同时也能稳定存在于村落的治理中，而这有效地奠定了村落社会内部权威结构的稳定，也是在傣族村落的社会治理中各种权威主体更易于走向协作的关键。

在 M 村的社会治理中，其主体权威结构呈现出稳定的梯度结构。无论是从村落共同体中各主体与外部的嵌入性主体的权威互动关系来看，还是从村落共同体内部各种权威主体的互动关系来看，都呈现出明显的立体化的梯度权威结构。而构成这一结构的核心则是村民。这进一步说明了在社会治理的实践中，实现村民的积极参与与自我管理是尤为重要的。在实现城镇化的发展时，可以说最为重要的是实现人的城镇化，在农村社会的发展过程中，发挥村民作为主体的能动性作用，使其承担起农村社会进步的主要力量，将村民的积极性更好地调动起来是很有必要的。此外，村落的基层社会治理虽然在根本上与传统汉族村落一致，但在以村民自治为主要模式的基层社会治理中，治理过程中必然会呈现出一些具有民族特色的方面。另外，傣族长期以来所保留下来的风俗与信仰，使得他们形成了一套专属于本民族的话语体系和思维方式，于是当他们在参与社会治理时形成了特有的行动逻辑。这种复杂的社会治理结构使得多元化的治理主体共存成了解决治理问题的一大路径，而多元化的治理主体所生成的各种治理权威，则较好地解决了治理过程中的权力单一问题。因此，在梯度治理权威结构的作用下，傣族村落更利于实现由"一家独大"到"多元赋权"的转变，使得多元化的治理主体更能满足当下社会治理的本质要求，多元赋权的方式为村落社会生活共同体中的许多非正式主体提供了参与村落社会治理的可行路径，在充分发挥各种非正式主体权威作用的同时，也在村落治理场域中形成了新的主体关系，为实现村落的复合治理提供了必要的基础。

第四章

复合治理之根本：乡村"重层结构"与治理空间弥合

乡村社会治理主体呈现出多元化的显著特征，内生性治理主体与嵌入性治理主体的良性互动形成梯度治理权威结构，为复合治理的实现提供必要条件。其中在乡村社会的治理中，乡镇政府通过着力推进国家政权在基层的渗透，以及对国家政策的具体落实，来实现对村落社会治理的宏观主导，从而实现对村落稳定发展的具体指导。此外，随着文化旅游产业的不断崛起，村落成为许多精英瞄准的市场，在他们的带动下村落产业得以较好地优化，而在实现产业兴旺的过程中也使得部分村民获得了一定利益，于是在实现利益互惠的过程中市场精英的权威得以建构。以乡镇政府和市场为主要的嵌入性治理主体，在与村落共同体中的多重主体进行互动的过程中，形成了村落社会治理主体多元化的特征。由村民选举产生的村两委被赋予了村落社会重要的公共事务"主导者"角色，同时也在村落的自治中协助基层政府完成许多工作；村民小组则在社会治理的过程中实现着在村落中较为重要的协助作用，并推动着村落内部的秩序建构。在村落共同体中，还显示出了许多具有权威力量的非正式主体。其中，傣族特有的寨老因在历史发展中获得的传统职能，使其在日常生活中能实现不断的渗透，寨老在村落的日常生活中被赋予了相应的民族使命，成了村民各种文化情景中不可或缺的一大社会角色，寨老正是以本民族的文化发展不断建构了自我权威；此外，村落的各种社会组织也靠其自律机制的发挥，积极协助着乡村的社会治理。

由于治理主体呈现出明显的多元化特征，意味着不同主体之间将产生复杂的互动关系，这主要表现为社会治理中不同主体之间的冲突与共谋等关系形态。从社会治理的主体关系来看，其互动关系主要包括各种嵌入性主体与村落共同体中各主体之间的互动关系，以及村落社会内生性主体间所包含的各种互动关系。由于各种治理主体都纷纷嵌入治理场域中，在乡村治理空间的权威运作中，很可能出现治理过程中的主体冲突与关系不协调，使乡村社会治理的复杂性不断加剧。基于村落共同体所呈现的不同治理主体本质与运作逻辑，由此形成的互动关系构成了村落社会治理场域的基础，为村落社会治理的复合路径提供了必要的条件。从社会治理的场域结构来看，在乡村社会各种"小共同体"的基础上实现"治理共同体"的建构，需以治理场域为视域，在空间结构的作用下展开对不同治理实践逻辑的分析。因此，本章将以乡村复合治理的实现根本作为研究重点，在不同的治理空间生产中，探讨社会生活共同体中的多重主体如何实现具有复合特性的社会治理，并在社会治理共同体建构的过程中展开对治理规则复合化的路径研究，从而获得傣族村落复合治理得以兼顾治理主体与规则的有效方式和内在本质。

一、空间理论与乡村社会治理

为了进一步推动多元主体在社会治理中的协同合作，解决由主体多元造成的制度冲突，并实现基层社会的共建共治共享，党在十九届四中全会和二十大报告中都提出要"建设人人有责、人人尽责、人人享有的社会治理共同体"。因此，实现治理共同体的有效建构，在多元共治理念的影响下推动多元治理主体间的良性互动，使多重治理规则得以合理契合，可谓是破解乡村社会治理困境的必然之选。从治理共同体建构的历程来看，它基于一定地域内的多重治理主体之间的有机联合，同时，所指向的也是在某一地域内规则能发挥效用的治理机制。由于对治理功能的发挥离不开共同体生成和运作的实践空间。并且，在人文社会科学研究中，"共同体"又是一个最富有阐释空间的概念。① 因此，以空间理论为基础，或许能获得研究村落社会治理的新范式，从社会结构的视角来挖掘一定空间内由主体互动与规则运作所生成的治理共同体，此外，理论旨趣的取向也能为乡村复合治理的实现路径提供新的解释视角。

（一）从"生活世界"迈向"政治世界"

1974 年，法国著名思想大师列斐伏尔（Henri Lefebvre）的《空间的生

---

① 田毅鹏，吕方."单位共同体"的变迁与城市社区重建［M］.北京：中央编译出版社，2014：2.

产》一书正式出版，以此为标志，社会理论开始出现了空间研究的语境取向。由于现代性的影响，工业社会的到来造就了对城市空间的依附，资本主义的政治构想不再局限于时间与空间的范畴内，列斐伏尔超越时间的限制，试图去空间的维度中探寻马克思主义哲学的全新构想，围绕空间展开学理性的研究，并在现代性进程的不断反思与批判中，逐渐形成完整的空间生产理论。以列斐伏尔的"空间生产"作为空间研究的理论起点，在发展马克思主义时间与社会辩证关系的基础上，他创造性地提出了"时间—空间—社会"的三元辩证法①，以空间生产理论来凸显空间在历史进程中的现实价值。自此以后，"空间"不再仅仅是一个独立存在的且只具有自然属性的实体，它被赋予了更多具有社会关联性内涵的"人化"属性，成为社会关系研究的一个重要维度。空间生产理论的提出在西方社会获得了广泛关注，并经由哈维（David Harvey）、爱德华·苏贾（Edward W. Soja）、吉登斯（A. Giddens）和福柯（Michel Foucault）等思想家的不断批判与反思而得以补充。在理论研究的不断发展过程中，对空间的关注核心逐渐实现了从"空间社会性"到"空间行政权力"的转向。在理论关注不断转变的同时，空间与社会的关系也被赋予了更加丰富的内涵，以空间为核心的理论研究正不断从"生活世界"迈向"政治世界"，而空间生产理论正是在这个核心转向的过程中逐渐形成完善的理论体系。

在现代社会的进程中，学界对空间的理论探寻不再局限于本体论，而对空间生产过程，以及由此呈现的各种社会关系有了更多的关注，在超越本体论的同时，对空间的社会性质也有了更多的探究与解释。列斐伏尔认为空间是一种社会的产物，在社会生产的过程中，在时间的作用下会不断生产出新的空间，这就是空间的生产性。并且，在空间中弥漫着各种各样的社会关系，这些社会关系构成了空间生产的主要支持条件，是空间存在的本质要素。由于社会关系存在不同差异，所以，在实现空间生产的过程中，其根本要素是各不相同的，正是不同的社会关系生产出了差异化的空间，并且，这也意味着在不同空间中将内含不同的社会关系。因此，从这种社会化的空间生产过程来看，空间生产理论主要围绕着空间与社会的辩证关系展开，体现的是以空间为生产对象的动态过程及以社会关系为空间生产结果的静态表现。

空间的动态性生产过程主要体现在对象与实现载体两方面：一方面，空

---

① 李春敏. 列斐伏尔的空间生产理论探析 [J]. 人文杂志，2011（01）：62.

间生产的对象并非空间内部的诸多事物，空间生产的对象就是空间本身。以空间作为实际对象的生产过程标志着空间属性的本质发生了巨大的转变，空间成了"政治的、充斥着各种意识形态的产物"①。在此基础上福柯进一步提出，在现代社会中不应把空间简单地视为一种冰冷的外在物，应把空间视为权力运作场所和媒介，因为空间内所包含的各种社会关系才真正决定了权力的层级关系，进而影响到其实现方式。另一方面，从空间生产的实现载体来看，空间生产的过程并非实体的物化生产过程，而是一种社会化的过程，所以在这个过程中，特定的社会实践必然围绕一定社会关系来展开空间的生产，即各种社会关系才是生产空间的本质动力。沿袭列斐伏尔空间生产的理论脉络，哈维在其基础上果断舍弃了对"空间生产是什么"的本质追问，而转向了空间生产何以可能的理论探寻，并认为空间生产的最终实现载体是资本②。由于空间本身内含着不同阶级与权力之间的不对等关系，在这种背景下发生阶级斗争是社会生产的必然结果，而阶级斗争的一个重要结果是它最终将带来不同的社会关系变革。由于不同的社会关系会催生出不同的资本力量，这又进一步形塑着不同的社会关系。因此，哈维认为空间生产最根本的实现载体就是资本，正是基于不同生产关系的不同资本力量在不断催生着新的空间。此外，福柯对于空间行政权力的理论阐述也包含了对空间生产静态表现形式的探索，他认为空间的生产不仅表现为公共生活的展开，由于空间是各种权力关系的施展空间，所以，空间生产的过程同样也表现为对各种权力施展与运作的承载过程。为了进一步拓展福柯关于空间行政权力的理论内涵，吉登斯将空间生产后的时空关系直接与权力的产生与统治结构的再生产紧密联系在一起③，他在此基础上提出了"场域"的概念，用来充分说明空间、社会关系与权力资本之间不可忽视的内在关联，从社会结构的层面进一步揭示了空间生产的实现载体与过程。

　　对于空间生产的表现形式而言，空间生产所表现的正是在各种社会关系作用下的权力生成及运作，以及由不同权力关系所造就的全新社会结构。总

---

① [法]列斐伏尔. 空间政治学的反思 [M] //包亚明，编. 现代性与空间的生产. 上海：上海教育出版社，2003：64.

② 高峰. 城市空间生产的运作逻辑——基于新马克思主义空间理论的分析 [J]. 学习与探索，2010（01）：9.

③ 庄友刚. 西方空间生产理论研究的逻辑、问题与趋势 [J]. 马克思主义与现实，2011（06）：116.

之，通过对空间生产的动态过程与静态关系的理论梳理，发现空间生产理论无不展现着空间与社会的相互作用及辩证关系，充分凸显了空间所具有的"二重性"特征。二重性指的是事物本身所固有的两种属性，即某一事物同时存在两种不同的性质。所以，空间的这种"二重性"特征可概括为空间具有生产社会关系和被社会关系生产的双重性质，具体来说，主要通过以下两方面来得以呈现：一方面，以资本为实现载体的空间生产，本质上所生产的是某种特定的"社会关系"，即各种社会关系及其对应事件需经由空间生产才能获得，社会关系的展现是通过空间来实现的；另一方面，空间是被社会关系所生产出来的，在社会关系的变革中，个体通过创造或重组空间的过程来表达自我的需求，并在需求的导向下来调整自我与社会的关系，由此呈现出各不相同的社会关系，在不同的社会关系作用下，其权力的运作也会表现出不同的状态与方式，正是在这个社会生产的过程中许多全新的空间将得以不断建构。

（二）空间二重性与乡村社会治理的契合

目前，大部分空间理论主要是在城市这一社会结构中展开，并以空间生产的视角对现代资本主义展开反思与批判，但从现实层面来看，空间二重性的内涵对于村落乡土空间中的治理研究同样具有解释力。在自治规模上"便于自治"抑或"便于行政"是乡村基层自治方式的两个选择，由此呈现的是乡村治理规模基于"生产大队"和"生产小队"的不断互构与变革①。因此，乡村社会的基层治理为了同时满足行政功能与自治功能，于是在不同治理规模的作用下，逐渐在治理空间的呈现上表现出了"行政村"与"自然村"的特殊行政分化。基于不同治理空间生产的是不同的社会关系这一理论基础，在不同治理空间的社会关系作用下，也会形成不同的治理逻辑，而不同治理空间内的社会关系及对应治理逻辑，将会造成治理过程中的制度理念的差异、实践主体的分化以及规则秩序的不协调等现实问题。另外，由于行政村与自然村之间是一种行政划分上的包含与被包含关系，这两大治理逻辑间又必然地存在一定关联性，这就不得不在两种村治逻辑中进行有益的调和来促成治理共同体的建构。因此，通过治理空间的弥合来形成一个具有包容性与有效

---

① 杨海龙，朱静．"便于自治抑或便于行政"——我国村民委员会的村庄基础选择［J］．中国农村研究，2018（02）：65.

性的治理场域，可使多元化的治理主体与多样性的治理规则都合理嵌入其中。从这个层面来看，对乡村复合治理路径的研究，确可将治理实践置于空间与社会的辩证关系中展开。

社会治理作为一项实践活动，与空间存在不可分割的相互关系，空间生产理论的内涵对于乡村治理研究同样具有解释力。自然属性的空间决定了社会治理的范围、主体关系及其内容。社会治理展开的范围虽不存在明显的边界，但治理空间能更为明晰地划定不同实践主体间的边界，以及治理实践所展开的范围，从而确立治理主体所需面对公共事务的区域①。不同的治理空间生产过程实际内含了不同的主体关系及其权利资源和规则运作，因而具有不同的治理逻辑。乡村社会治理有别于城市社会治理的一大原因，正是社会治理实践所展开的空间存在显著差异。此外，社会治理的行为主体关系会形塑不同空间并影响治理过程。社会治理强调的是公共部门或私人部门以协调方式为基础来参与公共事务的一种持续且互动的实践过程。由于治理的实践行为主体呈现多元样态，不同主体间的相互关系会直接影响到治理规则的运作，从而塑造出具有不同权威关系和资源力量的空间，治理空间的多样性、交互性和区隔性则会加剧社会治理的复杂性。由此可见，治理空间不仅是一个表示治理范围的自然属性概念，同时也是一个体现关系的社会性概念。治理空间所指的正是内涵主体、权威、资源和规则理念等各种治理要素的实践展开范围，表现为"生产治理主体关系"和"被治理主体关系塑造"的二重性特征。

乡村社会治理的过程与结果受治理空间中的各种主体关系影响，以行政村和自然村分别作为治理空间来展开治理实践时会呈现出不同的逻辑。为了适应乡村治理的根本需求并契合治理目标，不同治理逻辑间必然要经过具体的调整与适当的互构，促使全新的社会关系得以形成。并且，在村落不同治理空间的社会关系作用下，能使与之对应的治理场域得以生产，由治理场域内的主体权威施展与规则运作为基础，才真正构成乡村复合治理的基础。因此，以空间二重性作为村落社会治理的研究视角，这对于村落社会治理共同体的建构同样具有一定解释力与适用性：其一，行政村与自然村虽然在行政划分上存在包含与被包含的关系，但治理空间的分化使二者皆有不同的社会

---

① 张琦，杨铭宇. 空间治理：乡村振兴发展的实践路向——基于 Q 市"美丽乡村建设"的案例分析［J］. 南京农业大学学报（社会科学版），2021，21（06）：128.

关系，尤其在具有民族特性的自然村中，这种社会关系更表现出了一定特殊性。由于不同的社会关系会直接作用在社会治理的主体关系上，如果不能实现治理共同体的建构来促使治理空间的整合，就很可能造成不同主体之间的冲突与矛盾；其二，空间生产下的不同社会关系可能会形塑同一行政村内不同自然村之间的空间边界，使得村两委在治理时面临着针对不同自然村的资源配置困境，并导致彼此间的关系紧张，最终造成治理共同体建构的主要矛盾；其三，为实现乡村社会的有效治理，行政村内必须以合理的治理模式来促成不同自然村之间的协调关系，这对于傣族村落而言也是对宏观制度的秉承，所以只有通过有效治理来实现主体间的合作关系，才能对村落社会生活共同体内的各种社会关系进行重构，这构成了生产有效治理空间并促成治理共同体建构的可行方式。

总的来说，空间的二重性特征主要表现在空间与社会的辩证关系中：一重特性是空间生产社会关系，是以资本为实现载体的空间生产，本质上所生产的是"社会关系"，即各种社会关系及其对应实践需经由空间生产来获得；另一重特性是社会关系塑造空间，即空间是被社会关系所生产出来的，个体通过表达自我需求的过程不断实现社会关系的变革，从而创造或重组空间。从空间的第一重特性来看，行政村与自然村由于不同的空间生产过程，内含了不同的社会关系，从而形成横向的与纵向的治理渠道，并演绎着不同的社会治理逻辑；从空间的第二重特性来看，在多元化治理主体与多样态治理规则的复合过程中，会形成新的治理理念与治理格局，通过复合治理的方式来打破原有的社会关系，将得以重塑一个更具包容性的治理空间，使不同自然村之间、行政村与各个自然村之间能在治理中形成良性的互动关系，并获得平等的治理地位，最终在同一治理场域中形成具有协同治理力量的有机联合体。因此，以空间二重性为视角展开对乡村复合治理的研究，可将行政村和自然村作为不同治理空间来探索其内在的实践逻辑，并通过分析横向与纵向两种不同实践逻辑下的治理主体与规则如何形成复合化的治理模式，来发现村落社会如何通过主体关系重构与空间再生产来实现治理共同体的有效建构，并在这个治理共同体建构的过程中透视乡村复合治理的真正核心根本。

在社会治理现代化的发展目标导向下，乡村社会围绕共建共治共享理念展开了一系列有益的实践探索，形成了网格化治理、协同治理、权威效能治理和多中心治理等多种实践模式。究其根本，在诸多的治理模式中，不同村治模式均彰显了党委领导下的多元主体合作参与方式，而这种多元主体之间的合作主要体现在自然村内的多主体合作、行政村内的正式主体与自然村内的非正式主体间的合作，以及不同自然村间的主体合作等。因此，对村落复合治理实现方式的探索，可聚焦于治理空间内各种具有差异和联系的主体关系与规则运作中，从行政村与自然村的空间生产来分别探究各自所具有的治理逻辑与共同体形态。

二、村落纵向治理的空间实践与整体性逻辑

乡村社会治理的路径选择基本上是以国家与社会为理论框架展开的，并由此体现了自下而上治理渠道与自上而下治理渠道并行运作的纵向治理。其中，自上而下的政治轨道在执行命令时可见度更高，但当政策在基层与人民接触时，在社会治理的场域内，实际发挥作用的却是自下而上的政治轨道。其中，在自上而下的治理渠道中，经过乡镇政府、村两委和村民小组实现国家治理的下沉；同时，为了实现村民的利益表达，村落社会同样还存在着自下而上的治理渠道。在纵向的社会治理中，宏观的制度规则在以行政村为单元的治理空间中发挥动力作用，促使多种正式治理主体形成协同共治的互动关系，表现为村落的整体性治理逻辑。

（一）力量交汇：行政力量与自治力量

在现代化的社会治理中，国家一直占据主导地位并发挥着不可替代的作用，国家通过从中央的管辖一直向下延伸到地方，各级政府作为国家职能的主要部门，在治理中具有重要的作用。在新中国成立之初，宏观制度的根本意义在于维护社会的稳定并推动经济建设的快速发展，它在治理的过程中主要以政权的建构为核心，而这一时期的国家在地方治理中主要是以控制为主的。随着社会变迁的不断推进，在国家政权稳固的同时，也出现了中央权力不断向上集中而地方趋于各行其是的相互矛盾，在这种矛盾的激化中，国家在社会治理中的独特地位显得尤为突出。从国家的角度来谈少数民族村落的治理问题，一个重要的理论背景是不能被忽略的，那就是国家在社会治理中的重要作用是不容忽视的。党的十九大报告中强调，要大力支持民族地区、加快发展边境地区，优化民族团结进步教育，铸牢中华民族共同体意识，加

强各民族交往交流交融，实现各民族共同团结奋斗，共同繁荣发展①。十九大报告对中国的民族问题给予了高度重视，也显现出了党和国家在少数民族地区治理与发展中的重要地位。因此，对于 M 村的社会治理而言，宏观制度的意义不仅仅是国家实现政权的建构和推动地区的稳定，对少数民族地区给予的帮扶性政策更是凸显了宏观制度在民族地区治理中的不可替代性。

由于纵向治理以自上而下治理为主线，每一层级的治理动力均来源于国家的政策制度驱使，乡镇政府作为行使国家职能的最基层行政机构，其合法地位使其成为乡村治理中的重要主体。近年来，随着"共建共治共享"的不断深入，社会管理的时代已渐渐成为过去时，在这个重要的社会变迁过程中，政府的职能及角色也发生了相应的转变。在乡镇政府由"主导型政府"向"引导型政府"逐渐转变的过程中，村两委获得了更多自我管理的空间和更加对等的权责关系，村两委目前已逐渐成为这一治理路径中的主要角色。然而，这种制度背景下的村委会并非完全脱离行政体系而存在，因为村党支部在解决村级公共事务时依然受上级党委领导，并显示出乡村治理所具有的行政属性及功能。尤其是在社会发育水平总体较低的现实条件下，乡村治理可借助国家的力量，通过自上而下的运作来激活与引导社会的生长发育，中国共产党不仅是执政党又是群众性服务组织，它可以深抵社会底层，在国家与社会之间发挥联结和转换的作用，从而避免了权力的单向度运作②。因此，乡镇政府从主导型向引导型的转变，并不代表国家政权将完全悬浮于乡镇一级，为了能实现更加稳定的社会秩序，国家政权似乎更需要从行政村一级继续下沉。而在国家政权不断下沉的过程中，为了有效地形成国家与村民的良性亲和关系，基层党组织的链接作用在这个自上而下的治理中就显得尤为重要。

访谈编号：2-1-01

问：您认为和汉族村落比起来，你们傣族村子的治理有什么不一样的？

答：其实现在区别也不大了，上面有什么政策基本都是一样的执行，按照要求去做就得咯，没有你想的那种完全不一样。你要说真的有什么不一样，我感觉我们可能在民族政策这方面有些区别，比如说上面有什么关于少数民

① 习近平. 决胜全面建成小康社会 夺取新时代中国特色社会主义伟大胜利 [N]. 人民日报, 2017-10-28 (001).
② 田毅鹏, 苗延义. "吸纳"与"生产"：基层多元共治的实践逻辑 [J]. 南通大学学报（社会科学版）, 2020, 36 (01): 82.

族的政策他们肯定就不用管，还有我们有些节日活动汉族也没有，像村里大规模举办活动也是要往上面报备的，还有那个民族文化建设方面的工作也肯定是比他们多得多呢。其实现在这个时代，你不管是哪个民族，都没有那么死板了，没有说要分得清清楚楚呢。

访谈编号：1-1-03

问：您认为和汉族村落比起来，民族村的治理有什么不一样的？

答：大方向基本是一样的，没有很大的差别，但如果在具体事务的处理上确实还是有区别的。我们镇主要的少数民族就是傣族和佤族，少数民族往往是比汉族团结，但他们也没有汉族那么钻营，所以也就更在乎许多小的利益。他们对村里的支书和寨老更加信任，所以对于他们就是需要小事不干预，把好大方向就可以，给村里更多的自由空间，可能这样，时间久了他们也更加认可我们的工作。

在自上而下治理过程中，村落社会治理的内在逻辑依赖于政府的实际职能，政府职能转变最终会产生政权的不断下放，权力下放意味着更需要去处理好民族与国家之间的关系，因此，以宏观制度作为行政村社会治理的根本动力，在自上而下治理中所暗含的行政力量对于解决由于各种主体关系紧张造成的矛盾冲突问题也是十分必要的。在"民族—国家"的关系理论中，国家是占首要地位的，这标志着国家主权的不可侵犯需要一定宏观制度作为最根本的保障，这同样也与我国民族区域自治制度的存在十分契合。此外，在实现国家政权的不断下沉时，国家权力在基层社会的状态也是宏观制度发挥作用的一种途径。周飞舟曾提出在税费改革时期，基层政权以"悬浮型"存在于村落社会中，而当前又有学者提出，基层政权由税费改革时期的"悬浮型"转向精准扶贫的"下沉型"，并不断深入农民日常生活中，使农民与国家的关系更加紧密①。虽然，这个结论是以精准扶贫的制度背景为依据的，但不可否认，它确实很好地解释了当下国家权力在基层的呈现，以及宏观制度对基层治理的重要性。因此，为了在村落最小治理单元内实现宏观制度的有效落地，并弥补国家的权力下放及相关制度的运作时存在的空间限制，以此来满足政策的效用性，在村落社会的纵向治理中，同样还存在自下而上治理这

---

① 郭占锋，李琳，张坤. 从"悬浮型"政权到"下沉型"政权——精准扶贫对社会治理的影响研究［J］. 中国农村研究，2018（01）：83.

一辅线，正是有了自下而上治理的反馈机制，在适度的制度运作情形下才能使村民小组也获得参与治理的积极性与有效通道，尤其对于较小规模的村民小组而言，这种治理空间的获得是极其重要的。

总之，在宏观制度驱使下，国家政权通过村两委得以真正下沉到行政村一级，在自上而下的治理中赋予了村落社会治理一定的行政功能，并在这个过程中使得村两委的合法权威得以不断巩固，使村民与国家之间产生紧密关联，从而赋予村落具备自下而上治理的群众基础等必要条件，满足在国家政权未能触及基层下的秩序与进步。因此，在纵向的治理渠道中，无论是自上而下的治理还是自下而上的治理，最终还需要通过村两委来实现两大治理路径的有效对接，正是村两委在纵向的社会治理中处于核心地位，村民诉求表达与政策执行两大功能才能在村落内部得以实现，在这样的治理过程中，村落社会的行政力量与自治力量得以交汇，并表现为具有整体性意义的治理逻辑。

（二）协同共治："共性"治理实践的展开

社会治理的多种正式主体因具有合法性的治理权力而嵌入村落的治理场域中，村落共同体中的诸多非正式主体因建构了自身权威也能参与到村落的治理实践中，多种治理主体的共同参与决定了村落的社会治理逻辑。在村落社会治理中，实现正式主体间的协同共治具有很大的必要性，而这也意味着在治理场域内将产生国家、社会与市场等不同领域之间的多种主体互动，并且这种不同主体间的相互关系将决定治理的有效性。因此，在这种多元化治理主体共存的治理空间中，只有通过协同的方式来实现相互间的互动，才能真正避免多主体的冲突而达成合作，从而保证以行政村为治理空间中各种正式主体的权力运作，最终以"1+1>2"的合力来实现基层共治。

在行政村治理场域中，乡镇政府、基层党委和村两委等多主体本身就具备合法性的治理权力，因而通过行政村的治理来实现多元主体互动是自上而下治理得以实现权力运作的最根本路径。从 M 村的水电站事件的前因后果来看，在整个事件的解决过程中，镇政府所做的是提供平台、协调村民与企业关系、调控资源配置等，充分显现的是政府以服务的方式来实践着对村落自治的保障与指导。在面对具有特殊民族信仰与文化传统的少数民族时，政府参与社会治理的一个重要条件就是在各项工作中充分尊重民族特色。正是在这样的工作准则中，政府才能真正做好少数民族村落社会治理的重要保障及有力指导。此外，村两委及村民小组在傣族村落的社会治理中承担着重要的"执行者"角色，他们需要完成大部分的村务工作，也是在社会治理中最核心的角色。所以，从M村的治理权威结构来看，村两委构成了在社会治理中的核心权威主体，村组干部也正是在村务工作的完成中实现了较为重要的上传下达作用，而在这个工作过程中建构的权威，也促使其在社会治理的过程中需要更好地完成这一使命来使自我的权威得以强化。

作为由村民直接选举产生的村两委和村民小组，其根本立场是代表村民根本利益的，因而村两委在社会治理中并非某种治理精英得以掌控政权的机构，只有真正作为村落的"当家人"，以村民利益为根本才能发挥出它的实际价值。因此，从M村历任支书和村主任来看，虽然寨老与村干部之间可能存在某种特殊的社会关系，但村干部与村中的寨老在同一时期内绝非同一人，这样的区分不仅使治理主体多元化，也使得村落中的多种公共事务得以合理分工。2021年2月初，M村也开始转变为"支书主任一肩挑"的方式，随着这种改革在大部分农村地区的实现，意味着原初可能存在的由于二者矛盾或权力之争所带来的治理困境将得以较好地避免，这样就使得村两委能更好地完成大部分的公共行政事务、解决村民之间的纠纷、发展地方经济、处理公共服务供给问题等。此外，正是出于对制度准则的遵循，为充分保证村委会的合法性，少数民族村落的村委会从产生、构成到其职责，本质上都并无任何特殊性与差异性。从M村村委会在许多事件中的作为及行动也能发现，它在社会治理中所扮演的角色与职责是与其他村落并无太多区别的。

从协同治理理论的内涵来看，协同意味着自治组织的行为与有序的集体行为，而其间包含的两个重要原理分别是支配原理与自治组织原理。在此原理的作用下对治理能产生的直接作用就是促成社会各系统之间的协同性，以及系统内各自治组织之间的协同性，并使其基于共同的治理规则。因此，根据协同治理理论的阐释，以协同多元化治理主体的方式来满足以行政村为治理空间的权力运作，其可行性在于通过合理的支配与自治组织来推动各个部分之间形成协同性，最终在实现协同性的基础上促成共同的治理规则，这个过程依赖的不再是主体之间的竞争，而是协商与妥协。在M村的治理中，面对冲突事件时，解决的根本往往是通过不同主体之间的协商。在由水电站所产生的矛盾事件中，村民的第一反应是直接与水电站相关人员交涉并提出需求，而在需求不能得到满足时则采取了一系列暴力行动，致使事件性质变得更加恶劣。因此，在多方的协商与退让后才得到了真正有效的互动，可以说，在 M 村的社会治理中发挥治理权力的有多种正式主体，但只有通过协商的治理方法来形成多元主体的协同关系，才能使各种正式主体发挥积极作用，参与到村落的治理中。

访谈编号：1-1-02

问：您认为在傣族寨子的社会治理中，基层党委和镇政府究竟发挥着什么样的作用？

答：我认为现在的政府和以前是完全不一样的，以前都说是管理，那政府肯定是主导的作用，尤其他们民族地区，更是要做好各种思想政治工作。但现在谈治理，治理就意味着要村民主动起来，让村里自己去搞，我们的作用也就是指导，让不同的人都参与进来，给他们形成共识，达到一个大家都认可的条件上，只有这样才能说放手让村民去自己搞。

总之，治理主体的多元化特征构成了复合治理的基础，但要在行政村这一治理空间中真正实现权力的有效运作，关键还在于如何协同多元主体的力量来促成良性的社会关系，使其在互动过程中发挥出积极的作用，并促使自上而下与自下而上两大治理渠道间形成有效的整合机制。尤其是对于村民小组而言，由于它是最小的治理单元而很容易被忽略掉，所以更应挖掘他们在社会治理中的积极作用，而在这个过程中就必须赋予其一定的公共责任意识，在村民小组为村民谋求利益的过程中，不是简单的否定，而是给予这类主体更多自主处理问题的空间和机会。每一个生命的组成都是具备自身能动性的，而不是由外在影响所决定的被动实体，因此，即使再弱小的个体，都在不同程度上建构着社会本身。以协同的方式来实现行政村的权力有效运作，就是为了充分发挥主体的能动性，给社会生活共同体中的正式治理主体更多的发挥空间，以此来充分调动可能被忽略的治理能动性，赋予他们参与社会治理的责任感与使命感，在带动村民积极参与的过程中，更好地达到各种权力关系之间的平衡，从而避免了在社会治理中抉择权向基层党委和乡镇政府的过度倾斜，也避免了村两委逐渐沦为政府的下属管理部门，使大部分村民都能真正获得参与自我管理与自我监督的机会。

（三）上下互通：以行政村为单元的治理空间生产

在纵向的村落社会治理中，自上而下的主线和自下而上的辅线共同构成了治理的渠道，在各种正式治理主体的协同参与中，通过宏观政策制度的驱使，各种公共规则得以嵌入村落社会中，并使主体权威得以发挥治理效用。在村落社会纵向治理得以实现的过程中，表现出了村两委的重要核心地位，以及乡镇政府和村民小组分别"对上"和"对下"的治理作用，由多种正式治理主体互动构成的社会关系主要展开于行政村这一治理单元内，它不仅具有来自乡镇政府赋予的行政功能，同样存在着村民自治的功能，在双重功能的作用下，以行政村为单元的治理空间生产，实际上生产的是正式治理主体间的关系，以及具有整体性治理逻辑的空间场域。

1950 年中央颁布了《乡（行政村）人民代表会议组织通则》和《乡（行政村）人民政府组织通则》，"行政村"作为农村基层行政区应运而生。在社会发展与制度革新的历程中，目前所使用的"行政村"概念已发生变化，它指的是依据《中华人民共和国村民委员会组织法》（1998 年 11 月施行 2010 年 10 月修订）设立的村民委员会进行村民自治的管理范围，是乡、镇政府以下建立的我国基层群众性自治单位，而非行政主体或政府的派出机构①。因此，在以行政村为单元的治理空间中，村落社会的核心治理主体就是村民委员会，它的根本职能是通过村民来直接行使民主权利，依法解决自己的事情，并在行政村一级全面推行民主选举、民主决策、民主管理和民主监督。在乡村社会发育水平总体较低的现实条件影响下，村落需通过自上而下的权力下沉来激活与引导社会的生长发育，这就造成了乡村社会治理仍需借助国家和政党力量的局面。在这样的社会治理结构中，由于共产党可以深抵社会底层，在国家与社会之间发挥联结和转换的作用②，这对促成国家与村民的良性亲和关系，并有效提高村民参与社会治理的积极性有重要的影响作用。因此，基层党委对于激活村落社会活力并实现共治可谓发挥着不可小觑的作用，故在以行政村为单元的治理空间中，就呈现出了以"乡镇政府—村委会—村民小组"和"基层党委—村党支部"这样一种党政并行的治理格局。然而，对于村两委与村民间良性关系的实现，绝对不是简单的自上而下的层级隶属关系，在基层民主社会中，村民拥有向上反馈的实际权力，并且这种自下而上的治理通过村民小组得到了更好的实现，并由此构成了"村民—村民小组—村委

---

① 张鑑，赵毅. 镇村布局规划探索与实践［M］. 南京：东南大学出版社，2017：17-18.

② 田毅鹏，苗延义."吸纳"与"生产"：基层多元共治的实践逻辑［J］. 南通大学学报（社会科学版），2020, 36（01）：82.

会"这一自下而上的治理格局。

由于行政村的生成逻辑具有政治属性，故乡镇政府、基层党委和村两委等正式主体能同时嵌入其中，并构成具有一定边界的治理空间。为了实现更加稳定的社会秩序并达到便于行政的治理功能，国家政权需经由乡镇政府不断往行政村一级下沉，这就使得行政村治理空间的边界超越了其自然边界而向乡镇政府一级延伸。在自然边界与功能边界不对等的行政村治理空间中，就会生成与之对应的社会关系，进而影响到社会治理的具体实践和内在逻辑：第一，行政村一级必须坚持党在农村基层组织中领导地位不动摇的原则，故而在解决村级公共事务时村党支部需接受上级党委的领导，并在长期的实践中形成村党支部书记在实际工作中处于核心地位的局面。第二，村委会作为村民自我管理与自我监督的主要组织，还需接受乡镇政府的指导，它所发挥的是在自上而下治理中的衔接作用，其社会关系的形成主要来源于国家与村民个体的互动。第三，在自下而上的治理格局中，村委会与村民小组之间存在着必然的亲和关系，且两大主体均属于内生性治理主体，其社会关系的复杂性会直接影响到治理的效果。

总之，从行政村这一治理空间的主体关系生成来看，自上而下治理的核心是村党支部与基层党委的领导与被领导关系，以及村委会与乡镇政府的指导与被指导关系；而自下而上治理的核心则是村委会和村民小组的复杂社会关系。因此，以行政村为治理空间所呈现的是多种正式主体在乡村社会中的同时嵌入状态，且不同主体关系间存在着极强的关联性，使得乡村的社会治理中不仅存在自上而下的行政力量，同时也存在内生性治理主体关系所构成的自下而上的自治力量。正是村两委在治理中的核心地位能经由这种交错的主体关系得到充分融合，故两种治理力量都能获得发挥的可能，并且，在这种复杂社会关系格局的作用下，村两委不仅在演绎着与乡镇政府的权责关系，同时也在村落内部不断实现着与各个自然村之间的有效链接，在这个纵向的治理渠道中，行政村作为一个兼具行政与自治功能的治理场域，充分显示出了乡村社会治理所具有的整体性实践逻辑。

三、村落横向治理的空间实践与自主性逻辑

将村落社会治理的场域聚焦于行政村内部的各个自然村时，会发现村落

呈现出的是更具有自治特点的基层治理样态，不同自然村落之间的相互关系，以及村两委与各个自然村之间的相互关系，共同构成了村落社会横向治理的空间。村落社会的横向治理基于社会共同参与的治理理念，通过具有地方性意义的秩序规范，从而使各种非正式治理主体和各种社会自治组织也纷纷参与到社会治理中，治理中的各种社会关系所呈现的是向水平方向拓展的治理路径，以及具有自主性特征的治理逻辑。

（一）力量介入：地方秩序下的自治力量

在傣族村落社会中，具有约束作用的民族规范被村民称为"寨规"，在国家法律、法规出台以前，寨规就是作为主要的明文规定来约束村民的，这种非官方的"习惯法"曾经在少数民族村落的治理中占据着非常重要的地位，现在也是村民自治的一项重要依据，是民族在历史中长时期存在的文化积淀。虽然，寨规只是一种不成文的"习惯法"，不具有官方的权威地位，但是几乎每个自然村落都有一套自行的寨规，并且正是这些不同的寨规构成了村规民约的主要秩序依据，它对于村民的影响是极其深远的，甚至对于许多年长的老人来说，这种寨规的地位是先于国家制定法的。可以说，寨规是由村民根据本民族的信仰和传统制定出来，并且在社会的发展中不断更新流传下来的，它的稳定性也促使这种不成文的规定能获得村民的普遍认同，成为少数民族的一种显著的社会心理。即使是人数很少的任何一种民族，它都有一套相对独立的行为规范、行为模式和社会控制系统，而现实社会中都实际存在着的两种运作机制，一种是现代型的法理机制，一种是传统型的习惯机制①。因此，虽然习惯法与制定法之间可能出现矛盾，甚至习惯法所包含的内容超越了制定法，但二者间是存在必然联系的，而习惯法也是制定法的一个重要补充。

M村长期以来都保留着具有民族文化影响的村规民约，其内容主要是在各个自然村的寨规基础上发展而来的。一方面，它的内容制定是基于对党的路线、方针、政策能在M村认真有效地贯彻和执行，按照"生产发展、生活宽裕、乡风文明、村容整洁、管理民主"的新农村建设总体要求，经社区村民议事讨论通过来制定的，该村的村规民约主要在社会治安、社会习俗、村庄环境、邻里关系和婚姻家庭等方面做出了具体的规定，涵盖的范围十分广

---

① 田成有．论国家制定法与民族习惯法的互补与对接［J］．现代法学，1996（2）：101.

十分全，这份村规民约的制定是为了约束村民，实现村民的自我发展、自我管理、自我教育和自我服务（具体内容见附录三）。另一方面，从其中的部分内容来看，它所规定的内容是基于本民族的传统文化而生成的，其内容已经超越法律的规范，却能获得村民的普遍认同。例如，傣族历来很重视人与自然的和谐共处，因此在村规民约中有很多条例是与村落环保相关的，其中有一条规定"乱丢垃圾者和在主干道边堆焙粪便的，一次处罚清扫主干道一次，二次处罚清扫主干道一个月，三次以上者罚款 100—300 元"。正是因为傣族对自然环境的敬畏，同时他们会把每个自然村落的入口和主干道视为村落的圣洁之地，这就出现了相关的规定。总之，在傣族村落，除了法律、法规的约束，村规民约的内容虽然只是普通的习惯法，但由于它能受到村民的普遍认可，并且在以村民小组作为主要传播媒介的傣族自然村落中，法律、法规的约束更能加强村落的法治建设与精神文明建设，因此，这种具有民族文化特殊的秩序规范在自然村落中更具有独到的约束作用。

由于自然村的生成逻辑具有自然属性，个体的思维意识对社会治理的效度将产生很大的影响，所以，通过具有民族文化特征的各种地方规范来约束村民，改变村民的思维意识，才能使各个自然村落都发挥自治功能，并形成横向的传导力量。对于傣族村落的村民个体而言，在地方规范与秩序的约束下，个体的思维意识也将实现良好的转变，这种思维的转变可以说是推进村落实现"强自治"的重要动力。自然村落内部受民族文化影响较为明显，因此，如果能合理利用少数民族文化来实现对治理过程的调节，发挥文化的实践作用，便能使民族文化成为村落有效治理的重要保障。在 M 村的治理中，各个自然村落中的寨老一直发挥着重要的作用，虽然他并不具有正式的合法性地位，但正是民族文化根深蒂固的影响，使其获得了治理的权威。而非正式权威主体的存在能大大打破治理场域中单一的正式主体格局，使二元性的主体关系得以打破，在村落的社会关系中使得横向的社会关系得以形成，也正是由于非正式主体在社会治理中的积极参与，不仅使地方秩序规范得以保障实施，同样也使治理中的其他主体之间得以协调。同时，在地方规范的导向作用下，不仅能引导村民在公共领域中的积极参与，也能使村民之间形成一定的关系网络，这都将为横向的社会治理展开提供必要的条件。

（二）协商参与："个性"治理实践的展开

在乡村社会治理的实践中，纵向的治理往往是显性的且更具有主导作用。

然而，在治理单元下沉的过程中，村落社会中的横向治理也将得以显现，并且它能发挥一定的效用，是不能忽视的治理路径。实现村落社会的横向治理，其关键在于破解由正式治理主体建构的单线式的治理路径，使不同自然村落间也形成亲和关系，这就需要充分发挥非正式主体的协商参与作用。

就目前的乡村社会治理而言，纵向治理的作用表现十分明显，且构成了从行政村一级到自然村一级的单线式逻辑，治理的最小单元在于村民小组。但是，由于利益的分配、政策的执行和诉求的反馈等在不同自然村落之间或存在差异性，这都将影响到村落内部的秩序与稳定。从以下访谈内容可以看出来，为了解决村落内部社会关系间可能存在的诸多矛盾，在自然村内的各个村民小组成了具有权威力量的治理主体。一般而言，每个村民小组往往包含五到十五户村民，这大大缩小了村民之间的距离，使治理主体更容易获得村民真实的意见反馈，聆听村民的利益诉求，在村民小组向上表达诉求的同时也使得村民之间的内部关联得到强化，从而推进乡土公共性的再造。村民小组通过推动村民在社会治理中的意见表达与积极参与，增强村民之间的关系网络。此外，受自然条件的影响，许多自然村之间仍存在明显的空间区隔，村民小组在一定意义上只是为了实现公共事务的区域分解而存在的，这能更有针对性地与村民建立联系，从而加快公共事务的处理速度。但是，为了使村落社会的横向治理效率得到提升，还需使各种非正式治理主体参与其中，才能真正达到主体关系与权威力量的制衡，使横向的社会治理能发挥其功能。

访谈编号：2-1-6

问：您认为自己的工作内容和职责有哪些？

答：我觉得我们主要的职责还是帮着村上来完成一些具体的工作，主要是一个村那么大，村上就只有那几个人，如果所有事都要他们去完成的话肯定是不现实的，而且现在国家的各种政策又多，所以我们要做的还是帮忙，我们本身也没有多大的权力，只是说比较方便联系大家，像这种一个村（自然村）有几个村民小组，肯定事情办起来就会方便很多，我们村离村委会还不算近，现在什么事都是一个微信就联系了，真的需要跑一趟也不用麻烦那么多人去，就我们去领着任务回来，也就搞定了。

访谈编号：2-1-07

问：您认为自己的工作内容和职责有哪些？

答：我们平时事情倒是不麻烦，就是事情比较琐碎，基本上村上有什么安排，我们都是要帮着去完成的，所以，我觉得，说到底我们主要的职责就是一个协助工作了，如果没有我们去帮着完成，村上的很多任务可能就难办咯。

访谈编号：3-1-22

问：您认为自己的职责有哪些？

答：平时主要是负责村里那些祭祀活动，还有就是帮各家主持一下各种红白事，如果村里有什么事忙不过来么也会去帮忙，再有就是如果村上找到我去帮忙，只要是为大家好的，我也都会去帮着做些。

　　寨老作为傣族村落的一大非正式治理主体，在社会治理中所承担的主要职责是实现民族文化的传承，同时也由此获得了协助村委会、调解纠纷和监督等多种使命。因此，寨老的长期存在源于他在村落中承担着各种民族传统活动主持者这一重要角色的职责，而这个角色使其更好地将民族文化流传下来并以此获得村民的认可，他也正是通过各种实践活动建立起了与绝大多数村民的直接关联。从 M 村的社会治理来看，寨老虽然并不具备任何合法性，但村民通过正式的选举赋予了这一主体充分的认可，使得寨老在自然村落的公共事务处理中也获得了更多的实践价值，与此同时，这也在进一步强化着寨老的治理权威。当然，随着城镇化的快速发展，在现代性的冲击下，部分傣族村落的寨老这一角色可能已不复存在，但并不意味着这一主体在傣族村落的社会治理中是不重要的。相反，真正值得反思的是如何使这类群体保留下来，并为傣族村落的社会治理发挥出积极作用。M 村各个自然村的寨老之所以能长期存在于村落社会中，并能在社会治理中发挥出积极作用，一个重要的原因是村民赋予了他传承文化的使命，而几乎家家户户有红白喜事时都需要由寨老出面，这既强化着寨老与村民的直接联系，也赋予了他在其他自然村落中也具有一定的话语权，这是村民对于本民族文化认同的表现。所以，可以说在傣族村落的社会治理中，合理地利用民族领袖的权威来使其发挥积极作用是十分有必要的。

　　从 M 村的治理实践来看，实现横向治理的关键在于发挥自然村落中各种非正式治理主体的权威力量，使村落社会的垂直权威结构能在水平方向推展，并在非正式主体的协商参与下改变村落社会的治理格局，形成正式治理主体与非正式治理主体间的互动关系，从而使不同自然村落间形成一定的亲和关系。自然村落中的村民小组和寨老作为傣族村落的主要治理主体，体现的正是自然村落中正式主体与非正式主体的权威关系，而这种权威关系的良性互构往往需要在村两委的协调下才能更合理达成，这意味着在村落社会的横向治理中，村两委同样处于较为核心的地位。从自然村落的社会结构来看，傣族村落有着多元的和复杂的民族文化，而村落社会的许多民族节庆、仪式和宗教信仰作为这一文化体系的外化表现形式，在历史的推进中不断沉淀并得到了相应的传承。所以，对于村民小组和寨老来说，他们不仅是实现村落有效治理的行动者，更是整个村落民族文化的维护者，在治理的过程中是以本民族发展为立场的，这样的治理立场决定着他们不能成为村落社会治理的主导者，而只能是协助者。此外，由于村民小组并不具有实际的职权，所以这一最小治理单元是很容易被忽略的。同时，寨老并不具有合法性的治理权力，所以要发挥他们在社会治理中的作用，就必须依靠村两委的领导来获得参与村落公共事务的机会，以此来建构自身的权威。

（三）水平拓展：以自然村为单元的治理空间生产

在横向的村落社会治理中，为了维护村落内部的秩序稳定并针对各种各样的问题能形成不同的解决方案，各种非正式的治理技术与权威显示了其特有的作用，所以，要实现社会有效治理就需要不断丰富非正式治理主体的多元样态，并为之提供相对自由的治理空间。此外，在村落社会横向治理得以实现的过程中，同样表现出了村两委的重要核心地位，以及在村两委主导下，经由村民小组和其他内生性非正式主体共同促成了治理权威在水平方向的横向拓展，而这种治理主体互动构成的社会关系主要以自然村为基本单元展开。在以自然村为核心单元的治理空间中，由于主要的治理主体是村民小组和其他非正式主体，这类治理主体并不具有实际的权力，且不能发挥行政功能，这就意味着在以自然村为单元的治理空间生产中，主要依靠的是村落内部的力量，它实际上生产的是各种内生性的正式治理主体与非正式治理主体间的关系。

所谓自然村，指的是村民长时间在一个边界相对清晰的固定区域中生活、聚居、繁衍而自然形成的村落①，故自然村大多是基于血缘和地缘而形成的具有自然属性的乡村聚落，且村落社会往往具有很强的交往关系和个性特征。由于自然村落的聚落形态和分散的状态，意味着在以自然村为主要单元所展开的横向治理中，所遵循的治理理念就是提倡村民积极参与治理。在以自然村为治理空间的横向治理实践中，所强调的是村民的积极参与，就是要发挥村落共同体中的各种资本与权威力量，发挥非正式治理主体的带头作用。以自然村为空间的社会治理标志着共建共治共享理念将落实到每个村民个体上，而这一治理理念的最终目标是实现人人共享，这就大大地激发了村民积极参与的意识。在村落社会的发展中，农民作为村落中的治理主体，是村落社会进步的主要力量，这种治理理念能使每个农民个体的积极性都能够更好地被调动起来。因此，在以自然村为治理空间的实践过程中，体现的是村落具有自主性特征的治理实践，由于各种主体关系的展开是围绕村落社会生活共同体而形成的，故其表现的是一种具有共同认同意识的共同体样态。

虽然，自然村存在的共同认同与社会网络可能造成村落社会出现中心与边缘化的特征，但由于村民小组的存在，各个自然村就均能在横向的治理中建立起与村两委间较稳定的内在关联，使得治理空间的边界能超越其自然边界而向行政村一级延伸。此外，同一行政村内每个自然村虽具有不同的社会关系与地方秩序，但村委会的存在能促使不同村民小组经由同一行政制度的内嵌来实现相互协调与统一，从而使诸多自然村之间更容易形成横向的治理力量，使治理空间呈现出不同自然村之间的边界交融样态。总之，在以自然村为单元的治理空间中，所生产的治理主体关系主要来源于不同自然村之间，以及村两委与各个自然村之间。正是在这样的主体关系中，自然村内的各种治理主体大多会基于血缘和地缘而展开互动，同时他们也会为了在熟人社会中获得地位和声望而积极参与治理，这构成了村落社会横向治理的重要方式。因此，在自然村空间生产的治理实践中，治理主体多是为了社会性收益而参与村落公共事务的，在这种非物质性收益的驱使下，村落社会更容易形成共同的认同意识，这对于实现村民积极的治理参与是十分有利的，同时这也能促使村两委、村民小组和村民之间展开有效的协商与合作，充分体现出乡村社会治理中的自主性实践逻辑。

① 张鑑，赵毅. 镇村布局规划探索与实践 [M]. 南京：东南大学出版社，2017：16.

四、纵横联结：村落"重层结构"与治理共同体建构

村落纵向治理基于党委领导的治理理念，通过具有普适性与合法性的公共准则，使各种正式治理主体嵌入治理场域中以达到治理目标，故社会治理中包含的社会关系所体现的是一种上下互通的整体性治理逻辑。村落横向治理基于社会参与的治理理念，通过具有地方性意义的秩序规范，从而使各种非正式治理主体参与到社会治理中，治理中的各种社会关系所呈现的是在水平拓展下所实现的自主性治理逻辑。在空间生产社会关系并影响治理过程的视角下，实现主体的互动与规则的互补，并促使各种自治力量和行政力量之间形成整合。因此，乡村社会复合治理的实现可从空间的第二重特性切入，通过挖掘各种"小共同体"中的社会关系来生产新的治理空间，以此获得能使不同治理主体与规则同时嵌入同一治理场域的有效治理格局，最终以村落社会治理共同体的建构来推动乡村有效复合治理的实现。

（一）空间二重性与治理空间生产

社会治理作为一项实践活动，与空间存在不可分割的相互关系，空间生产理论的内涵对于乡村治理研究同样具有解释力。一方面，自然属性的空间决定了社会治理的范围、主体关系及其内容。社会治理展开的范围虽不存在明显的边界，但治理空间能明确治理实践所展开的范围，从而表明治理主体所需面对公共事务的区域①。不同的治理空间生产过程实际内含了不同主体关系及其权力资源和规则运作，因而具有不同的治理逻辑。乡村社会治理有别于城市社会治理的一大原因，正是社会治理实践所展开的空间有所不同。另一方面，社会治理的行为主体关系会塑造不同空间并影响治理过程。由于社会治理强调的是公共部门或私人部门以协调方式为基础来参与公共事务的一种持续且互动的实践过程。治理的实践行为主体是多元化的，不同主体间的相互关系会影响治理规则的运作，从而塑造出具有不同权威关系和资源力量的不同空间，治理空间的多样性、交互性和区隔都会加剧社会治理的复杂性。

---

① 张琦，杨铭宇．空间治理：乡村振兴发展的实践路向——基于 Q 市"美丽乡村建设"的案例分析［J］．南京农业大学学报（社会科学版），2021，21（06）：128.

由此可见，治理空间不仅是一个表示治理范围的自然属性概念，同时也是一个表示关系的社会性概念。治理空间所指的正是治理实践展开的范围及其内含的各种主体关系，以及由治理主体关系所展现出来的各种权力资源和规则运作，表现为"生产治理主体关系"和"被治理主体关系塑造"的二重性特征。

以 M 村水电站事件为切入点来透视乡村社会的复合治理，发现在乡村社会的治理实践中，存在着纵向治理与横向治理并存的局面，正是这种多治理渠道并存的可能性，为村落多元治理主体和双重治理规则能嵌入其中提供了路径。在实际治理过程中，纵向治理往往发挥着主要的作用，并表现出一定的共性与显性，自上而下与自下而上的双轨道空间共同构成了村落社会的主要治理渠道，并由此凸显了村两委在这一治理渠道中的核心地位。虽然，在村落社会中同样存在，并且也需要横向治理发挥作用，但这一治理逻辑往往是被忽视的，且如果横向治理与纵向治理之间未能形成合理的关联，或者横向的治理完全被忽略，都极有可能造成村落社会治理的不完整。因此，在同时兼顾主体与规则的复合治理需求导向下，实现村落社会复合治理最有效的方式即实现治理空间的复合，在两大治理渠道实现纵横联结的过程中来构建一个社会治理共同体，从而使不同的治理主体和规则都能嵌于其中。

从治理空间的二重性特征来看，治理空间的差异决定了治理主体之间的社会关系差异，并导致治理的取向将基于不同治理规则。由于自然村往往会表现出明显的"个性"特点，在治理的实践中也会受到地方文化的影响，这意味着在行政村和自然村两个不同规模的治理空间中，所演绎的治理逻辑是不同的。因此，从治理空间的第二重特性来看，由于行政村与自然村之间具有行政划分的包含与被包含关系，所以即使是不同的治理空间，彼此间必然存在无法割裂的内在关系，所以在这种关联性中会产生特定社会关系，通过全村的治理实践来调和主体关系的过程中，一个新的治理空间也将随之产生，这构成了村落治理共同体建构的基础。当然，正是在调和不同治理空间内各种主体关系的过程中，村落的社会治理将趋于复合化的方式。

将行政村和自然村分别作为治理空间来进行探讨时，乡村治理实践的展开体现了不同治理空间中所具有的社会关系及其治理功能，而其动力源是来自不同规则的。在纵向的治理中，要实现有效的治理功能就需要遵循宏观制度背景下的各种公共准则，这些公共准则的一个最大特点是具有明显的普适性与合法性，所以符合大部分乡村的治理原则。但是，由于公共准则难以涵盖所有的现实情景，所以在自然村落内就必须依靠地方性规范来维持基本的秩序稳定。尤其在许多边疆地区和少数民族地区，村落内部依然保留着各种传统习俗与文化，其权力的文化网络具有明显的地方性特色。在各具特色的自然村落内要持续维护稳定的治理秩序，具有个性特征的地方规范存在是十分必然的。当然，由于各种公共准则带有普适性与合法性，更能强有力地嵌入基层的治理中，所以，当公共准则与地方规范出现碰撞时，公共准则很可能将许多有效的地方性规范不断消解掉，由此出现因规则冲突造成的治理困境。因此，实现乡村治理共同体的规则建构，就是要破除不同规则之间的关系张力，着力寻求公共准则与地方规范间的相互协调与互补。

从治理主体的社会关系来看，每个自然村落的治理主体之间都存在着特定的社会关系，这种社会关系主要是围绕村民小组、寨老和社会组织展开的，他们之间实现关系维系的基础来源于共同的认同意识，由此构成了自然村的认同共同体。由于每个自然村之间存在着一定的关联，且这种关联大多数是以行政村为核心而展开的，这不仅使得不同自然村的治理主体之间将建构起一定的社会关系，也使自然村落的各种主体与村两委和乡镇政府之间生成一定的社会关系。在以行政村为对象的社会治理实践中，出现了三种不同的主体互动关系，主要表现为不同自然村之间的主体互动、各个自然村与村两委的主体互动、行政村与上级党委和政府的主体互动，在不同的主体互动中会形成一种复杂的交叉关系，使得各种"小共同体"之间也产生了一定的交叉与重合（如图4-1所示）。

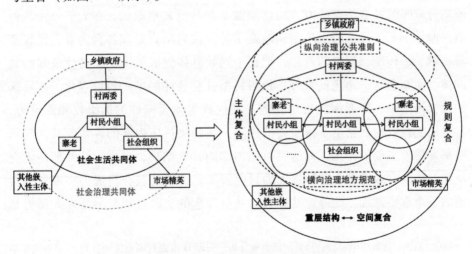

图4-1 傣族村落社会治理复合化取向模拟图

（二）力量整合下的乡村治理空间弥合

社会管理与社会治理的最大区别在于权力的主体由政府向社会的过渡，社会治理将更加强调治理过程中的协商与合作。所以，如果在推进社会管理向社会治理转变的过程中，村落出现信息滞后或实践程度较低的情况，就很可能造成在基层社会的治理实践中行政与治理的混合样态。行政与治理之间在权力主体上是存在一定差异的，行政的权力主体是单一的以政府为主体的，而治理的权力主体是多元的以社会大众为主体的。行政吸纳社会最大的特点，即村委会是作为乡镇政府的下属权力机关，并根据乡镇政府的要求和任务来安排主要工作。这种行政吸纳社会的治理方法并非绝对的专断主义和政府控制，而是通过吸收引导来实现沟通，以一元化的行政权力促成有效的吸纳策略，以科层制式的管理来完成对基层社会的治理，甚至通过给村委会干部按月发放工资的方式来委派工作。由此可见，目前在很多村落已经存在行政吸纳社会的特点，而理想的社会治理是既有行政下渗又有民众参与，政府与社会不是等级化隶属关系，是一种平等主体的合作伙伴关系①。所以，当行政与治理还未完全剥离时，这种基层治理方式可以说极大地削弱了村民的社会参与能力，使村民产生对基层自治参与的排斥心理，以至于降低了乡村基层社会的民主建设。

以治理力量的整合来实现治理空间的弥合，在实现治理共同体建构的同时，也意味着社会中的各个主体都有机会参与到社会治理的实践中去，那么，原初行政吸纳社会治理的方式将逐渐被共建共治共享取代。在大部分傣族村落，原始小手工家庭的次生结构改变了传统的自给自足和各自为业，民族荣誉被赋予了传统型权威的色彩，把整个同姓群体促成了一个紧密性极强的共同体，而寨老这一角色的存在，使得村落社会秩序的维护得以强化。在村落的社会治理中，寨老保持着与其他正式权威主体者同样的话语权和影响力，并且还能在农村社会中发挥重要的作用，在解决村庄内部的许多公共性问题时都发挥着主要的作用，而这种村庄内部的自生结构，也成为与外部环境交流和对接的有效机制，这种强大的村内资源和力量的整合将成为实现村民自治的一个重要基础。此外，共建共治共享理念的实践过程是需要以人民为基

---

① 刘锐. 行政吸纳社会：社会治理困境分析——以 H 市农村调查为例［J］. 中南大学学报（社会科学版），2020（5）：135.

础的，并且也需要在有效的制度保障中实现，只有这样，最终才能使社会发展的成果由人民共享①，这就意味着基层社会的治理需要以人为本促使更多的主体参与其中。总之，具有差异作用的各种主体在乡村社会的治理中发挥着不可忽视的作用，因此，要实现治理共同体的维系机制，就是要破除自然村与行政村在治理空间差异下的主体对立或不平等关系，并通过治理空间的弥合将各种正式主体与非正式主体有机地整合起来。

通过信任机制来实现社会治理共同体的维系，是为了推动行政村内各种正式主体与自然村内的主要非正式主体的有效互动，从而形成具有良性主体关系的乡村治理场域。村落社会由于多元化权威主体的存在，意味着在社会治理过程中将出现不同的利益需求：正式治理主体基于行政村的空间社会关系，追求的是全村整体发展，而非正式治理主体追求的往往是本自然村能额外获得的资源与利益。当然，这种利益需求的本质差异同样也会催生一定的分配机制，由于利益追求的侧重有所不同，不同行动主体在各自的社会关系网络中也将处于不同位置，这就决定了不同主体社会资本占有量的差异。当治理主体的参照标准由自然村内部转向所属行政村外部时，无论是正式主体还是非正式主体，都会为了达到共同目标而利用自身资源来相互合作，以获得"1+1>2"的可利用资本去达到共同的治理目标。从这个意义来看，实现正式主体与非正式主体在治理过程中的有效互动，关键在于改变行政吸纳社会的维系方式，使各个自然村的非正式治理主体间能先建构起信任机制，再以此为基础建构起正式主体与各个非正式主体之间的有效互动关系，最终通过建立起不同主体之间的信任机制来实现治理主体间的平等互动，以及不同治理力量间的有效整合。在这个过程中发挥作用的信任机制同样也是促成村落社会复合治理的一个重要条件，因为在各种交错的关系中建构信任，意味着需在治理过程中实现不同治理主体心理上的共同认同，使同一行政村中的每个自然村都能参与到平等的资源分配中，并通过互利互惠的关系形成不同自然村落间的主体复合，最终实现多元主体在治理空间中的良性互动，为治理共同体的建构提供条件。

主体互动关系能促成不同治理力量的整合，并在这个过程中实现治理空间弥合，进而推动社会治理共同体的建构。在这个过程中，意味着将实现更

---

① 张笑菡.共建共治共享理念下的农村社会发展路径［J］.人民论坛·学术前沿，2020
（17）：116.

加科学合理的"一核多元"治理格局，并真正满足"党委领导"与"社会参与"的积极互构，这为形成具有统一理念的乡村治理场域并实现复合治理提供了一种可行的方式。但是，要实现"党委领导"与"社会参与"的积极互构，其根本是通过党委领导的作用来推动社会多方主体的积极参与。社会力量要获得参与治理的权力，就必须在治理实践中具有一定权威与话语权，而线性式的治理路径依靠的是纵向的主体嵌入方式，在操作与实现的过程中具有一定难度。因此，轨道型治理路径恐怕已经很难满足多元主体在治理中的共同参与，如若能充分实现治理路径从"轨道型"向"平台型"的转变，使自上而下与自下而上两大治理轨道能横向延展，那么，以基层党委作为核心主体来整合资源并搭建平台，就能为多元治理主体的协商合作提供渠道，使社会中的各种主体都能获得平等参与治理的机会，最终实现治理理念在空间中的统一，为复合治理的实现奠定基础。由于在一般的情况下行政村都是由若干自然村以村民小组的形式加入行政村的组织体系之中，所以行政村内存在着典型的重层结构。虽然自然村被合并到了行政村之中，但长时间以来基于共同生产、生活而建立起来的那种社会关联，并不会因此走向消解，而是表现出更强的延续性。

M村的修路事件的解决正充分显示了平台型治理渠道在村落治理共同体中的实践逻辑，它是以村委会作为治理结构的核心，再将市场、政府和村民个体等多方的资源和力量整合起来，为治理搭建平台，提供给多元化主体有效的协商机会，以达到治理效果的优化。通过平台型的治理渠道，无论是村民小组和寨老，还是其他村民都能获得更加平等的参与社会治理的渠道，也正是这样进一步激发了村民参与治理的积极性，真正形成了以村民为核心主体的治理模式，并且通过这种平台型的治理渠道，所有治理主体之间都能形成一定的互动关系，从而避免了治理过程的简单化倾向，使基层在治理时能真正满足实现"五位一体"的整体布局。在平台搭建的同时，也意味着以共建共治共享理念为根本的社会治理共同体将逐渐形成，在这样的背景下，村落社会的治理机制更能有效地发展为协商型议事的复合治理方式，在平台内实现多元主体的协商和多重规则的运作，进而不断推进村落社会的治理发展。

乡村行政力量与自治力量得以交汇的关键在于村落社会"重层结构"的存在，为治理路径从"轨道型"向"平台型"转变提供了条件。治理力量的有效融合意味着纵向治理与横向治理得以互构，最终形成统一的治理空间，为复合治理的实现奠定基础。乡村社会治理的路径选择基于国家与社会的互构关系，体现为自下而上治理与自上而下治理并行运作的纵向治理，以及村两委与各个自然村之间相互关系共同构成的横向治理①。为了同时满足村民诉求表达与国家政策执行的治理需求，在以纵向治理为主线和横向治理为辅线的乡村治理实践中，需依靠村两委来实现两大治理渠道的有效对接，从而同时发挥行政力量与自治力量的作用。由于村落社会具有明显的"重层结构"特征，为基层社会的不同治理力量提供了交汇融合的空间，村两委作为重层结构中的核心主体，是实现不同治理力量有效融合的关键。通过村两委来实现乡镇政府和各个自然村落之间的交互关系，以满足纵向与横向两大治理渠道的畅通，既保障了行政力量的基本作用，也充分发挥了自治力量的有效性，使乡村社会表现出兼具整体性与自治性的治理逻辑。此外，行政力量与自治力量的有效融合意味着存在一个兼具弹性与开放性的治理空间，它能在一定程度上避免行政吸纳社会的泛行政化趋势及科层制式的"假自治"，使乡村社会的诸多非正式治理主体也能发挥权威力量，参与基层治理。

（三）村落社会"重层结构"：治理共同体的建构

社会治理共同体的建构是新时代我国社会建设的必然要求，体现的是对"以人民为中心"的中国社会治理的思想遵循②。通过空间二重性的视角来实现乡村治理共同体建构，其关键核心在于空间中社会关系的构成及其变与不变，这决定着治理过程中的主体关系及规则运作方式，也充分显示了具有主体能动性的"人"在社会治理中的核心力量，它需要根据个体所嵌入时空的优势，也需要努力消解社会结构制约与自身能力匮乏所造成的主体被动，而这可通过积极地调动村民的主体能动性来塑造一个理念统一、主体多元与规则适用的治理空间。因此，社会治理共同体的建构意味着多元主体能实现有效的互动关系，在这个过程中各种公共准则与地方规范也能充分发挥作用，使治理规则的复合化得以实现。通过社会治理共同体的建构来实现乡村社会的复合治理，在这个过程中能真正做到国家治理理念与村民个体能动性的有效契合，使社会治理的核心力量充分来自村落中的每个个体，从而不断实现

① 李华胤. 行政助推自治：单元下沉改革中的政府介入与自治生长——基于河镇石寨村的调查与分析 [J]. 南京农业大学学报（社会科学版），2022（01）：98.
② 李友梅，相凤. 我国社会治理共同体建设的实践意义与理论思考 [J]. 江苏行政学院学报，2020（03）：51.

由"为村民治理"向"由村民治理"巨大转变。

通过村落社会治理共同体的建构来实现多元治理主体的有效互动，并以此实现不同治理规则的有效嵌入，意味着由此实现的村落复合治理能同时兼顾"谁在治理"以及"如何治理"，对于治理规则与主体的互构具有一定的意义，也能较好地避免在实现复合治理过程中可能出现的主体矛盾与规则冲突。治理共同体的建构与运行离不开个体表达意见并参与协商公共事务的治理场域①，所以，必须通过完善党委的核心领导作用来实现社会力量的协同与公众的积极参与，从而切实解决社会治理由空间区隔所造成的理念不统一，这是构建治理共同体理念的一种可行方式。通过治理空间的弥合来建构治理共同体，使自然村与行政村的相互关系不再是简单的行政划分，"线性式"的治理格局随着多种"小共同体"的交叉融合而被打破。因此，对于乡村复合治理的有效实现，需同时兼顾治理的主体与规则，以治理共同体建构的方式来实现，而在这个过程中真正发挥作用的核心在于这种方式同时发挥了村落社会的行政功能与自治功能，使得不同治理空间能复合成一个统一的治理场域。从这个层面来看，复合治理的有效实现，确实可以通过村落社会治理共同体的建构来促成，因为这一实现方式的可行性与合理性源于社会治理共同体的建构，同时也实现了治理空间的复合，而治理空间的有效复合实则有利于促成一个主体协同与规则统一的治理场域。

众所周知，乡村治理规模基于"生产大队"和"生产小队"的不断互构与变革，最终在历史发展的进程中实现的是对生产大队的合法性选择，于是，行政村最终成为村民委员会的村庄基础选择，而行政村的规模将直接影响治理的效果。部分行政村由于规模太大或产权关系不对称等原因，在治理实践中表现出了各种现实问题。为此，2015年中央一号文件正式提出："在有实际需要的地方，扩大以村民小组为基本单元的村民自治试点，继续搞好以社区为基本单元的村民自治试点，探索符合各地实际的村民自治有效实现形式。"在这个理论与现实的背景下，学界开始出现了关于治理单元选择的相关研究，关于乡村社会自治的单元选择出现了行政村与自然村的分歧。虽然，从乡村社会治理的实践来看，行政村不可避免地具有行政色彩，并且一些村落也出现了行政泛化的趋势。但是，在村落社会的治理中又无法只依靠自治的力量，

① 公维友，刘云. 当代中国政府主导下的社会治理共同体建构理路探析［J］. 山东大学学报（哲学社会科学版），2014（03）：52.

并且，共建共治共享理念的核心仍在于党委领导和政府负责。因此，村落社会的稳定与发展的确需要在行政力量与自治力量之间找到一个平衡的契合点。以村落社会治理共同体的建构来实现乡村社会的有效复合治理，其本质正是在空间复合的过程中使不同主体与规则嵌入其中，从而来实现不同治理力量间的有效整合。这种乡村复合治理的实现方式在理论上同样也是具有一定的解释力与合理性的。因为，国家与社会的相互交织使基层社会治理带有明显的"重层性"，这种"重层性"使得村落治理在社会结构上存在特殊的空间，它能使行政力量与自治力量得以交汇、整合，最终形成一个整体的且统一的治理空间。

"重层结构"是在基层社会治理研究中被首次提出来的，指的是国家与社会力量互动过程中在基层社会中所形成的特殊结构，它并不是指在其中国家与社会如夹层蛋糕一样界限分明，而是指政府与民间自治力量之间不同程度的协作、妥协、合作，使得基层社会的运作兼具行政性与自治性，从而其衍生出一种双重性质及兼容式的运作方式①。从这一概念提出的背景和理论意涵来看，它取向于"后单位时代"的城市基层社会治理，在实现国家权力与公共权力对接的过程中，由政府及基层各种治理主体所不断形塑，并表现为一种动态的结构。

从村落社会的治理实践来看，由纵向与横向治理实践表现出来的自上而下治理、自下而上治理和水平治理三大渠道内的多种主体和规则，之所以具备交汇与整合的条件，其实质是村落社会"重层结构"为其提供了一定的特殊空间。因此，在当代中国乡村社会变迁的语境下，所谓村落社会"重层结构"，指的是作为村落社会治理的基本单元不是一个单一的同质体，而是一个由若干带有同质性特征的组织单元所构成的一个颇为复杂的复合体。这里所提出的村落社会"重层结构"，主要强调构成行政村组织单元的自然村（村民小组）是一个基于复杂纵横关系而形成的较为稳定的结构体，无论是村落发生的历史传统、关系结构，还是集体经济生产单位的独立性，都为其作为结构体的存在提供了有力支撑。具体而言就是，在社会治理结构中呈现出的是"乡镇政府—村委会—村民"和"基层党委—村党支部—村民党员"这样一种党政并行的治理格局，而如若将治理单元进一步下沉，则呈现的是"行政村—村民小组—村民"这样一种最能体现村落特性的治理格局。此外，理解

---

① 田毅鹏，薛文龙."后单位社会"基层社会治理及运行机制研究［J］. 学术研究，2015（02）：48.

人民公社时期的乡村社会既要理解生产队作为乡村基础性组织单元的关键角色扮演，又要将其置于"人民公社—生产大队—生产队"这一重层结构中加以理解。因此，从结构的视角对乡村基层社会治理加以审视便会发现，无论是人民公社体制下的"人民公社—生产大队—生产队"，还是改革开放后的"乡镇—行政村—自然村（村民小组）"，都不是一个孤立的单元，而是一个有着密切关联的重层结构体，无论是在社会联结还是组织架构上，抑或是关系形塑方面，都需要我们加以认真理解和辨析。

就乡村社会治理过程中的社会联结和基本架构而言，无论是党和政府的政策下沉落实，还是村民诉求的上达，都要依赖并通过这一体系和架构。正如有的学者概括的那样，"以村民自治制度为重要组成部分的基层群众自治制度是我国的一项基本政治制度。所谓'基本'，既意味着其在整个国家政治制度中地位和作用的'基本'，又意味着其本身框架和结构的'基本'。坚持基层群众自治、村民自治的基本制度框架，是使其进一步完善和健全的基础。"[①] 如果我们忽略了这一体系和架构的存在，只是将上述结构体系中的某一要素单独地提取出来，便会导致其整体性遭到破坏。因此，在乡村社会治理共同体构建的过程中，我们必须直面这一结构体系的真实存在，对行政村和自然村在乡村社会治理共同体构建体系中各自发挥的作用和功能给予恰当的评价，认真研究分析行政村和自然村之间所存在的复杂关联。正是在村落社会的"重层结构"影响下，村落社会的治理格局将表现为一种"自内而外"层层递推的方式，它以村委会为核心，以此来实现乡镇政府和各个自然村落之间的交互关系，既保障了纵向的治理渠道畅通，也充分地发挥了横向治理的作用，且纵向与横向的治理能形成有效的联结，并最终表现为村落社会自内而外的治理逻辑。在这样的治理逻辑下，治理格局将从线性的向平面的转变，并形成梯度的权威关系，使社会治理共同体更易于形成，从而推动村落社会复合治理的有效实现。总之，在实现乡村有效复合的过程中，我们必须直面"重层结构"这一空间体系的真实存在，对行政村和自然村为治理空间的主体关系与规则运作进行细致的分析，认真研究行政村和自然村之间复杂的关联及其治理逻辑，使新时代乡村社会的复合治理实践得以在坚实的社会基础之上展开。

---

① 唐鸣. 从试点看以村民小组或自然村为基本单元的村民自治——对国家层面 24 个试点单位调研的报告［J］. 中国农村观察，2020（1）：2.

第五章

复合治理之实现：村落治理共同体多要素强化

以空间二重性为视角进行村落社会的治理实践研究，在空间与社会的辩证关系中挖掘出乡村复合治理的实现方式。从空间生产社会关系的角度来看，以行政村为治理空间所生产的是以正式治理主体为主导核心的社会关系，在公共准则的作用下，经过正式主体协同共治形成的是纵向的治理实践，呈现的是村落社会的整体性治理逻辑；而以自然村为治理空间所生产的则是以村民小组和寨老为主要治理主体的社会关系，在具有民族文化特色的地方性规范作用下，这种主体关系互动所演绎的是横向的治理实践，所呈现出的是傣族村落的自主性治理逻辑。此外，要实现乡村社会较为有效的复合治理，可将这两大治理空间作为基础，从社会关系生产空间这一层面切入，通过重构治理场域中的各种社会关系，来形成一个兼具包容性与有效性的社会治理共同体。由于村落治理空间的二重性特征，在建构社会治理共同体的同时，不同的主体互动关系将促成复杂的交叉关系，使得各种"小共同体"之间也产生了一定的交叉与重合，从而赋予了社会治理实现复合化的实践取向。这种以治理空间的弥合来实现乡村治理共同体的建构，能同时满足村落社会主体与规则的复合，其本质在于村落社会的"重层结构"能使纵向与横向的治理渠道形成有效联结，且村落社会的行政力量与自治力量得以交汇和整合，从而在村落社会形成具有一定兼容性的治理空间，最终使村落社会的不同治理主体与治理规则都得以嵌入其中。

M村水电站事件最终以多要素复合的治理弥补了单一要素治理的各种弊端，顺利破解了由农民集体恶性行为带来的社会失序，为乡村社会的基层治理提供了行之有效的方式。乡村复合治理得以实现的关键在于不同主体之间实现有效协商，使得不同治理规则得以发挥效用，其内在本质是实现治理空间的弥合，从而破解治理单元阻隔所造成的行政泛化及治理要素单一化。以治理共同体有效建构的方式来实现治理主体与治理规则的复合，是村落复合治理得以实现的一种重要方式，在这个动态的治理实践中，复合治理的实现也意味着治理场域内的多重要素都将得以重构，使村落社会治理共同体中的各个基本要素也将得到一定的强化。因此，本章将进一步检视以空间弥合实现村落复合治理的作用机制，从复合治理得以实现的前提、策略和本质切入，来分析治理共同体建构与村落实现复合治理之间的内在联系，围绕村落治理主体与治理规则实现复合的作用机制，在治理结构的视角下，进一步挖掘村落复合治理对社会治理共同体建设所具有的推进作用，从而获得在实现复合治理的过程中，治理主体、规则与空间之间的相互关系。

一、主体复合：村落治理共同体实践功能的强化

从参与社会治理的主体来看，村落中主要发挥功能的治理主体包括乡镇政府、村两委和村民小组，而生活共同体中具有权威力量的寨老和其他治理精英也能参与到治理中。在社会治理的实践过程中，多元化的治理主体在不同领域和具体事务中参与治理并积极协作，由此构成了复合治理得以实现的基础。在一定的治理技术下来实现复合治理，能使正式治理主体与非正式治理主体间形成良性互动关系，不同主体之间的权威关系将得到平衡，各种主体冲突与矛盾能得到避免，在治理技术的运用中实现不同主体的良性互动，使其能以合理的主体关系共同嵌入治理场域中，这能较好地增强村落社会治理共同体的实践功能。

（一）非正式治理主体基于"仪式感"的权威运作

民族文化使傣族村民形成了高度一致的文化认同，并导致了村落内部不同个体之间存在相似的行为逻辑和高度的依赖关系，在日常生活的实践中他们很容易基于共同的认同意识而达成某种集体行动。在民族文化影响较深的村落社会中，许多传统的民族节庆活动和宗教活动都能得到较好的保留，村民在参与这类集体活动的过程中其认同感会不断增强。由文化认同形成的高度整合关系促成了村落中的各种集体行动，也正是这些集体行动使个体对本民族的认同感也随之增强，由此形成了一个能保证村落有机整合的良性互构关系。仪式活动是各种民族节庆活动和宗教活动中一种较为典型的表现形式，

它是具有某种秩序形式的外在表现方式，且内含了个体的无限崇敬与信仰，在这个过程中参与仪式的每个个体都会赋予仪式于自我的认知和情感，所以，仪式活动是一种个体表达内心情感的直接方式。如前文所述，M 村作为一个典型的傣族村落，目前仍有许多与傣族传统文化相关的仪式活动。例如，每两年举行一次的"祭色芒"仪式、每年泼水节举行一次的"祭寨"仪式和每年农历八月十八日举行的"档少幌"仪式等。这些仪式活动几乎是以自然村为单位且全村村民参与的集体仪式活动，所以，在这样大规模的仪式活动中，个体之间会展开相互的交往实践，并赋予仪式活动相应的意义而形成"仪式感"。仪式感之所以生成，是因为仪式是由人的实践活动组成的一个动态系统①。所以，在仪式感的形成过程中，村民之间会因此而展开频繁的互动与交往，而具有权威力量的非正式主体也在这个过程中凸显出了自己的独特社会角色，随着这种社会关系的不断固化，在仪式的实践活动中村落社会不仅对传统文化进行着再造，也形成了特定的社会网络和内生秩序。

访谈编号：3-2-20

问：村里有哪些特别的仪式活动？

答：我们寨子平时会有一些活动，这个是汉族没有的，因为我们有我们自己信的东西，并且也是老祖宗一直传下来的，只要说这个寨子在这里，我们的这些传统我们是不会忘的。

访谈编号：2-1-05

问：村里有哪些特别的仪式活动？

答：村里年年都有一些活动，这个确实是比较不一样的，所以说村里头经常需要约起来讨论这个活动怎么去完成，这个主要是寨老约着他们老年会的牵头来整，所以时间久了，大家有什么事也会约起来商量。

访谈编号：2-1-02

问：您认为村里的集体活动为什么能一直保留下来？

答：我们傣族寨子是相当团结的，因为我们文化传统保留得好呀，经常有很多大家一起去做的活动，时间久了肯定是很团结的，而且久而久之的就

---

① 刘伟兵，龙柏林. 仪式感如何生成——仪式发挥文化功能的运行机理研究 [J]. 西南民族大学学报（人文社科版），2020，41（02）：26.

会形成一种默契，现在各种活动基本就已经形成固定的程序了，所以我觉得还是好的，这种大家聚起来商量也方便。

从上述访谈内容来看，村民在仪式活动的实践过程中，使村落的传统文化得以再造，并在长期的发展中形成稳定的模式而长期得以保留。但是，由于时代的不断发展，所以仪式活动的本质与核心未发生改变，但具体的实施细节却在发生着一系列的转变，在这个过程中，村民们会在每一次集体仪式活动展开之时进行相关的协商与议论，以保证仪式活动的正常举行。因此，村落在生成仪式感的同时，也实现了传统文化的再造，使村民的文化认同得以不断延续，而对村落社会治理而言，在仪式感实现的过程中，村落社会也诞生了具有自治功能的议事制度，并作为一种非正式的传统治理技术参与到村落的治理中。

村民议事制度的形成来源于仪式感建构过程中的集体活动，但其形成的核心在于村落中具有权威力量的非正式主体。由于非正式主体在村落社会网络中处于一个较核心的位置，所以通过他来号召村民参与议事会有很强的可行性，从而能使这个议事平台得以稳定地保留并形成特定的制度。村民议事制度往往坚持以事为中心，由当事人及利益相关者组成村民议事会，让村民在议事中实际行使参与治理的民主权利，村干部不再独掌村庄治理的权力，而从复杂的利益矛盾中抽身出来，协助村民议事会做好村庄公共事务的治理工作[1]。这种制度使基层民主的力量得以发挥，围绕具体事项形成商议制度，不仅有利于各种问题的解决，在这个过程中也能使非正式主体发挥作用，使村落的自治功能得以彰显。因此，傣族村落在实现复合治理的过程中，发挥非正式主体的权威力量使村落内生秩序产生治理效用，必离不开这种传统的村民议事制度，这种具有基层民主自治特点的议事治理也成了治理共同体发挥实践功能的一种有效治理技术。

（二）正式治理主体在制度常态化下的权力施展

在民族传统文化活动长期留存的前提下所形成的村民议事制度，作为一种传统的治理技术，能较好地解决自然村内的一些矛盾与纠纷，对于村落社

---

[1]　徐勇，沈乾飞. 村民议事会：破解"形式有权，实际无权"的基层民主难题［J］. 探索，2015（01）：40.

会秩序的维护具有一定的现实意义。但是，这种议事制度往往局限于自然村落内部，很难在行政村中展开，并且它是一种非正式的治理技术，其脆弱性决定了它只能作为一种辅助性的治理技术被运用到社会治理的实践中。在现代社会的快速发展进程中，许多更符合时代需求且更加高效的治理技术正在应运而生。在 M 村水电站冲突事件发生时，乡镇政府围绕事件的起因与经过，召集了与此事件相关的村两委干部、水电站负责人和各村民小组组长以"每天一议，每天一反馈"的方式，在多次的商议与沟通下，通过积极听取村民需求，最终为事件的解决提供了一个有效的方式。这种制度常态化的方式作为一种现代治理技术，其核心在于实现治理主体之间的长效协商，通过每周或每月行政村例会的方式使不同自然村之间能建立起良性的互动关键，有效破除自然村之间的治理空间边界。

为了及时全面地掌握各个自然村的实际情况，切实加强管理并提升工作效能，确保各种公共事务得到及时的展开，M 村正式确立了"周例会"制度，即每星期一的上午九点准时召开一周工作例会，村两委工作人员、各村村民小组、寨老和其他相关人员均可参加，M 村的"周例会"制度主要由学习、汇报和安排部署三部分组成，使晒成绩、摆问题、查不足、促整改成为村落治理实践的常态，在"领导带头、党员先行、村民担当"的主体关系下实现具体的治理成效，针对各种问题做出及时的解决方案，从而避免村落不同社会问题的反弹回潮和长期积累，从以下访谈的内容可看出来，这种制度常态化的方式能更好地实现村落多元主体的有效协商，为有效实现村落社会的复合治理提供了合理途径。

访谈编号：2-1-02

问：近年来在工作内容和方式的变化有哪些？

答：我们现在每个星期的星期一都会开例会，主要是让大家都坐到一起，有什么事情就一起商量，一个是对上一个星期的问题进行总结，再一个就是对接下来一个星期的工作进行部署，每个自然村也把寨子里的一些问题及时地反馈给我们，所以我觉得这个是很有必要的，目前来看是不错的。

访谈编号：2-1-03

问：近年来在工作内容和方式的变化有哪些？

答：现在这个例会制还是不错的，我们也可以及时呢反映问题，并且各个寨子的人也可以都坐下来，有事情么就相互商量，哪个寨子有做得好的也可以相互学习，感觉对于我们整个 M 村来说肯定是好事。

如果说村民议事制度是以一种传统治理技术来实现自然村落内生性主体间的良性互动，那么这种制度常态化就是以现代治理技术来实现整个行政村的多元主体良性互动，使不同自然村之间的治理空间得以打破，由此构成一个有机的治理整体，从而推进多元主体之间形成复合关系。制度常态化的实现价值在于它能充分满足多种主体的共同参与，包括各个自然村落的村民小组成员，但这在现实工作中是具有一定困难的。所以，实现治理平台的数字化是很有必要的，这样就能有效地保证村落的制度常态化，尤其当出现重大突发事件时，治理平台数字化是实现有效治理必不可少的治理技术。在村落的社会治理实践中，社会治理的数字平台主要是一些微信公众号、工作群和运用程序等，目前 M 村在实际的工作中所使用到的数字平台包括"云岭先锋""办事通""腾冲发布"和"香飘四季幸福荷花"等微信公众号或应用程序，作为每一层级行政部门和党委的主要数字化治理平台，在村落的实际治理中，它都能及时地将信息进行上传下达。此外，M 村也形成了不同的工作微信群。这不仅为正式治理主体与非正式治理主体间的有效沟通与协商提供了平台，实现了多元主体的良性互动，同时也确保了各种信息和任务能及时地上传下达，进一步加强了村落的治理能效。治理制度的常态化和治理平台的数字化，作为现代社会治理中的一种技术，在为村落社会治理注入鲜活能量的同时，也是实现治理主体复合的必要策略，通过这种方式来加强不同治理主体之间的长效联系，使非正式主体的权威力量也能真正在治理场域中发挥效用。并且，通过这种方式来建立起村两委和不同自然村之间的良性互动，能使村落的社会治理更具有整体性，更易于形成一个具有强大实践功能的村落治理共同体。

（三）村落治理共同体的主体良性互动

在村落社会的治理实践中，自然村落因村民高度一致的文化认同和依赖关系，使得各种文化传统活动得以延续，村民在长期参与各种以自然村为单位的集体活动时，也在这个过程中实现了仪式感的建构。以仪式感的形成为基础在实现传统文化再造的同时，村民普遍参与仪式活动的方式积极地促成了具有基层民主自治功能的议事制度。村民议事制度作为一种传统的治理技术，它得力于村落中具有权威力量的非正式主体的主导作用，同时也为村民积极参与社会治理提供了平台，无限激发着村民的主体能动性，从而保证村落社会治理的非正式主体力量。此外，在现代社会的治理场域中，具有现代科学理念的治理技术更是发挥了主要的治理功能，以治理制度常态化的方式，使村落中的治理主体能获得频繁且长效的协商机会，而治理平台的数字化则为多元主体提供了上传下达的平台，既保证了各种信息传递的及时性，同时也很好地破解了不同自然村之间的治理空间区隔，为不同村民小组之间的互动提供了良好的契机。以现代治理技术为主要策略对村落社会展开社会治理，将充分提高村落社会治理的效率与能力，是正式治理主体得以协同非正式治理主体的有效方式。总的来说，无论是哪种治理技术，在村落的社会治理中都发挥着不可取代的作用，乡村复合治理的实现正是对不同治理技术的合理利用，从而使不同治理主体都能发挥自身优势，使维持治理秩序的多重规则都能发挥效用。虽然乡村复合治理得以实现的策略在于发挥治理共同体的内生力量，但其实现的根本在于多元主体能充分发挥自身的优势，利用具体的治理技术来破解各种治理难题，因此，实现乡村社会的复合治理，意味着不同治理技术之间将得以互构。

有效村落复合治理的实现，需要不同的治理主体之间形成良性的互动关系，并促使不同的治理规则同时嵌入同一治理场域中并发挥效用。在这个过程中，意味着不同治理主体会利用自身权威和优势来参与治理实践，以此来获得社会治理中的话语权。村两委往往会采用现代的治理技术，通过合法的正式策略来将各种治理主体协同起来，形成一个完整的社会治理结构；村民小组和寨老分属于不同的自然村落，在社会治理中主要的职责是协助村两委，且他们习惯使用情感治理的技术来将村民组织起来，由于村民小组和寨老在傣族村落中具备一定的治理权威，他们很容易成为各种公共事务的推动者，所以在推进村民积极参与议事和协商的同时，也在实现着彼此间的良性互动。从乡村复合治理的实现策略来看，其根本核心是促使不同治理主体利用不同治理技术来破解村落社会中存在的各种公共问题，在实现治理主体良性互动的过程中，意味着不同的治理技术将得以合理利用，并充分表现出一种治理技术的整合与创新。正是不同治理技术的发挥，也意味着所需遵从的不同治理规则都将得以发挥效用，并合理地嵌入同一治理场域中。

总的来说，乡村复合治理得以实现的策略所表现出的是对强化治理共同体实践功能的重要意义。通过建构治理共同体的方式来实现乡村社会的复合治理，其根本在于实现主体间的有机整合，以此为基础作为乡村复合治理的实现方式，标志着不同的治理主体在实践中将使用不同的治理技术来发挥自我的权威力量，而不同治理主体间的良性互动关系将进一步促成不同治理技术间的有效互构，在同时遵循不同治理规则并达到必要社会秩序的原则下，以这种治理技术的互构方式来实现复合治理，使得不同治理主体和治理规则都能有效地发挥实际作用。不同的治理主体间形成良性互动，以及不同治理规则能有效嵌入治理场域中是实现乡村复合治理的重要方面，因此在这个过程中，以不同治理空间为视角所彰显的不同治理技术需得以发挥最大效用，才能真正发挥主体的权威力量和治理能力，而以建构治理共同体的方式来实现村落复合治理，意味着在这个过程中治理共同体的"传统技术"与"现代技术"将形成合力，从而使村落治理共同体的实践功能不断得到强化。

二、规则复合：村落治理共同体维系纽带的强化

以治理空间的弥合来实现乡村社会的复合治理，其本质是实现治理共同体的建构，而其根本的核心则在于它实现了多重主体的良性互动与不同规则的整合。回到本研究最初的问题缘起来看，具有合法性的宏观制度规则在面对不同村落的社会治理都能行之有效的本质原因是，它实现了在村落治理中的普适性应用，而这种普适性的实现在于它与地方性的社会规范形成了良性的复合关系，使两种不同的治理规则能同时嵌入同一治理场域中。因此，通过规则的效用演化来实现复合治理，以不同治理主体间的良性互动来实现不同治理规则的合理效用，在这个过程中，具有宏观意义的公共准则能实现普适性的内嵌，而具有差异性的地方规范也能实现其正当性的演化，两种治理规则经不同治理主体的整合与调试，最终能同时嵌入村落治理场域中，最终使村落社会治理共同体的共同规则得以有效形成。

（一）公共准则在治理实践中的普适性内嵌

公共准则的有效实现取决于它是否能规范差异化个体的行为，并在差异化的地区中具有普适性。从社会治理中的各种宏观制度来看，这种公共规则的形成来源于自上而下的社会治理渠道，国家政权在这个过程中不断下沉，

各种政策也在基层落地执行。自 1998 年《中华人民共和国村民委员会组织法》正式颁布并开始实施以来，M 村也基本实现了基层的自治，目前成为村落基层社会治理的主要方式。随着基层自治的不断完善，这种以自我管理和自我服务为核心的群众性自治组织已树立了绝对的治理权威，在农村的社会治理中发挥着不可替代的作用。因此，目前，M 村的基层自治与汉族村落相同，处于核心地位的就是村党支部和村民委员会，统称为"村两委"。村两委作为基层直接民主的呈现，形成了"选举产生—角色定位—职权及工作准则—工作要求与监督—撤换、改选和换届选举"的运行机制，这一运行机制无不体现着它作为村民自治组织工作机构的特性，也充分显示了村民自我治理的民主权利。

访谈编号：2-1-01

问：您认为在村落的治理中，与汉族村落相比，少数民族村落有何特殊性？

答：我觉得好像也没有什么特别的呀，现在国家的政策都是差不多的，政府安排的事也差不多，我觉得是没有什么特殊的。唯一可能有点不一样的，应该是我们平时有一些少数民族的专项，还有村里面要管民族这方面的事，因为我们平时也活动多一些，但你不管怎么说，肯定是要按照国家要求的来。

由此可见，少数民族村落在社会治理的实践中表现出了与其他汉族村落的共性。为维护民族团结，深入推进少数民族村落内部的资源整合，避免内部关系和结构的僵化以加快民族区域的发展，因此，少数民族村落除了采取村民自治的方式作为基本治理方式，仍以民族区域自治作为基本的制度，这也是傣族村落有别于汉族村落的一个重要方面。民族区域自治制度所具有的合理性在社会发展的进程中经受住了考验，制度的起点在于通过国家的宏观主导以及自下而上的治理来巩固民主政治的实现，在毛泽东民族理论的坚持与维护中推进强国家与强社会的良性关系建构，这构成了我国民族区域自治制度的合法性与合理性前提。由于各种公共准则具有对应的合法性，而合法性的实现也就意味着实现了公民的基本认可与遵从，这是国家在由政权建构转向正式权力施展的一个必要环节。并且，治理规则的合法性实现不可能是以暴力和冲突为渠道的，也并非以破坏自由为代价的，反而是以对公民有利的公共领域为依托的，在人们的日常生活中潜移默化地形成的，所以它必然是一种能得到公民普遍认知的最基本、最简便、最根本的行为与道德准则。

从宏观制度在社会治理实践中的影响作用来看，宏观制度导向下的各种公共准则也能获得普适性，并能嵌入具有不同治理实践样态的村落社会中。因为，在各种正式制度的导向下，即使是少数民族村落，村落社会在最为重要的自上而下的治理中也完全是按照传统的治理模式进行的。在实现各种公共准则运作的过程中，首先由镇政府发布具体的政策，村委会作为基层自治组织，虽然主要承担以村民利益为主的"村务"，但在当下以"乡政村治"为主要治理模式的情况下，很多"政务"也不可避免地被下派至村委会来执行。而在具体任务的落实过程中，村委会则会将具体的工作内容下派由村民小组来落实。这个过程充分地展现出了政权自上而下渗透的过程，也体现了当下傣族村落与汉族村落总体上一致的、以"乡政村治"为主要模式的社会治理渠道。正是通过这种自上而下的治理渠道，具有共性的各种公共准则才能在具有差异性的村落社会中发挥实际作用，并在权力与合法性的强化中使宏观层面的各种公共准则得以嵌入不同的社会治理场域中。正是各种公共准则获得普适性的治理功能并通过与地方规范的互构成为村落复合治理的根本核心。

（二）地方规范在治理实践中的正当性演化

目前，少数民族村落基本都以村民自治为主，同时实现民族区域自治，这与当下的政策和我国民族分布的特点是分不开的，在宏观制度的导向下村落有效地实现着自上而下的治理，并在这个过程中顺利实现了各种公共准则在村落治理场域中的内嵌。从社会治理的实践来看，M村与其他汉族村落遵循的是相同的治理方式，即由多个自然村落形成村党支部委员会、村民委员会与村民监督委员会，以村民自治为主要的治理方式，在每个自然村则由村民小组作为主要的事务处理机构，并且，在执行相关的法律、法规和政策制度方面，少数民族村落与汉族村落也是完全一致的。而与汉族村落不同的是，由于民族传统形成的一些节日、风俗或其他民族特色因素作为村民的共识，村落社会中表现出了具有地方性特点的非正式规则，这种地方规范对于社会治理的秩序维护同样具有不可忽视的作用，作为一种不具有合法性的地方法，各种地方规范依靠遵循宏观制度的基本准则，来形成一整套符合宏观制度规范的村规民约，从而实现了正当性的演化。

村规民约是较能体现地方性规范的一种明文规定，村规民约的合理使用对于维护村落内部秩序具有一定约束力，是实现村落复合治理的重要表现。为了维护 M 村的和谐稳定，树立良好的民风村风创造安居乐业的社会环境，促进全村经济社会事业全面发展，经村民会议表决通过，M 村按照乡村振兴战略的要求订立了村规民约，其内容涉及村落社会和村民生活的诸多方面。从 M 村的村规民约看，其规定大多以惩罚的方式来约束村民的行为（见附录三），罚款的金额也都不等，但其中罚款金额最高的应该是村规民约的第六条，其内容是：保护水源，不得向河道和沟渠随意排放废水废气，不得将垃圾扔到河道和沟渠，违犯者视情况罚款 500—1000 元。从这一条规定可以看出来，在傣族村落社会中，村民对于水源的保护意识是很强的，这与他们民族自历史以来靠水而居的习性息息相关。此外，在访谈中，笔者发现，M 村几乎从来没有人违反过此项规定，近五年来唯一的一次也是由于外地嫁入本村的媳妇所造成的，而她仅仅是把腐烂的菜叶扔进了家门口的小溪里，但正巧被邻居看见了。这不仅使她缴纳了 500 元的罚款，还受到了村支书的批评教育。

访谈编号：2-1-02

问：你们村有村规民约吗？是怎么形成的？

答：我们村的村规民约都是村民根据村子里面的实际情况，大家一致通过定下来的，这几年么也没有什么人会故意去违反，这个规定都是很必要的，因为有些事我们村里自己人认得，但其他外边来的他不知道，所以你就要通过这种方式说给他。还有最重要的一点是，如果只是嘴上说说，那这个东西是立不住脚的，很有可能会造成很多不必要的麻烦和扯皮，所以说只有开会让大家都来商量，那这个就是大家都认可的一个东西，并且成为规定，它就有约束力，而且这个必须是根据你这个村的情况来定的，所以每一个村有每一个村的村规民约。

访谈编号：3-2-33

问：关于你说的"佛爷"，能具体介绍一下吗？

答：以前一直有佛爷，这个是我们傣家很重要的一个人物，以前初一十五的时候，都是佛爷来主持，是这两年才改成寨老的。（问：为什么会有这个变化？）前几年来了一个小和尚，我们村有一家老人得了个怪病，怎么治也查不出原因，后来就去寺里拜，佛爷给他说有小鬼上身，让他家人天天来拜拜然后出点功德，佛祖显灵了就会驱赶小鬼，结果那家人也是抱着试试去拜了几天，后来才发现去拜的贡品和功德都被这个小和尚偷拿了，小和尚一开始不承认，说是佛祖显灵了拿走的。这个事后来闹到了村上，村支书一听就火了，他都没有听小和尚解释，因为佛爷也没有帮他说好话，说明这里面就是有猫腻，支书直接去找佛爷谈，让他劝小和尚把拿的钱都交出来，不然就找警察来调查，小和尚一听就什么都说了，后来也不好意思了就不在我们村里。那件事以后，村主任生气得很，就也要给佛爷一定惩罚，毕竟是他管教不严，像我们一般人是不敢得罪佛爷的，村上就叫大家去开会去商量这个事，一开始么很多老人是不愿意的，后来他去找来了政府的人，再有很多年轻人也都同意了，这个事就定下来了，后来就把这个写到村规民约里，因为是大部分人赞成的，肯定是少数服从多数呢。

从上述访谈中的事件来看，M 村村规民约的第十三和第十四条规定明显地表现了对国家核心价值观的遵从，它是为了避免由于本民族的宗教信仰而造成的不良社会问题所制定的。要实现公共准则与地方规范的良性互构，一个最为重要的因素是防止两种规则在村落治理场域中产生矛盾与冲突。由于不同的村落社会结构表现出了一定的特殊性与差异性，这将加剧公共准则的制定难度，但同时也赋予了各种地方规则重要的补充功能。值得强调的是，各种地方性的规范要实现其秩序维护的功能，关键在于实现其正当性的演化，这就不得不以各种宏观制度准则为依据，根据党的方针政策和国家法律法规，再结合本村的实际情况，以维护本村的社会秩序和公共道德为目标来对地方规范进行适当的调整，并形成明文的规定。只有实现了地方规范的正当性演化，才能避免与各种公共准则之间产生冲突，造成社会治理的失序。因此，实现乡村社会的复合治理，意味着需要充分实现地方准则的正当性演化，使其能遵循公共准则的基本内涵，并符合本村在社会发展中的实际情况。以地方性规范的正当性演化来建构起它与其他宏观治理规则间的有效互构关系，便能有效地避免不同治理规则之间的冲突，使多重规则能同时嵌入村落的同一治理场域中，从而在治理规则的调试与整合过程中顺利实现村落的复合治理。

（三）村落治理共同体的规则有效互补

乡村社会实现复合治理的核心在于实现不同治理规则之间的复合，在这个过程中，具有普遍性的公共准则通过自上而下的治理渠道，在各种正式治理主体的权力运作过程中，因其所具有的合法性效力，很容易实现在村落社会中的普适性内嵌。但是，对于具有明显民族特色的傣族村落而言，村落社会中文化认同与各种民族活动都使得村落的社会治理呈现出更加典型的个性特征，在实现对内部社会秩序维护的同时，意味着村落中存在某种具有约束作用的地方性规范，这种地方性的秩序规范往往通过村规民约来成为一种明文法，并通过遵循宏观制度的基本准则来实现与公共准则的协调与整合，从而在这种正当性演化的过程中真正发挥出相应的治理功能。通过公共准则的普适性内嵌和地方规范的正当性演化，两种治理规则间将会形成互嵌的关系，或者说是一种较好的包容关系，使普遍性的宏观制度能得以最大化地发挥效用，而为了切实满足村落中的各种特殊情况，地方规范也能作为地方法发挥最佳的补充功能。因此，乡村实现复合治理的根本前提，就是通过不同治理主体的治理参与，在各种权威的运作中不断实现不同治理规则的整合与协调。

从理论层面来看，基层复合治理中的各种困境问题主要表现在多元规则冲突而造成的社会失序中①。由此可见，采取适当的治理技术来防止治理规则间的冲突，是破解治理困境并建构治理共同体规则的可行方式。而情感治理技术在理解中国基层的社会治理时往往具有一定的解释力，由于情感技术能消解基层治理中的潜在矛盾并促成积极的情感倾向，对于"治理有机体"中稳定秩序的实现具有重要作用②。因此，在村落社会的治理实践中使用情感技术，促进"公共准则"与"地方规范"的协调互补，有利于形成具有共同规则的治理空间。以情感技术来实现治理规则的复合，意味着不同的治理主体需在"法"与"情"的双重作用下建构起乡村社会的治理共同体，使治理规则间生成不断互补与协调的场域。情感技术强调在治理过程中以情感作为手段来达到相应的治理目标，体现的正是"从群众中来，到群众中去"的原则，这种以"情"的方式来实现与村民个体的直接互动，更能全面真实地获得乡村内部的实际情况，并从中掌握基层各种秩序规范的实际运作逻辑。此外，这种柔性协调的治理技术，在获得村民支持性情感的过程中也更能在治理的实践中融入"法"的规则指向，通过"晓之以理，动之以情"的方式来解决

---

① 狄金华. 被困的治理：河镇的复合治理与农户策略 [M]. 上海：三联书店，2015：15.

② 包涵川. 迈向"治理有机体"：中国基层治理中的情感因素研究 [J]. 治理研究，2021，37（01）：98.

村落中所存在的实际问题，并通过这个过程来合理地融合公共准则与地方规范，最终形成针对本村较有效的治理规则。

在 M 村社会治理的现实展开中，虽然不同的自然村之间存在着明显的空间自然边界，但通过村落社会治理共同体的建构来实现复合治理，就能使治理空间内的不同主体之间获得关系的调试与平衡，从而形成全新的主体互动关系，并使乡村治理空间的边界得以重塑，为多元主体合理嵌入其中提供一种有效的途径。随着复合治理的不断优化，在这个过程中，一个具有包容性和能效性的治理场域将不断生成，这能使不同治理规则间获得较好的协调与整合，最终形成一种具有本村特色并符合社会整体性需求的治理规则。因此，实现乡村社会的复合治理，其核心在于实现不同治理规则的整合，也正是通过规则的复合使得治理共同体中的共同规则得以有效生成，最终使不同治理主体能在共同规则的约束和指导下实现共同的治理目标，并不断强化治理共同体的整合与发展，从而使治理共同体的维系纽带得以强化。

三、空间复合：村落治理共同体核心力量的强化

多种主体在社会治理中不断互动形成了共存共治的局面，在这种互动下所形成的权威关系是形塑社会治理场域的一个重要方面，它决定了治理场域中的社会结构及其关系网络。此外，在这种治理结构的作用下，村落社会的治理场域中会呈现出多重规则运作的治理实践，这就需要实现多元治理主体之间的良性互动关系，再以这种社会关系生产出一个对多重治理规则具有包容性和适配度的治理场域。因此，从复合治理得以实现的根本核心来看，多元主体良性互动并合理嵌入治理空间中来实现不同规则的有效运作，能使有效复合治理得以实现，这也意味着，村落复合治理的实现，也将促使社会治理共同体能更好地实现主体、规则与空间的互构。

（一）文化认同与村治空间形塑下的主体行为

M 村的水电站在初建之时，农民虽知道水电站的修建可能会影响到农田的灌溉，但由于运营商给予了村民口头的承诺，且因修建水电站需要被征地的那部分农民在利益驱使下选择了赞成的态度，也进一步促成了水电站的建

成。但随着水电站的修成，当一小部分人的利益受损时，农民们却能迅速地团结起来，形成强大的联合体。可以说，村民这种选择"一边倒"的姿态来降低个体所承担的风险，意味着他们之间存在着某种共同的认同意识。在这种集体行动的实现过程中，村里具有非正式权威的各类主体就成了个体在面对风险时的信赖对象，于是他们在村内可以起到一定的社会动员作用，使得村民表现出了对本民族高度的认同意识，这所表现的是村民对本民族文化较为普遍且一致的认同意识。因为，在关系亲密的社会生活共同体中，村民的认同意识在人与人的相互交往中逐渐形成相似性，进而加剧了村民文化认同的高度一致性。

文化认同指的是对人们之间或个人同群体之间的共同文化的确认，使用相同的文化符号、遵循共同的文化理念、秉承共有的思维模式和行为规范是文化认同的依据①。傣族村民在日常生活中使用傣语和傣文，遵循本民族的信仰并参与相关的社会活动，并在寨规的规范下实现行为选择，在长期的历史发展中形成了相似的思维模式，最终表现为高度一致的文化认同感。在现代社会的发展历程中，文化的作用显然是不可置疑的，作为人类精神文明活动的产物，文化在社会的治理中具有不可忽视的重要意义，它构成了个体社会实践的根本灵魂，也就是说，不同地域下产生的不同文化将会潜在地影响到个体在具体社会空间中的行为选择。因此，傣族村民对本民族文化的高度认同会使他们在面对许多事物时能表现出一致的行为逻辑，尤其当某个个体的利益受到损害时，这种"抱团取暖"的方式成为他们的最佳选择。

访谈编号：3-1-34

问：既然你家的田也没受到影响，为什么还跟着他们去闹？

答：都是一个村的人，虽然我家今天没有影响，哪个晓得以后会不会，再说了都是一个寨子的，都沾亲带故呢，这个时候你不出面去帮人家，以后你家遇事了别人也不会帮你，我们都是很团结呢，只要哪家遇事了，大家都会出面帮忙，这个是多少代人来就形成的习惯了，我们也认为这种才是应该的，你不能说现在生活条件比以前好了，家家日子都不难过了，反而变得有隔阂了，虽然（村民之间）也会有不愉快的时候，也会有争执的事，但都是能相互调解的，不过么我们去闹确实是方式不好，是应该向村里的人说，让

---

①　崔新建．文化认同及其根源［J］．北京师范大学学报（社会科学版），2004（04）：102.

他们找政府来帮着解决，但这个事出来就不能说是跟我们没有关系呀。

访谈编号：3-2-15

问：既然你家的田也没受到影响，为什么还跟着他们去闹？

答：我们周围多数人家之间都是亲戚，基本上有什么事大家都会商量，一家帮着一家些，所以只要哪家遇到困难了，大家都不会躲的，虽然说水电站没有影响到我家，但是我也不可能一点不问，大家都是一个寨子的，天天抬头不见低头见呢，还经常在一起做事，这个肯定是要去帮着呢。

从以上访谈来看，共同的日常生活构成了村民能积极参与集体行动的一大动因，其内在的本质要素是村民在社会生活共同体中所形成的高度文化认同。由于傣族村落本身就是一个关系极强的社会生活共同体，不同个体之间存在着千丝万缕的社会关系，且认同本身就是一种特殊的关系，它来源于人与人或人与群体的关系，所以，村民对本民族文化的共同认可正是在一定社会关系中形成的。村民高度一致的文化认同在日常生活中成了影响他们做出行为选择的一大动因，而在个体频繁的日常交往中，这种共同的文化认同就会使其形成高度的依赖关系，进一步强化社会生活共同体中的各种社会关系，使他们都能更加积极地参与以村为单位的各种集体行动。傣族村民高度一致的文化认同和依赖关系使得个体间出现了相似的行动逻辑，其最根本的影响因素可谓是傣族的民族文化，所以，本民族的文化因子也能更好地渗透到村落社会的治理结构中，形成个体文化认同对社会生活世界的影响，并且，在民族文化的作用下，具有权威的村落非正式主体也能在社会治理中获得话语权。

具有强烈民族文化影响的村落社会在为农民政治民主化提供有利条件的同时，也在实现着国家政权的建设与民主化政治的推进，作为少数民族农民政治行为产生的主要场域，这一制度背景充分地显示了少数民族农民实践空间的基层社会特征，它充分构成了村落实现复合治理的空间基础。在这样的治理空间中，各种非正式权威力量对个体的影响，会呈现出较为复杂的共同意识导向，而农民作为乡村权力系统中的底层，他们的行为选择在一定程度上被位于顶端的少部分群体所建构了，这种由多种非正式主体权威所融合形塑的场域便会造成农民行为的特殊性。由于多重权威的协同与融合，构成了一定的权威体制，这一权威体制在不断地建构着村落场域的形态，受村落场域中权威的形塑性影响，当农民产生行为选择时便也产生了影响认同的重要变量，最终每个农民都在被影响下形成自我对其中一个主体的主要认同感。因此，合理利用对治理过程会造成影响的各种地方文化元素，意味着将发挥村民文化认同与依赖关系的正功能，促使村落社会中不同非正式权威主体的力量能得到更好的发挥。这种通过文化认同来促使多种非正式主体积极参与村落社会治理的方式，也标志着乡村社会的复合治理已具备了必要的主体基础。

（二）文化网络与村治空间形塑下的秩序规则

M 村所特有的民族领袖和民族仪式等因素，构成了村落社会的特殊结构，在村落场域的形塑作用下，村落内部形成了独特的文化网络和内部秩序，这种既有现代民主特征又包含了民族特色的农民行为场域，可视为"基层民族社会"，作为解释傣族村民参与基层治理的一个重要方面。从实践空间的层面来看，傣族村落的空间特殊性是来源于本民族文化的，在民族文化的影响下，生活在同一空间中的个体会不断受到文化场域的形塑，这也是造成傣族村民高度依赖和行为逻辑相似的社会结构要素。傣族因其特有的民族节庆，便有较多的仪式活动。一方面，农民通过文化网络来实现对本民族信仰的传承，在仪式活动中的个体实践包含了农民代代相传的普遍认同，并且从历史的纵向影响来看，这种影响是根深蒂固的。另一方面，从横向的受众群体来看，由于少数民族的仪式活动是由农民集体参与的，这使得在仪式感中形成的文化网络会成为大多数农民进行行为选择的重要因素，且这种影响是具有广泛性与普遍性的。

访谈编号：3-2-15

问：平日是否会参加村里的集体活动，参加的主要原因和形式是什么？

答：村里都有组织呢，因为我们平时会有很多活动，像初一十五都是去吃斋，因为我们都是信佛的，到了泼水节就更丰富，两三天都是大家在一起做各种事，祭寨子、表演节目、舞狮子，可以说活动相当丰富了。

访谈编号：3-2-17

问：平日是否会参加村里的集体活动，参加的主要原因和形式是什么？

答：我们所有人基本上都是信佛的，包括很多年轻人，这个就是我们民族会信的东西，还有村里一旦有活动，大家也都很积极地参加，因为我们生活在一个寨子里，大家平时的生活也都差不多，过年过节也都是一样的礼信。

由此可见，由于傣族的祖先崇拜、神灵崇拜和宗教信仰等影响，其仪式活动的类别十分丰富，这是村落内部存在多种具有权威主体的原因，正是非正式权威主体在历史的长期进程中得以共生共存，各种权威关系的交错便形成了村落的文化网络，这种权力的文化网络往往还能发挥出相应的力量，并具有一定的治理功能。杜赞奇（Prasenjit Duara）将村落的权力关系统称为"权力的文化网络"，文化网络由乡村社会中多种组织体系以及塑造权力运作的各种规范构成，是权威存在和施展的基础。其权力的文化网络主要是强调对组织系统中权力赖以生存的文化及合法性的分析，内含由市场、宗族和宗教诸多非正式要素组成的关联网。此外，M村在实现复合治理的过程中，村落的文化网络正展现了由仪式感建构的社会资源的交互运作，是不同主体嵌入其中时被不断形塑的场域。在内涵各种权力关系的文化网络中，农民作为嵌入该网络中的核心力量，自我也受到了社会结构的不断解构与建构。村落社会由民族仪式塑造的文化网络，成为村落内部一个强大的资源运作系统，它潜在地支配着农民在其间展开的日常生活和生产方式，而民族仪式的保留不仅在增强着民族的内部整合，也使得农民将其文化不断内化为一重主要的认知标准。

正是在社会治理的过程中充分重视文化网络的作用，才能在治理的过程中依靠文化的软作用来实现治理规则的合理运作。此外，在受民族文化影响的治理过程中，傣族村落社会的治理将走向更为有效的复合治理，这也较为符合共建、共治、共享的治理理念。在治理过程中重视文化的影响作用，能从根本上寻找到治理模式的本质，以及实现复合治理的作用机制。从理论上来看，福柯在"治理性"理论中所强调的治理客体就是以文化为根本的某种存在物；此外，托尼·本尼特（Tony Bennett）对文化在治理中的意义更是做出了重要的解释，他认为"经济、政治和社会实践都有它们自己独特的状况和影响，但是它们也在意义和同一性的文化组织关系中得到构建，通过这个过程社会行动者占据某个主体位置并相应地发挥作用"①。在本尼特的理论中，文化在各个领域起着重要的影响，是最为核心的要素，文化正以一种内化的方式在场域内部被构建出相关的意义。由于文化网络的存在及建构作用

_____

① ［英］托尼·本尼特. 文化与社会［M］. 王杰，等，译. 桂林：广西师范大学出版社. 2007：260.

的不断彰显，各种内生性的治理规则得以发挥作用，而公共规则也能以文化融入的方式，嵌入村落社会的治理中。在具有文化网络的空间影响下，村落社会能更有效地形成复合性的秩序规则，推动有效治理的实现。村落社会存在的治理规则复合性特点，既体现了国家权力在基层社会的治理作用，也体现了民族社区内部主体性活力的发挥；既体现了国家对基层社会发展的核心力量，还体现了民族内部可以选择自身具有特色的发展模式的自主性，而这种以多元权威主体为核心的复合治理模式正体现了民族区域治理中的民主性特征。

（三）村落治理共同体的主体、规则与空间合理互构

在复合性治理空间的不断形塑下，治理的主体和规则将会受到村落社会的文化影响，而真正决定整个空间形态的则是具有主体能动性的村民个体。在市场经济活跃发展的影响下，村民因此获得了更多的利益与就业机会，使城镇化进程得以发展，在这个过程中村民将更深刻地意识到差异化。此外，村民能在文化认同的影响下更加积极地参与村落公共事务的处理，村民积极的治理参与又为村落提供了一个有机团结得以实现的方式，在这种现代化的治理方式下，现代思想与传统思想的碰撞，将会使村民对自我的行动方式产生新的思考，在现代思想的影响下，村民个体也将会变成更独立的理性人，从而使社会的整合方式由此得以优化；并且，村民中将出现多样化的社会组织，在村落的集体事务或传统活动中，村民之间的分工将更加显著，这种在集体行动中产生的分工，将会增加村民的分化意识，但同时也更能体现彼此间的依赖关系。

从村落社会的实际情况来看，M 村的社会结构总体来看是具有分工而形成分化及有机团结的，但是，机械式的团结要素在傣族村落的社会中也是存在的，它并没有绝对地不存在于村落社会中，尤其是在许多的民族传统集体行动中，这种机械式的团结方式更是表现得尤为明显。在由水电站影响发生的恶性集体事件中，即使没有受到利益损害的村民，也都会参与到这类集体行动中，并且大部分村民都认为应该积极地参与这种集体行动，否则就会被其他村民孤立。从这个事件可以看出，在傣族村落社会中，村民对本民族的传统文化有很强的认同感，在相同文化的影响下个体之间形成了具有相似性的行为逻辑和高度的依赖关系，这就使得他们之间形成了基于相同地域和相

同文化下的紧密整合关系，构成了一个有效的社会网络。当村落中以寨老为主的许多非正式主体实现自我的权威力量时，他们很容易获得村民的认可，同时被村民赋予的使命感促使各种非正式主体能参与到社会治理中，而大部分村民因为相似的行为逻辑，也会形成参与公共事务的强烈意识。随着个体在治理空间中的不断嵌入，村落社会构成了具有维系功能的"强公共性"，这对建设社会治理共同体产生积极作用。

从复合治理得以实现的主体基础来看，它基于村落中的各种非正式主体能建构权威并参与到村落的治理实践中，使村落社会的不同治理规则都能发挥效用，并由此构成横向的治理。在具有差序格局特质的村落社会结构中，非正式主体的治理参与会对与之相关的其他个体产生影响作用，在思维意识上促使其他村民也能积极参与到社会治理中。从治理规则层面来看，在整体性治理实践中所遵循的是宏观制度背景下的各种治理规则，这些规则的一个最大特点是具有明显的普适性与合法性，符合大部分乡村的治理原则，我们可以称为"大公共性"。但是，因这些宏观制度规则难以涵盖村落内部所有的现实情景，所以在自然村的治理实践中，也需要依靠基于共同体模式的自然村常年积淀起来的"小公共性"作为治理规则的补充。

张江华认为，中国所谓的公共领域，实际上是由私人领域扩张与转化而来，这使得中国社会的公共性供给在相当程度上依赖并取决于处于"差序格局"中心的某个个体或某一批个体的道德性[①]。M 村的村落社会更是明显地表现出了这种以"己"为核心的社会关系之于公共性生成的特性，由于村落本身是一个关系极强的社会生活共同体，在寨老或其他具有权威的主体影响下，村民之间很容易产生相互的影响作用，从而来获得参与公共事务的积极意识，并由此不断嵌入村落的治理场域中。由于乡村复合治理的实现需要依靠非正式权威主体参与治理实践这个重要的前提，因此，以非正式权威主体为核心形成的村落"公共性"能使村落中的大部分村民有效嵌入治理场域中，以规则的互嵌而形成的"大公共性"与"小公共性"的协调互补格局则使得村落社会的"强公共性"真正得以生成。因此，通过建构社会治理共同体的方式来实现村落复合治理，就意味着在这个过程中治理共同体的"主体""规则"与"空间"将实现互构，从而使治理共同体的核心力量得以强化。

---

① 张江华. 卡里斯玛、公共性与中国社会有关"差序格局"的再思考 [J]. 社会，2010，30（05）：1.

　　以治理空间的视角来窥视乡村复合治理的底层逻辑，我们发现，乡村复合治理得以有效实现的关键在于治理空间中社会关系的构成及其变动。这决定着治理过程中的主体互动关系及规则运作方式，也充分显示了具有主体能动性的"个人"在社会治理中的核心力量，它需要根据个体所嵌入时空的优势，也需要努力消解社会结构制约与自身能力匮乏所造成的主体被动。通过积极调动村民的主体能动性来积极参与基层治理，可形成多元化的主体关系与社会网络，从而避免不同治理单元的空间区隔，以塑造一个目标统一、规则适用的治理空间。因此，乡村社会治理空间的有效弥合意味着多元主体能基于同一治理目标形成正向的互动关系与合理的权威结构，使公共准则与地方规范都能充分发挥作用，不同治理力量得以交汇融合，从而实现有效治理。通过治理空间弥合来实现乡村社会的复合治理，在这个过程中能真正做到国家治理理念与村民个体能动性的有效契合，使社会治理最关键的核心力量充分来自村落中的每个个体，真正显示出从"为村民治理"向"由村民治理"的巨大转变。

第六章

结论与讨论

　　在 M 村水电站事件的缘起与解决过程中，各种嵌入性治理主体与村落社会生活共同体中的各种内生性主体都参与了该事件，并由此展开了一系列的社会治理实践，这构成了本研究重点关注的内容。通过对 M 村治理主体的权威生成与实践策略的分析，以及对不同治理主体之间互动关系的深入研究，充分获得了该村落社会治理空间的二重性特征，以及由此实现村落社会治理共同体建构的方式，从而得到了傣族村落复合治理的核心根本与实现机制。基于此，本章旨在回到最初的问题源起，对村落社会治理的主体实践与规则运作进行结论性梳理，以村落社会生活共同体为切入点，探究各种治理主体间形成良性互动的关键，以及这种良性互动关系对于治理规则实现整合的解释合理性，在共同体的理论视角下展开对村落复合治理的整体呈现。最后，也将再次审视整个研究过程及论证逻辑，反思本项研究仍旧存在的不足性，并就对这一主题的下一步研究事宜进行交代与说明。

　　基于多元主体共存于同一社会治理场域的前提，以"村落共同体"作为研究视角，本书更多地关注了在治理中由村落文化所形成的主体关系网络，及其对社会治理所具有的实际影响，并对村落共同体中的内生性权威主体进行了较为深入的挖掘。同时，根据不同治理主体间的互动关系和权威结构，进一步分析了不同规则在治理场域中的嵌入与运作，以此来揭示乡村复合治理的本质核心与内在机制。因此，在村落共同体的视域下展开对乡村复合治理的研究，本书主要得出了以下结论。

一、社会结构、治理空间与乡村复合治理研究

　　从学界目前已有的研究来看，关于复合治理的研究可谓是当下的一大热

点主题。其中,对复合治理较早且最为系统的解释是基于治理规则的视角,这类研究大多认为复合治理是一种多重规则并行的治理方式,这主要来源于国家对村社自治以及村社规范正当性的认同,但同时又制定和推行具有普遍适用性的公共规则,而在这一理论范畴中,村落社会所运用于治理中的这两套规则可能是存在冲突的,这就意味着复合治理的实现可能带来的是社会治理的困境。但是,从这一理论展开的现实来看,它所呈现的复合方式是处于特定时代情景之下的,从那一时期至今已过去了十余年的时间,在这期间,乡村治理的制度背景和社会结构已发生了许多重要的革新与变迁。在共建共治共享的治理理念导向下,社会治理的规则已表现出了一种较好的整合趋势,与此同时,学界也将更多的关注转向了在实现复合治理时的多重主体关系中。在建设"人人有责、人人尽责、人人享有的社会治理共同体"这一治理要求的导向下,为了更加全面且系统地呈现当下村落复合治理的现实与内涵,治理中的主体基础显然是一个根本的因素,但以主体互动关系为基础而形成的治理空间也充分影响了不同治理规则的运作逻辑。因此,在目前社会治理所展开的时代情景中来进行乡村复合治理的研究,对于治理主体与治理规则的兼顾是十分重要的,而主体与规则之间所内含的相互关系更揭示了一个立体的复合治理样态。

从多元主体嵌入的治理空间来看,以行政村为治理空间所生产的是纵向治理实践下的社会关系,而以自然村为治理空间所生产的则是横向治理实践下的社会关系,且不同治理渠道中所内含的治理动力均来自不同规则。在治理空间二重性的影响下,多元主体良性互构的社会关系所生产的是一个具有包容性和有效性的治理空间。多元主体通过信任互惠的关系维系机制实现治理空间的弥合,能使自然村与行政村间的相互关系不再是行政上的简单划分,线性的治理格局将随着村落社会多种"小共同体"的交叉融合而打破。并且,在促成治理空间弥合并形成全新治理场域的过程中,也将推动村落社会实现更加科学合理的"一核多元"治理格局,真正满足公共准则与地方规范的积极互构,这不仅对形成具有统一规则的乡村治理空间具有重要意义,对于村落社会治理共同体的建构也是十分有利的。

由于治理单元存在空间上的分化,村落社会具有"横向"与"纵向"两大治理渠道,并且,在空间生产的作用下会表现出不同的主体互动关系与规则运作逻辑。共同体所表现出的明显特征在于"一定的地域",即在某一空间中的关系维系和共同认同,可以说,空间是阐释共同体形成的一大要素。因此，基于村落共同体的复合治理研究，为了能同时兼顾主体与规则的复合，可从治理空间的层面展开对复合治理实现机制的研究，在社会结构的视角下进行探讨。在空间生产社会关系并影响治理过程的视角下，发现以行政村和自然村分别作为治理单元时，其治理空间表现出明显的边界重合与交互情形，这意味着村落社会的治理单元具有明显的复合性，并在治理结构上表现为一定的重层性。村落社会这种由治理单元复合性所表现出来的"重层结构"，其真正发挥作用的核心在于它能同时发挥村落社会的行政功能与自治功能，使村落社会的治理格局表现为一种"自内而外"层层递推的样态，治理格局从线性的向平面的转变，在行政力量与自治力量的交汇下将更易于形成社会治理共同体。因此，村落复合治理的实现过程，其实质就是治理共同体建构的过程，可以通过治理空间的弥合来使社会结构中的"重层结构"发挥效用，从而实现治理主体与规则的复合，使得不同治理空间能复合成统一有效且具有兼容性的治理场域。

二、乡村振兴背景下基层社会的复合治理模式

随着乡村振兴战略的深入实施，共建共治共享理念在乡村基层社会得以发展。村落社会的多种主体通过参与社会治理实践，形成不同的关系网络，通过权威的互补、协调和交融，在复杂的关系网络中，构成了"立体的权威结构"。在这种"立体的权威结构"作用下，乡村社会治理模式将得以创新，从而形成多元化的治理主体、协同式的治理方法、平台化的治理渠道及强自治的治理目标，由此构成了多元权威主体共治的良性复合治理模式。

1. 乡村基层社会治理的主要力量：多元化主体

从社会治理的主体来看，新时代乡村社会的治理主体除了乡镇政府和村三委以外，还包括乡镇企业、社会组织和其他治理精英等多重治理主体，多种主体生成权威并作用于社会治理中，形成了多元化的治理主体格局。多元治理主体在不同领域和具体事务中参与协作，共同推进乡村社会治理共同体建设，形成基层社会治理的主要力量。

乡镇政府在实现国家政权建构与政策落实的过程中，在村落社会治理中发挥着重要的指导作用。社会管理时代的乡村社会大多以"政府主导"作为治理标杆，乡镇政府充分为基层社会提供行政监管，许多村委会也出现了行

政泛化的倾向。随着社会治理的不断发展与逐渐成熟，新时代社会治理中的基层政府主体开始转向以引导型为主，职能从管控逐渐过渡到指导，即由"主导型政府"向"指导型政府"转变。在主导型政府为核心的治理场域中，权威结构是以国家为首的一种垂直的"线性"结构，权力和资源都是向上集中的状态，但是在以指导型政府为核心的治理场域中，权威结构则是"立体"的，分化于不同主体中。"立体化"的权威结构能较好避免主体冲突与关系对立所造成的结构性张力。指导性质的乡镇政府在村落的社会治理中承担的往往是保障、指导与服务的重要作用，因此，在村落的治理与发展中，乡镇政府肩负着政策传达与指导之责。由于对各种政策的解读会形成不同的结果，为了保证各项政策与制度的合理执行，政府有权利也有义务对村民自治进行相关的指导。当然，随着基层自治制度的逐渐发展成熟，政府全权管控的时代已成为历史，这标志着乡镇政府在基层的社会治理中将从高高在上的管理者位置上走下来。然而，这并不意味着乡镇政府在社会治理中的完全离场，对于村落治理中所承担的各种作用将不再通过单一的主导来实现，而更多地将以服务的方式来达成。

村组干部在村落社会治理中承担的是"执行者"的角色，他们需要完成大部分村务工作，是基层社会治理中较核心的角色。基层自治一个较为突出的特点是由村民来直接行使民主权利，依法解决自己的事情，通过基层自治在村一级全面推行民主选举、民主决策、民主管理和民主监督，而由村民选举产生的村党组、村民委员会、村务监督委员会和村民小组，就是主要负责并实施具体工作的部门，同时他们也担负着完成大部分公共行政事务、解决村民纠纷、发展地方经济和处理公共服务供给等问题的义务。因此，本书将由村民选举产生的村三委干部及村民小组人员统称为"村组干部"，之所以把这两个组织人员统称为一个群体，主要原因是二者在某种程度上是一种相辅相成的关系，并且两者在行政村与自然村两个不同层级共同完成村民自治的相关任务，可以说他们是一个统一的整体。村组干部的基本任务是执行相关政策，并处理村落公共事务。村组干部处在一个重要的衔接位置，一方面配合乡镇政府传达国家政策实现自上而下的治理，另一方面要将村落中问题和村民需求进行自下而上的反馈。从村落权威结构来看，村三委构成了在社会治理中的核心权威主体，村民小组则在村务工作中发挥着协助的作用，工作实践使他们不断得到自我权威的建构，并通过更好地完成这份工作来使自我的权威得以强化。作为由村民直接选举产生的村三委，由于其立场是村民的根本利益,村落中的多种公共事务得以合理分工,从而较好地避免由于权威集中于一人而造成的不稳定因素和霸权主义。

市场精英并非直接参与乡村基层社会治理的主体,但他们却以一种间接的方式参与社会治理,其治理权威也是不容忽视的。随着乡村市场经济的不断发展与成熟,许多乡镇企业频频崛起,尤其农村电商也开始崭露头角,城乡一体化进程更是使得大部分农户家庭发展为以代际分工为基础的"半工半耕"模式,村民的收入来源不再局限于农业生产。农村市场经济的不断丰富,使村落社会涌现出一批富人或治理精英,他们在社会治理实践中不断获得话语权,成为基层社会治理的一大有力主体。当有资本进驻村落时,市场精英能推动村落产业升级,使传统的以农业为主导的产业结构得以优化。此外,在市场经济的推动下,产业结构得以优化的一个重要结果是村落各种产业得到发展,这就使得村落的就业市场也能得到很好的发展,进而使一部分村民的就业问题得到了解决,这是为村民带来实际利益的一个有效渠道。由于市场精英为村民带来的是直接利益,在这个过程中他们便获得了村民的信任与认可。因此,市场精英在为乡村社会治理提供必要经济基础的同时,也能因此而获得在村落公共事务中的话语权,从而更好地说服村民积极参与社会治理。

农村社会组织具有一定协助作用,能以此实现对政府公共服务供给的补充,同时也能为村民参与基层治理搭建桥梁,成为乡村社会治理的一大有力主体。一方面,农村社会组织的形成与运作都是自发的,这种自律机制使其更需要村落内部原有的秩序与规则来维护发展,因此也更容易获得普遍的社会认同,而这种社会认同又将反过来促进社会组织协助作用的发挥,为社会治理节省必要成本。此外,由于农村社会组织的自律机制使其易于获得村民的信任,更适合完成许多需要与村民直接对接的工作,这就能更有效地将村民带入社会的治理实践中,实现有效的自治。另一方面,如果充分发挥农村社会组织在社会治理中的协助作用,就意味着融入现代管理技术的农村社会组织将成为村民政治参与的平台,这能够在强化组织结构的过程中培养出组织成员的现代民主精神,使农民在参与社会组织的领导选举、协商议事和经费管理等实践中形成新的观念和意识,为推动农民积极参与民主政治和公共事务提供帮助。

2. 乡村基层社会治理的有效手段:协同式方法

从协同治理理论的内涵来看,协同意味着自治组织行为与有序的集体行为，协同治理并不仅仅指向治理的结果，更代表着治理的过程①。根据协同治理理论的阐释，实现多元治理主体之间的有效联合是极为重要的方式，通过合理的支配与自治组织来推动各个部分之间形成协同性，而实现协同性的基础在于对共同规则的达成，这个过程依赖的不再是主体之间的竞争，而是协商与合作，是实现多元权威主体的良性互动关系。以协同的方式作为村落多元共治的方法，是实现治理方法创新的可行之道。治理方法的创新能给非正式权威以更多的发挥空间，能充分调动所有治理主体的能动性，赋予他们参与社会治理的责任感与使命感，在带动村民积极参与的过程中，能更好地达到各个系统之间的平衡，从而避免在社会治理中抉择权向乡镇政府的过度倾斜，也能使大部分村民真正获得自我管理与自我监督的机会。

在村落的社会治理中，政府与社会的互动既包括政府与村组干部较为直接且频繁的互动，同时也不可避免地会与社会组织及村民进行互动。在面对许多公共事务问题时，当村组干部难于解决时就需要社会组织的协助。因此，在社会治理的过程中，政府与社会良性互动的关键在于以协同的形式来实现权威之间的互补，在政府或村组干部这类正式主体不能发挥作用获得村民认可的领域，借助其他权威的作用来破解治理的困境，从而形成权威的互补，提升社会治理的效率与秩序。

在乡村基层的社会治理中，市场与社会的互动基于共同利益。面对共同利益时，市场与社会更容易产生相互协调的互动关系；反之，如果出现利益分歧，就很容易出现冲突的互动关系，而这也将严重影响到村落的正常运转，甚至影响到政府与社会、政府与市场的关系，最终造成不良事件。因此，要实现市场与社会的良性互动，关键在于充分发挥权威主体的调节机制，通过协同机制来实现两种权威的协同，从而达到市场与社会的双方利益共赢。只有这样，才能在社会治理的过程中以谋求双赢的局势来获得二者间的有效互动，最终推动资源的有效配置及公共服务的合理供给。

在"差序格局"的村落社会中，不同关联性强度的个体之间也会形成不同特色的群体，尤其是在村民自治制度已经日渐成熟的当下，村民自治组织也在不断的发展中，这形成了许多基于血缘、地缘和年龄的村民自治组织群体。乡村社会组织以自我组织和自我约束形成，并在不断发展的过程中展现出自身所具备的自我管理能力，如果能促使农村社会组织协助参与社会治理，

---

① 孙萍，闫亭豫. 我国协同治理理论研究述评 [J]. 理论月刊，2013（03）：107.

将利于基层民主政治的推进,为实现乡村有效治理提供有利资源和条件。此外,基层社会组织的形成与运作都是自发的,这种自律机制使得农村社会组织更需要村落内部原有的秩序与规则来维护其发展,因此它也更容易获得村民普遍的认同,从而将村民带入社会治理的实践中成为主要的协同力量。

3. 乡村基层社会治理的可行路径:平台型渠道

在国家与社会关系的解释框架中,基层社会治理的路径选择围绕着国家与社会两大行动主体展开,并由此体现了以村落为核心的"轨道型"治理渠道,这在理论上与费孝通所提出的"双轨政治"不谋而合。随着国家治理能力与治理体系现代化的推进发展,在村民自治制度逐渐成熟与发展的过程中,国家直接掌控与管理的方式实际上已退出了社会治理的舞台中央,在乡村社会中,基层自治正赋予着社会更加广泛的发挥空间。党的十九届四中全会提出将"坚持和完善共建共治共享的社会治理制度",这意味着通过共建共治来实现共享发展,并由此建构长效机制,巩固人民团结,从而实现共同富裕,已成为当前的一大发展理念。在这样的理论与制度背景下,轨道型治理路径恐怕已经难以满足多元主体形成共治。因此,乡村社会多元共治的新型模式应在治理渠道上充分实现由"轨道型"向"平台型"渠道转变,只有这样,才能切实为村落的多元主体参与治理提供可协同的有效治理渠道。

村落治理渠道的转变,意味着由村民直接选举产生的村党组、村民委员会及村务监督委员会在社会治理中所处位置的转变,如果是在轨道型的治理路径中,村三委充当的是两条轨道的中间桥梁,而在平台型的治理路径中,村三委充当的应该是平台建设的核心角色。平台型治理渠道在村落的实践逻辑是以村三委为核心搭建治理平台,形成一个多主体能有效对接的治理渠道,使市场、政府、社会组织和其他治理精英等能将多方资源整合起来,再通过协商共治来达到治理效果的优化。此外,农村发展的根本是实现个体的城镇化发展,是使生活在这个地域空间中的人得到真正的发展,这对村民来说意味着更加困难的社会化过程,但如果合理利用村民自治组织的作用,意味着将在强化组织结构的过程中使组织成员的现代民主精神得以培养,使农民能通过自我实践获得积极参与社会治理的思维方式,这同时将有利于推动农民积极参与民主政治和公共事务,并实现村民在社会治理中的积极参与。通过平台型的治理渠道,村落的大部分村民都能获得更加平等的参与社会治理的机会,也正是这样才能进一步激发村民参与治理的积极性,从根本上实现乡村治理模式的创新,形成以村民为核心主体的治理模式。

平台型治理渠道中的各种治理主体之间更容易形成良性的互动关系，并且这种互动关系是交叉与双向的，这就较好地避免了治理过程的简单化倾向，使基层社会在治理时能真正满足对实现"五位一体"整体布局的要求。在平台搭建的同时，也意味着以"共建共治共享"为根本理念的治理共同体将逐渐形成，在这样的背景下，村落的治理模式能得以不断创新，进而发展为更加有效的协商型共治模式。总之，实现治理渠道的创新，意味着将通过治理平台实现多元主体的协同，谋求共同目标，进而不断推进村落社会的发展。

4. 乡村基层社会治理的核心动力：强自治目标

乡村振兴背景下实现基层社会的多元共治，其最终的目标就是要在共建共享共治的理念下实现一种相对于"弱自治"而言的"强自治"。张翼认为，在城市社区的治理中，社区居委会作为最主要的治理主体，具有很强的"他治"代理性，而社区社会组织等其他治理主体发育不足，主动自治性较弱[①]。与城市社区相似，在乡村的社会治理中，同样存在这样的问题，在以村三委为核心形成的治理体系中，村组干部承担了主要的村务工作。这种大小事务都由村组干部来全权管理的治理方式并不是真正意义上的自治，即使村委会是由村民选举产生的合法性组织机构，反而使村民自治沦为了"弱自治"。实现多元共治就是要努力推进"强自治"实现，只有以"强自治"作为治理目标，才意味着真正实现了"有效治理"。

实现村民的积极参与意味着"强自治"的实现，这可谓是新时代背景下对社会治理与发展的基本要求，而村落的多元共治模式理应以"强自治"作为治理目标。在共建共治共享理念的指导下，农村社会的发展需要调动农村群众的积极性参与到农村社会的治理实践中，促进社会资源的优化配置，支持新农村社会建设[②]。在村落治理中以实现"强自治"作为目标，需要充分发挥村民及各种社会组织的能动作用，以其为依托将具有较强整合性的村民集中到治理场域中，以此来焕发村落内部的主体能动性，真正实现社会治理共同体的建设。此外，从乡村社会治理的具体实践来看，可依靠村组织来实现个体间的良性互动关系，以培育村民的公共精神，从而实现社会资源的优化与整合，而农村社会网络中得以激活的各种资源正是实现农民更加高效地

---

① 张翼. 全面建成小康社会视野下的社区转型与社区治理效能改进 [J]. 社会学研究，2020（6）：1.

② 张笑菡. 共建共治共享理念下的农村社会发展路径 [J]. 人民论坛·学术前沿，2020（17）：116.

就业、就学和就医的可利用资本。此外，在乡村社会资源整合的过程中，村民的公共性意识能使其更好地处理"公"与"私"的关系，这能促使其思维与行为发生转变，从而破除许多落后的观念并加强了农民对新思想的接受程度。

社会治理是为了人民，但也需要依靠人民，只有不断发动群众的广泛参与，才能在"找回群众"的同时实现社会治理共同体的建构①。乡村振兴背景下实现基层社会多元共治的新型模式，理应充分显示出以"强自治"为目标的实践经验。若如此，村民才能在各类治理精英等治理主体的带动下，成为公共事务的决策者，通过这样的模式使村民能把村落的各种公共事务作为与自身利益密切相关的事务来参与处理，从而真正实现由"为村民治理"到"由村民治理"的重要转变。同时，以中华民族文化作为治理文化的根本，村民之间形成的强大关系网络成为实现自治的重要结构保障，使得村落社会网络成为有可利用资本的场域，在个体的嵌入与国家、社会的协助下，使村民都获得参与治理的渠道，这就充分实现了将村民作为重要治理主体的突破。此外，在实现强自治的过程中，一个较为重要的转变是村三委在治理关系中的革新，这种革新能较好地避免其成为行政体制中的附属机构来主导村落基层治理，既避免了村组干部在乡村基层社会治理中处于科层制中的其中一层，也避免了基层自治权利局限于少部分人手中；而对基层自治权的分解也能使村民获得参与治理的主动权，真正实现有效治理，从而反过来推动强自治的进一步实现。

三、社会治理共同体：多重治理要素的有效"复合"

社会治理是国家治理的重要方面，必须不断加强和创新社会治理，建设人人有责、人人尽责、人人享有的社会治理共同体。在党的十九届五中全会上强调，要完善共建共治共享的社会治理制度，充分肯定了构建社会治理共同体在完善社会治理制度中的突出地位。事实上，构建社会治理共同体是新时代创新社会治理模式、推动社会走向"善治"的必要条件，也是优化社会

---

① 张贤明，张力伟. 社会治理共同体：理论逻辑、价值目标与实践路径 [J]. 理论月刊，2021（01）：61.

治理格局的内在需要。构建乡村社会治理共同体是对马克思主义共同体思想的继承与发展，其理念内涵与"以人民为中心"的执政理念具有内在耦合性。

通过 M 村水电站事件的解决，发现在村落的社会治理中包含着来自国家、市场与社会多个领域的资源与力量，在村落社会内部也存在着复杂的治理主体互动关系。从村落社会的主体互动关系来看，可谓包含了嵌入性主体与村落共同体内部各种主体之间的互动，也包括村落共同体内各种主体之间的互动。正是各种治理主体之间存在着复杂的社会关系，其互动关系决定了村落社会治理的权威结构样态，而在互动关系中所形成的"梯度的"与"立体的"治理权威结构，真正改变了村落"一家独大"的赋权方式，在实现"多元赋权"的过程中，村落共同体中的许多非正式主体因此获得参与基层社会治理的可行路径，也正是在充分发挥各种非正式主体权威作用的同时，在村落治理场域中会形成全新的主体关系，这种多元赋权下的主体关系正构成了治理复合化的重要基础。此外，乡村复合治理得以实现的策略也在于多元主体能充分发挥自身的权威力量，利用具体的治理技术来破解各种治理难题，并形成良性的主体互动关系，从而使不同自然村之间的治理空间得以打破，最终使得不同的治理规则都能嵌入其中并发挥效用。

在国家政权自上而下渗透的过程中，体现的是当下乡村社会总体一致、以"乡政村治"为主要模式的社会治理实践。乡村社会通过纵向的治理渠道，使具有共性的各种公共准则能在不同的村落社会中发挥实际作用，并在权力与合法性的强化中，使各种宏观层面的公共准则得以嵌入不同的社会治理场域中。另一方面，由于不同村落的地方文化与传统习俗存在差异，这就使得不同村落社会往往存在具有地方性特点的非正式规则，这种地方规范对于社会治理的秩序维护同样具有不可忽视的作用。各种地方规范遵循宏观制度的基本准则，形成一整套符合宏观制度规范的村规民约，从而实现了正当性的演化。以地方性规范的正当性演化来建构起地方规范与公共准则间的有效调和，便能充分避免不同治理规则之间可能存在的矛盾与冲突，随着多重规则在村落同一治理场域中的同时嵌入，就意味着能顺利实现有效的复合治理。可以说，实现乡村社会的有效复合治理，其本质就是实现不同治理规则之间的整合与协调。

乡村复合治理的有效实现，源于村落社会中的多重主体间能形成良性的互动关系，在村民高度一致的文化认同与依赖性影响下，这种互动关系的展开是基于具有村落文化的权力关系网络之中的。正是在实现村落复合治理的过程中，非正式治理主体能发挥权威作用，并以此为核心形成村落社会的"强公共性"，从而使村落中的大部分村民能有效嵌入治理场域中。此外，由于文化网络在村落共同体中的特定存在，内生性的地方规范更能显示出其效用，而文化网络的不断形成过程正是各种文化不断交融的过程，在这个过程中，公共规则也能以文化渗透的方式来更好地获得村民的认可与遵从，从而建构起村落社会的稳定秩序。因此，以治理空间弥合的方式来发挥村落社会重层结构的作用，并以此来实现村落复合治理，意味着在这个过程中治理共同体的主体、规则与空间将实现合理互构，从而使治理共同体的核心力量得以强化。

总之，通过治理空间的弥合来实现治理共同体的建构，能使治理主体得以有效互动，治理规则也能得以合理调和，其本质在于村落社会"重层结构"的存在。正是通过村落重层结构的作用来使村落社会治理共同体得以建构，才真正构成了村落社会复合治理的可能性与可行性基础。对村落社会治理的发展而言，在村落社会生活共同体的基础上实现治理共同体的建构是很有意义的，在这个过程中，村落社会的各种社会资源将得到最大限度的发挥，村民的主体能动性也将得到激活，治理场域中的多重主体和不同规则也能因此实现有效的复合。这不仅意味着村落社会更有利于实现从"为村民治理"到"由村民治理"的转变，同时也有利于使非正式治理主体能在实现基层社会善治的过程中发挥更大作用，使村落在实现"三治合一"的进程中有更多可利用的资源。

四、"价值—结构—行动"共同体与基层社会治理

关于复合治理的研究，有学者曾提出在复合治理的实践中，可能会产生制度的矛盾与冲突，进而造成社会治理的困境。因此，本研究就以村落社会治理共同体建构与实现复合治理间的互构关系作为根本，对乡村复合治理的作用机制进行深入研究，以此获得乡村复合治理的有效性及现实意义。通过研究，发现以村落社会治理共同体的建构来实现复合治理，能充分满足对治理主体与治理规则的兼顾，这种实现方式能使村落社会"重层结构"的功能得以充分发挥，它实际是以治理空间的复合来推动多元主体与多重规则的复合。此外，在推进复合治理实现的过程中，意味着社会治理共同体的诸多要素也得以不断强化。总之，在对 M 村社会治理实践的深入研究中，发现有效

复合治理与治理共同体的建构之间存在着一定的互构关系，即治理共同体多种要素的优化过程正是实现复合治理的有效方式，而复合治理的实现也意味着治理共同体的多种要素将得以优化。

中国传统的乡村社会本身就是典型的共同体形态，尤其是自然村落，大多是基于一定的血缘和地缘所形成的生活共同体，村落内部具有很强的社会网络，而在这个整合度较高的村落社会中存在着许多具有权威的主体，他们在社会治理中的参与决定着社会治理的实践过程与有效性。在村落社会中各种非正式主体正是通过村落共同体的内部关系建立起了自我与他者的互动关系，并通过特殊的社会角色形成了治理权威。此外，村落共同体的维系源于某种共同的认同意识，它会潜在地约束个体的行为规范，这是在社会治理中具有实践功能的地方规范。因此，围绕村落社会治理的主体互动与规则运作来进行复合治理的探讨，村落共同体不仅具有一定理论旨趣，在社会生活共同体的基础上实现治理共同体的建构，似乎也具有相应的解释合理性。正是在社会治理的不同实践逻辑中呈现出的不同"小共同体"的交叉与融合，才充分显示了社会治理中的复杂主体关系，以及不同规则运作的治理空间二重性。

习近平总书记在 2019 年中央政法工作会议上强调："坚持以人民为中心的发展思想，加快推进社会治理现代化。"这奠定了"以人民为中心"的治理理念。首先，不同主体通过权威的协调和交融，在治理实践中会形成一定权威结构与关系网络，村落社会不同主体有效参与治理正是建设乡村治理共同体的首要条件。其次，治理规则会潜在影响治理的技术与方式等，尤其是普适性公共规则与乡村社会的地方性村社规范的相互交融会影响到治理的整个过程，故乡村治理共同体得以建设的关键在于治理规则间能实现有益调和。中国共产党不仅是执政党又是群众性服务组织，她可以深抵社会底层，因而她的连接调和功能对于社会治理共同体建设尤为重要。最后，从乡村行政区划及其对应治理空间来看，由于行政村与自然村的特定划分，在不同治理空间的作用下会形成不同治理路径与逻辑。基层政府与基层党组织需调和村两委与各个自然村之间的交互关系，实现纵向与横向治理空间的有效联结，使村落社会形成自内而外的治理逻辑，从而推进社会治理共同体的建设。

共同体作为一种多要素整合下的有机联合体，它不仅基于共同的认同意识，同时也是尊重个体差异的。以村落共同体来透视乡村的复合治理实践，其多要素的复合关系，所体现的正是治理主体、治理规则与治理空间的关系。而社会治理共同体，实质上是塑造各种条件让人实现全面发展、让社会实现全面现代化的"价值—结构—行动"共同体。① 其中,"价值"所体现的正是一种理性的社会自主性,即独立于政治权威的价值认同表达,它所吸纳的价值理念包含了传统与现代的交融,其具体的呈现方式正是两种不同治理规则的互补与整合。"结构"所体现的则是一种社会兼容性,即社会结构本身已内含复杂多样的关系网络与资源,这种兼容性既体现为某种物理空间的内生动力,同样也指涉及具有社会关系的理念空间的生产能力。"行动"作为主体能动性的表达,所体现的是对共建共治共享治理理念的映照,是个体有机会参与治理、多元主体有渠道实现合力共治的核心根本。可以说,与"价值—结构—行动"共同体所对应的,正是一种"主体协同—规则兼容—空间有效"的治理格局。在这种内在关联性的耦合下,只有充分考虑共同体与基层社会治理的相互作用,处理好社会治理多重要素间的相互关系,才能为治理能力的现代化发展奠定基石。

党的十八届三中全会以来,在中国社会由管理向治理转变的过程中,"坚持和完善基层群众自治制度""健全充满活力的基层群众自治制度"成为国家基层社会治理体系和治理能力现代化的核心目标诉求。自党的第十九届四中全会以来,社会治理共同体的建构也成为应时代需求而诞生的重要实践依托。重视"共同体"与基层社会治理间的关联性,意味着政治生活需不断向"参与化"转变,治理实践则需不断在"人民性"中提升。以治理规则的互补来推进理性的治理价值,以治理空间的弥合来建构合理的治理结构,以治理主体的互动来实现有效的治理行为,在实现治理共同体建构的同时,基层社会的有效治理定将得以实现。

五、反思与展望

在对 M 村的实地调研中,笔者获得了对村落社会复合治理的深入思考,通过对复合治理相关理论的探究,最终形成了基于村落共同体的乡村复合治理研究。虽然围绕一个傣族村落的不同"小共同体"展开了对实现复合治理的路径分析与作用机制探究,但这也仅仅是在这一研究主题下的个案研究,

---

① 黄建洪,高云天.构筑"中国之治"的社会之基:新时代社会治理共同体建设 [J].新疆师范大学学报(哲学社会科学版),2020,41(03):7.

这一初步探索无论是在理论的建构上，还是在方法的使用上，都受到了时间、地域及研究过程中的一些客观因素的影响，加之笔者独立完成研究的能力仍有待提高，都使得本研究仍存在一些不足之处。

首先，本研究在理论建构时仍有不足之处。在社会治理的现实情景中，纵向的治理实践大多表现出某种共性特征，而横向的治理实践往往具有一定的个性意义，正是这种个体特征的存在影响着社会治理的实践方式和有效性，也不断地加剧了公共准则嵌入村落社会中的复杂性与难度。从这个层面来看，不同的村落可能具有不同的治理主体特性，尤其是与少数民族村落相比，汉族村落大多缺少类似民族领袖这类具有权威的非正式主体，这必然会造成少数民族村落与汉族村落在治理中存在差异，但在实现有效复合治理的过程中，这种差异是否是决定性的影响因素，以及这种差异的影响作用有何现实意义，都值得进行更加深入的对比研究。此外，虽然本研究对 M 村的多重治理主体都进行了深入的剖析，但对于主体之间互动关系下形成主体复合的过程性探究略显不足。从现实情况来看，M 村作为一个边境地区的少数民族村落，在实践中所形成的治理机制往往是受多种因素影响的，这可能是造成该村存在一定差异性的原因。由于对多重主体之间形成复合的整个过程把握仍有不足，这就使得对多元主体形成良性互动的其他结构性因素分析略显不足，因此在体现治理主体复合化的形成机制研究中未能形成更系统和更具说服力的理论，这也是笔者下一步研究将着重关注的问题。

其次，从本研究所选取的对象来看，个案选择仍有不足之处。本研究所选择的研究对象是笔者家乡的一个傣族村落，虽然更容易进入研究地，也更利于获得真实的一手资料，但是，这也使得在这个研究过程中容易被带入自我感情因素，虽然在部分共情的体验下能挖掘到一些更深入的内容与故事，但是，对于社会科学研究中所强调的"价值中立"也很难把握。同时，由于空间上的区隔，使笔者只能利用假期时间来进行多次调研，未能长时期且稳定地进行田野观察，对于一些具有相关性事件的发生过程只能从被访者的回忆中获得，这也可能造成了信息的不对称。

最后，从本研究所采用的具体方法来看，本研究选择了"滚雪球"的方式进行被访对象的选择，无论是对镇政府工作人员还是村民的访谈，都是通过一个被访者而获得与其他被访者建立联系的机会。此外，由于主要关注的水电站事件发生于其中的一个自然村，在进行事件—过程分析的过程中对于被访者的选择受到了一定的局限。因此，在对村民进行访谈时，被访者大多来自其中的一个自然村，也正因如此，通过这种方式来获取的研究对象，是具有很大随机性和偶然性的，缺乏了一定的科学性。此外，由于被访对象大多集中于一个自然村落，这也造成了本研究对不同自然村落之间相互关系的研究仍有不足，对于村落治理空间的分析可能存在一定的局限性。

在对乡村复合治理的理论与现实探讨中，发现了村落共同体所具有的内在活力与强大社会网络，这是实现乡村复合治理的重要基础，而这种典型的村落社会生活共同体在大部分传统村落仍然是普遍存在的，并且部分传统村落内部目前仍存在高度的整合关系，这能促使各种民族领袖发挥出带动作用。由此可见，对于乡村社会治理而言，这种能充分发挥内生性主体作用的复合治理实践具有很强的现实意义。可以说，相较于城市社区而言，仍处于城镇化进程中的大部分村落在社会治理上都表现得较为落后，而复合治理对于村落社会治理的发展具有很大的现实意义，对全面建成小康社会具有很大的影响意义。因此，在未来的科研工作中，笔者将继续遵循这一研究脉络，对乡村社会的复合治理进行更加深入和全面的现实探索与理论研究。

第一，在全面建成小康社会的指引下，以"共建共治共享"作为当下的治理理念，对于农村社会的治理与发展来说是一个有利的机会，在这样的时代背景下，少数民族村落的治理如何能得到突破是值得关注的。随着笔者在M村调研的不断展开，M村所属的Y省T市也为少数民族村落发展带来了一个重要的契机，目前，该市已获得国家民委批示的全国民族团结示范单位。而M村所属的镇也成了其中一个示范教育基地。但由于大多数少数民族在发展上都相对落后，实现村落的有效治理是破解其发展难题的根本。因此，笔者将围绕这样的时代背景，将更多的关注集中在民族与国家的关系变迁上，从更宏观的视角来探索建立少数民族村落社会有效治理机制的制度及政策影响，以及由此能产生的重要意义。此外，也从不同村落所处的空间特点来对其治理进行更多的探掘，更加深入地挖掘少数民族村落在实现复合治理的过程中所存在的本质。许多由现实故事所展现出来的现象背后都暗含着值得深入挖掘的理论，可以说，讲好少数民族的故事，挖掘少数民族村落的特色，探究少数民族村落在社会治理中的优势资本是很有意义的，也是在所处时代背景下能积极推进少数民族村落发展的重要方式，更是对少数民族村落社会治理理论的不断完善。

第二，在社会治理的现实情景中，纵向的治理实践大多表现出某种共性特征，而横向的治理实践往往具有一定的个性意义，正是这种个体特征的存在影响着社会治理的实践方式和有效性，也不断地加剧了公共准则嵌入村落社会中的复杂性与难度。从这个层面来看，不同的村落在社会治理实践上必然表现出不同的特点，是具有一定差异性的。本研究所探讨的"寨老"这类民族领袖，在实现社会有效治理的过程中，虽然不是影响治理的决定性因素，但其作用仍在于如何协调好多元主体的互动关系，这充分说明了在村落社会治理中，治理主体关系与治理结果间存在一定的相关性。因此，在多元化的治理主体中，不同的村落可能会展现出具有差异的治理主体特性，由于非正式的治理主体在与正式主体的互动方式上存在差异性，尤其是汉族村落大多缺少类似民族领袖这类具有权威的非正式主体，这必然会导致少数民族村落与汉族村落之间存在本质上的差异，但在实现复合治理的过程中，这种差异是否是决定性的影响因素仍值得进行更加深入的对比研究。

第三，由于本研究所选择的 M 村本身就是一个内部关系十分紧密的社会生活共同体，所以村落内部依然具有一定的乡土公共性，这也确实成了实现村民积极参与治理的一个重要条件。但是，从目前许多北方汉族村落的发展情形来看，大部分村落已经出现了明显的过疏化与原子化现象，村落社会中缺少了能维系共同体的共同认同，内生性的社会活力明显不足。① 因此，如何在这样的村落社会中再造一个具有活力的社会生活共同体成为当下亟待破解的问题，并且，在这样的村落社会中，以共同体为基础来实现复合治理是否还具有可能性，或者说，在过疏化显著的村落社会中，该如何从村民个体中找到治理共同体得以建构的突破口是更本质的问题。总之，在这种过疏化的村落社会中实现利益联结机制的建构，将农民的个人利益与农村社会发展的整体利益相结合，让农民能够更好地融入现代社会发展中，将农民的人力资本价值充分地发挥出来是至关重要的。因此，如何在这种共享机制的调动下以村民个体能动性来丰富治理主体的多元样态，从而顺利实现村落的复合治理，也是值得更深入探究的议题。

随着 M 村的水电站事件最终得以顺利解决，无论是镇政府、村两委和村民小组等治理主体还是村民，对村落社会的有效治理都有了更多的感受与理解，M 村在未来的社会治理实践中或许还会有新的故事出现，但作为村落社会复合治理的一个初步研究，行文至此，将告一段落。当然，这并不是笔者在这条学术研究道路上的终点，而会是一个全新的起点。

---

① 田毅鹏. 村落过疏化与乡土公共性的重建 [J]. 社会科学战线，2014 (6)：8.

参考文献

一、著作类

[1][法] E. 迪尔凯姆. 社会学方法的准则 [M]. 北京：商务印书局，2002.

[2][法] H. 孟德拉斯. 农民的终结 [M]. 李培林，译. 北京：社会科学文献出版社，2005.

[3][英] 爱德华·泰勒. 原始文化：神话、哲学、宗教、语言、艺术和习俗发展之研究（重译本）[M]. 连树声，译. 桂林：广西师范大学出版社，2005.

[4][英] 安东尼·吉登斯. 民族—国家与暴力 [M]. 胡宗泽，赵力涛，译. 北京：生活·读书·新知三联书店，1998.

[5][英] 安东尼·吉登斯. 现代性与自我认同 [M]. 夏璐，译. 北京：中国人民大学出版社，2016.

[6][英] 波兰尼. 大转型：我们时代的政治与经济起源 [M]. 冯钢，刘阳，译. 杭州：浙江人民出版社，2007.

[7][美] 杜赞奇. 文化、权力与国家：1900—1942 年的华北农村 [M]. 南京：江苏人民出版社，2018.

[8][加] 布莱登，科尔曼. 反思共同体：多学科视角与全球语境 [M]. 严海波，等，译. 北京：社会科学文献出版社，2011.

[9][德] 费迪南·腾尼斯. 共同体与社会——纯粹社会学的基本概念 [M]. 北京：北京大学出版社，2010.

[10][美] 戈夫曼. 日常生活中的自我呈现 [M]. 黄爱华，冯钢，译. 杭州：浙江人民出版社，1989.

[11][美] 亨廷顿. 变化社会中的政治秩序 [M]. 上海：上海人民出版社，2017.

[12]［德］哈贝马斯. 公共领域的结构转型［M］. 上海：学林出版社，1999.

[13]［法］列斐伏尔. 空间政治学的反思［M］//包亚明，编. 现代性与空间的生产. 上海：上海教育出版社，2003.

[14]［德］马克思，恩格斯. 马克思恩格斯全集［M］. 中共中央马克思恩格斯列宁斯大林著作编译局，译. 北京：人民出版社，1972.

[15]［德］马克斯·韦伯. 儒教与道教［M］. 洪天富，译. 南京：江苏人民出版社. 2010.

[16]［德］马克斯·韦伯. 新教伦理与资本主义精神［M］. 马奇炎，陈婧，译. 北京：北京大学出版社，2012.

[17]［英］齐格蒙特·鲍曼. 共同体［M］. 欧阳景根，译. 南京：江苏人民出版社. 2003.

[18]［法］埃米尔·涂尔干. 社会分工论［M］. 渠东，译. 北京：生活·读书·新知三联书店，2000.

[19]［英］托尼·本尼特. 文化与社会［M］. 王杰，等，译. 桂林：广西师范大学出版社，2007.

[20]［英］乌尔里希·贝克，安东尼·吉登斯，斯科特·拉什. 自反性现代化［M］. 赵文书，译. 北京：商务印书馆，2014.

[21]［美］亚历克斯·英克尔斯. 什么是社会学？［M］. 陈观胜，李培菜，译. 北京：中国社会科学出版社，1981.

[22]［美］詹姆斯·N.罗西瑙. 没有政府的治理［M］. 南昌：江西人民出版社，2001.

[23]［美］詹姆斯·斯科特. 弱者的武器：农民反抗的日常形式［M］. 南京：译林出版社，2011.

[24]《傣族简史》编写组，《傣族简史》修订本编写组. 傣族简史［M］. 北京：民族出版社，2009.

[25] 艾菊红. 水之意蕴——傣族水文化研究［M］. 北京：中国社会科学出版社，2010.

[26] 曹成章. 傣族村社文化研究［M］. 北京：中央民族大学出版社，2006.

[27] 曹础基. 庄子浅注［M］. 北京：中华书局，2014.

[28] 曹锦清. 黄河边的中国［M］. 上海：上海文艺出版社，2000.

［29］陈向明．质的研究方法与社会科学研究（第一版）［M］．北京：教育科学出版社，2000.

［30］褚建芳．人神之间——云南芒市一个傣族村寨的仪式生活、经济伦理与等级秩序［M］．北京：社会科学文献出版社，2005.

［31］邓正来，亚历山大．国家与市民社会［M］．北京：中央编译出版社，2002.

［32］邓正来．国家与社会：中国市民社会研究［M］．北京：中国法制出版社，2018.

［33］狄金华．被困的治理：河镇的复合治理与农户策略［M］．上海：三联书店，2015.

［34］费孝通，吴晗，等．皇权与绅权［M］．上海：华东师范大学出版社，2015.

［35］费孝通．江村经济［M］．北京：北京大学出版社，2012

［36］费孝通．文化与文化自觉［M］．北京：群言出版社，2016.

［37］费孝通．乡土社会（第1版）［M］．北京：北京大学出版社，2012.

［38］费孝通．乡土中国 生育制度［M］．北京：北京大学出版社，1998.

［39］费孝通．乡土中国·乡土重建［M］．北京：群言出版社，2016.

［40］风笑天．社会学研究方法（第1版）［M］．北京：中国人民大学出版社，2001.

［41］高万芹．中农治村：传统农业村庄的权威与秩序［M］．武汉：华中科技大学出版社，2018.

［42］郭于华．受苦人的讲述：骥村历史与一种文明的逻辑［M］．香港：香港中文大学出版社，2013.

［43］何少林，白云．中华民族全书——中国傣族［M］．银川：宁夏人民出版社，2012.

［44］贺雪峰．村治的逻辑——农民行动单位的视角［M］．北京：中国社会科学出版社，2009.

［45］贺雪峰．乡村治理的社会基础［M］．北京：中国社会科学出版社，2003.

［46］贺雪峰．新乡土中国［M］．桂林：广西师范大学出版社，2003.

［47］贺雪峰．组织起来——取消农业税后农村基层组织建设研究［M］．济南：山东人民出版社，2012.

［48］黄宗智．华北小农经济与社会变迁［M］．北京：中华书局，2004．

［49］蓝宇蕴．都市里的村庄［M］．上海：三联书店，2005．

［50］李怀印．华北村治——晚清和民国时期的国家与乡村［M］．北京：中华书局，2008：

［51］李培林．村落的终结——羊城村的故事［M］．北京：商务印书馆，2004．

［52］李培林，等．当代中国城市化及其影响［M］．北京：社会科学文献出版社．2013．

［53］林耀华．金翼：一个中国家族的史记［M］．庄孔韶，方静文，译．上海：三联书店，2015．

［54］刘荣昆．傣族生态文化研究［M］．昆明：云南大学出版社，2011．

［55］马戎，刘世定，邱泽奇．中国乡镇组织变迁研究［M］．北京：华夏出版社，2000．

［56］欧阳静．策略主义——桔镇运作的逻辑［M］．北京：中国政法大学出版社，2011．

［57］孙秋云．社区历史与乡村政治——鄂西土家族地区农村宗族文化与村民自治研究［M］．北京：民族出版社，2001．

［58］田汝康．芒市边民的摆［M］．福州：福建教育出版社，2016（7）．

［59］田毅鹏．地域社会学的论理［M］．北京：中国社会科学出版社，2020．

［60］田毅鹏．东亚新发展主义研究［M］．北京：中国社会科学出版社，2009．

［61］田毅鹏，吕方．“单位共同体”的变迁与城市社区重建［M］．北京：中央编译出版社，2020．

［62］屠述濂．腾越州志［M］．昆明：云南出版集团公司，云南美术出版社，2007．

［63］吴毅．小镇喧嚣：一个乡镇政治运作的演绎与阐释［M］．上海：三联书店，2018．

［64］习近平．决胜全面建成小康社会 夺取新时代中国特色社会主义伟大胜利［M］．北京：人民出版社，2017．

［65］项飙．跨越边界的社区——北京“浙江村”的生活史［M］．上

海：三联书店，2018.

[66] 熊培云. 一个村庄里的中国 [M]. 北京：新星出版社，2011.

[67] 徐勇. 中国农村村民自治 [M]. 上海：三联书店，2018.

[68] 阎云翔. 礼物的流动：一个中国村庄中的互惠原则与社会网络 [M]. 李放春，刘瑜，译. 上海：上海人民出版社，2017

[69] 阎云翔. 中国社会的个体化 [M]. 上海：上海译文出版社，2012.

[70] 应星. "气"与抗争政治——当代中国乡村社会稳定问题研究 [M]. 北京：社会科学文献出版社，2011.

[71] 应星. 大河移民上访的故事 [M]. 上海：三联书店，2001.

[72] 于建嵘. 岳村政治：转型期中国乡村政治结构的变迁 [M]. 北京：商务印书馆，2011.

[73] 袁方，主编，王汉生，副主编. 社会研究方法教程（第 1 版）[M]. 北京：北京大学出版社，1997.

[74] 云南省腾冲县志编纂委员会. 腾冲县志 [M]. 北京：中华书局，1995.

[75] 俞可平. 治理与善治 [M]. 北京：社会科学文献出版社，2000.

[76] 张公瑾，王锋. 傣族宗教与文化 [M]. 北京：中央民族大学出版社，2002.

[77] 张公瑾. 傣族文化 [M]. 长春：吉林教育出版社，1986.

[78] 张和清. 国家、民族与中国农村基层政治——蚌岚河槽 60 年 [M]. 北京：社会科学文献出版社，2010（2）.

[79] 张静. 基层政权乡村制度诸问题 [M]. 上海：上海人民出版社，2007.

[80] 张静. 现代公共规则与乡村社会 [M]. 上海：上海书店出版社，2006.

[81] 折晓叶. 村庄的再造 [M]. 北京：中国社会科学出版社，1997.

[82] 郑晓云. 全球化背景下的中国及东南亚傣泰民族文化 [M]. 北京：民族出版社，2008.

[83] 中共中央宣传部. 习近平新时代中国特色社会主义思想学习纲要 [M]. 北京：学习出版社，人民出版社，2019.

[84] 朱晓阳. 小村故事——地志与家园 [M]. 北京：北京大学出版社，2011.

二、期刊类

[1] 艾菊红. 文化生态旅游的社区参与和传统文化保护与发展——云南三个傣族文化生态旅游村的比较研究 [J]. 民族研究, 2007 (04).

[2] 包塔娜, 席锁柱. 少数民族地区乡村治理研究——以内蒙古科左中旗为例 [J]. 学理论, 2017 (03).

[3] 包涵川. 迈向"治理有机体": 中国基层治理中的情感因素研究 [J]. 治理研究, 2021, 37 (01).

[4] 陈天祥, 魏晓丽, 贾晶晶. 多元权威主体互动下的乡村治理——基于功能主义视角的分析 [J]. 公共行政评论, 2015, 8 (01).

[5] 陈娟. 复合联动: 城市治理的机制创新与路径完善——基于杭州市上城区的实践分析 [J]. 中共浙江省委党校学报, 2014, 30 (02).

[6] 陈娟. 复合治理: 城市公共事务治理的路径创新——以杭州"社会复合主体"实践为视角 [J]. 中共浙江省委党校学报, 2011, 27 (04).

[7] 程同顺, 赵一玮. 村民自治体系中的村民小组研究 [J]. 晋阳学刊, 2010 (02).

[8] 褚建芳. 宗教、道德与社会整合——从芒市傣族社会形态及其变迁反思韦伯命题研究 [J]. 思想战线, 2014.

[9] 崔月琴, 张扬. "村改居"进程中农村社区"公共性"的重建及其意义 [J]. 福建论坛, 2017 (4).

[10] 党国印. 中国农村社会权威结构变化与农村稳定 [J]. 中国农村观察, 1997 (05).

[11] 邓崇专. 少数民族传统文化法治功能的释放与基层社会治理能力的提升——"广西民族乡法治状况研究"之三 [J]. 广西民族研究, 2016 (06).

[12] 邓大才. 社会化小农与乡村治理条件的演变——从空间、权威与话语维度考察 [J]. 社会科学, 2011 (08).

[13] 狄金华, 钟涨宝. 从主体到规则的转向——中国传统农村的社会治理研究 [J]. 社会学研究, 2014, 29 (05).

[14] 狄金华, 钟涨宝. 中国农村社会管理机制的嬗变——基于整合视角的分析 [J]. 吉林大学社会科学学报, 2012, 52 (03).

[15] 狄金华. 中国农村田野研究单位的选择——兼论中国农村研究的分

析范式 [J] . 中国农村观察, 2009 (06) 2.

[16] 丁建定 . 19 世纪社会主义者的社会治理思想及其实践 [J] . 社会工作, 2019 (04) .

[17] 丁建定 . 作为国家治理手段的中西方社会保障制度比较 [J] . 东岳论丛, 2019, 40 (04) .

[18] 费孝通 . 简述我的民族研究经历和思考 [J] . 北京大学学报 (哲学社会科学版), 1997, (02) .

[19] 高丙中 . 对节日民俗复兴的文化自觉与社会再生产 [J] . 江西社会科学, 2006 (02) .

[20] 桂华 . 农村土地制度与村民自治的关联分析——兼论村级治理的经济基础 [J] . 政治学研究, 2017 (01) .

[21] 郭占锋, 李琳, 张坤 . 从"悬浮型"政权到"下沉型"政权——精准扶贫对社会治理的影响研究 [J] . 中国农村研究, 2018 (01) .

[22] 郭道久, 陈冕 . 走向复合治理：农村民间组织发展与乡村治理变革——基于四川仪陇燎原村的研究 [J] . 理论与改革 . 2014 (02) .

[23] 公维友, 刘云 . 当代中国政府主导下的社会治理共同体建构理路探析 [J] . 山东大学学报 (哲学社会科学版), 2014 (03) .

[24] 何明 . 中国少数民族农村的社会文化变迁综论 [J] . 思想战线, 2009, 35 (01) .

[25] 何涛 . 新时代少数民族地区村规民约对乡村治理的作用研究 [J] . 法制与经济, 2019 (05) .

[26] 贺金瑞 . 中国少数民族传统基层社会自治体系及其现代治理启示 [J] . 中央民族大学学报 (哲学社会科学版), 2016, 43 (05) .

[27] 贺雪峰, 阿古智子 . 村干部的动力机制与角色类型——兼谈乡村治理研究中的若干相关话题 [J] . 学习与探索 . 2006 (8) .

[28] 贺雪峰, 仝志辉 . 论村庄社会关联——兼论村庄秩序的社会基础 [J] . 中国社会科学, 2002 (03) .

[29] 贺雪峰 . 论半熟人社会——理解村委会选举的一个视角 [J] . 政治学研究, 2000 (03) .

[30] 贺雪峰 . 论乡村治理内卷化——以河南省 K 镇调查为例 [J] . 开放时代, 2011 (02) .

[31] 贺雪峰 . 缺乏分层与缺失记忆型村庄的权力结构——关于村庄性质

的一项内部考察［J］．社会学研究，2001（02）．

［32］侯钧生，谭江华．典型民族宗教村落社区权威变迁解析——以河南省孟州市桑坡村为例［J］．社会科学，2004（01）．

［33］侯万锋．新中国成立以来我国乡村治理模式的历史回顾、现实难题与治理机制优化［J］．河南师范大学学报（哲学社会科学版），2009（9）．

［34］黄顺君．社会参与西部少数民族地区精准协同扶贫机制创新研究——基于社会资本协同扶贫治理逻辑［J］．贵州民族研究，2016，37（11）．

［35］黄新整．文化振兴与少数民族乡村治理的路径选择——以广西R村苗族拉鼓节为例［J］．乡村科技，2020，11（24）．

［36］黄宗智．集权的简约治理——中国以准官员和纠纷解决为主的半正式基层行政［J］．开放时代，2008（02）．

［37］黄家亮．基层社会治理转型与新型乡村共同体的构建——我国农村社区建设的实践与反思（2003—2014）［J］．社会建设，2014，1（01）．

［38］季晨，周裕兴．乡村振兴背景下少数民族农村社会治理面临的新问题及应对机制［J］．贵州民族研究，2019，40（04）．

［39］姜晓萍．国家治理现代化进程中的社会治理体制创新［J］．中国行政管理，2014（02）．

［40］景跃进．中国农村社会治理的逻辑转换——国家与乡村社会关系的再思考［J］．治理研究．2018（1）．

［41］康晓光，韩恒．分类控制：当前中国大陆国家与社会关系研究［J］．社会学研究，2005（6）．

［42］孔令栋．权威与依附——传统社会主义模式下的国家与社会关系［J］．文史哲，2001（06）．

［43］孔瑞．权力的话语网络与治理效度评估——对贵州两个少数民族村寨治理实践的对比考察［J］．贵州民族研究，2020，41（05）．

［44］劳玲，黄新锋，覃如洋，等．广西特有少数民族族规民约的社会治理价值研究——以仫佬族为例［J］．中共桂林市委党校学报，2020，20（01）．

［45］李达．反思与行动：近十年国内少数民族特色村寨的治理哲学［J］．原生态民族文化学刊，2020，12（05）．

［46］李达．推进边疆少数民族特色村寨建设与治理［J］．社会主义论

坛，2020（01）．

　　[47] 李红卫．农村转型背景下村党支部社会整合研究 [J]．学术论坛，2014，37（07）．

　　[48] 李宁．乡贤文化和精英治理在现代乡村社会权威和秩序重构中的作用 [J]．学术界，2017（11）．

　　[49] 李松玉．社会权威主导形式历史演变的阶段性分析 [J]．理论学刊，2003（02）．

　　[50] 李松玉．乡村治理中的制度权威建设 [J]．中国行政管理，2015（03）．

　　[51] 李向振．村民信仰与村落里有权威的"边缘人"——以河北高村的"香头"为例 [J]．民俗研究，2011（03）．

　　[52] 李勇华，雷志松．新农村建设与农村基层党组织权威重塑 [J]．理论导刊，2007（07）．

　　[53] 李正亭，孔令琼．民国时期云南土司衍变与国家融入 [J]．民族论坛．2019（1）．

　　[54] 李春敏．列斐伏尔的空间生产理论探析 [J]．人文杂志．2011（01）．

　　[55] 李慧凤，蔡旭昶．"共同体"概念的演变、应用与公民社会 [J]．学术月刊．2010，42（06）．

　　[56] 李友梅，相凤．我国社会治理共同体建设的实践意义与理论思考 [J]．江苏行政学院学报．2020（03）．

　　[57] 李友梅．中国社会治理的新内涵与新作为 [J]．社会学研究，2017，32（06）．

　　[58] 李国庆．关于中国村落共同体的论战——以"戒能—平野论战"为核心 [J]．社会学研究．2005（06）．

　　[59] 林婷．权威与秩序——乡村宗族秩序的现代化嬗变透析 [J]．贵州师范大学学报（社会科学版），2005（05）．

　　[60] 林炜，杨连生．边疆少数民族地区农村公共文化建设研究 [J]．贵州民族研究，2014，35（10）．

　　[61] 刘锐．行政吸纳社会：社会治理困境分析——以 H 市农村调查为例 [J]．中南大学学报（社会科学版），2020（5）．

　　[62] 刘伟兵，龙柏林．仪式感如何生成——仪式发挥文化功能的运行机

理研究 [J]. 西南民族大学学报（人文社科版），2020，41（02）.

[63] 刘义强. 构建以社会自治功能为导向的农村社会组织机制 [J].东南学术，2009（1）.

[64] 刘善仕. 精神共同体的建构及其伦理意义 [J]. 广东社会科学，1998（02）.

[65] 刘志一. 论民族是具有自我意识的语言文化血缘共同体 [J]. 西藏民族学院学报（社会科学版），1989（04）.

[66] 罗群. 云南土司制度发展与嬗变的制度分析 [J]. 中国边疆史地研究，2013（1）.

[67] 罗依平，谷冲. 少数民族乡域社会治理：内涵、价值和发展趋向[J]. 创造，2020（02）.

[68] 卢宪英. 紧密利益共同体自治：基层社区治理的另一种思路——来自H省移民新村社会治理机制创新效果的启示 [J]. 中国农村观察，2018（06）.

[69] 马戎. 中国社会的另一类"二元结构" [J]. 北京大学学报（哲学社会科学版），2010，47（03）.

[70] 毛丹. 村落共同体的当代命运：四个观察维度 [J]. 社会学研究，2010，25（01）.

[71] 潘建雷，李海荣，王晓娜. 权威的构成：乡村治理秩序的古与今[J]. 社会建设，2015，2（04）.

[72] 彭多意. 论少数民族农村社区治理能力建设——以云南k彝族村为例 [J]. 云南行政学院学报，2007（03）.

[73] 彭永庆. 武陵山区古代少数民族社会治理与结构变迁——以老司城遗址为中心的分析 [J]. 民族论坛，2017（03）.

[74] 彭正波，王凡凡. 西南民族地区农村社会组织参与村寨治理的路径分析——以贵州西江千户苗寨老人会为例 [J]. 贵州民族研究，2017，38（10）.

[75] 蒲晓业. 村民权威认同与农村社会稳定 [J]. 兰州学刊，2005（03）.

[76] 青觉，闫力. 共建共治共享：民族自治地方社会治理的新模式——社会主义协商民主的视角 [J]. 黑龙江民族丛刊，2016（03）.

[77] 曲纵翔，吴清薇. 复合治理框架下整体性治理的精准性拓展 [J].

内蒙古社会科学.2020,41（01）.

[78] 邵志忠,过竹.民族地区传统社区组织参与农村治理研究——基于广西瑶族石牌组织的个案［J］.中南民族大学学报（人文社会科学版),2014,34（02）.

[79] 沈毅.从"权威性格"到"个人权威"——对本土组织领导及"差序格局"之"关系"形态的再探讨［J］.开放时代,2014（05）.

[80] 舒丽丽.现代化进程中侗族地区乡村治理文化机制探究——以湖南省通道侗族自治县为例［J］.思想战线,2010,36（03）.

[81] 宋婧,杨善华.经济体制变革与村庄公共权威的蜕变——以苏南某村为案例［J］.中国社会科学,2005（06）.

[82] 孙立平,郭于华."软硬兼施":正式权力的非正式运作的过程分析［J］.清华社会学评论特辑,2000（1）.

[83] 孙敏.民间信仰、社会整合与地方秩序的生成——以关中风池村庙会为考察中心［J］.北京社会科学,2017（01）.

[84] 孙秋云,钟年.村民自治与乡村社会的基层权力结构——以湖北西南部少数民族地区农村为例［J］.云南社会科学,2003（01）.

[85] 孙秋云.村民自治制度下少数民族乡村精英的心态与行为分析——以湖北西部土家族地区农村为例［J］.中南民族大学学报（人文社会科学版),2004（03）.

[86] 唐文玉.合作治理:权威型合作与民主型合作［J］.武汉大学学报（哲学社会科学版),2011,64（06）.

[87] 陶建钟.复合治理下的国家主导与社会自主——社会管理及其制度创新［J］.浙江学刊.2014（01）.

[88] 田毅鹏.乡村未来社区:城乡融合发展的新趋向［J］.人民论坛·学术前沿,2021（02）.

[89] 田毅鹏.东亚乡村振兴的社会政策路向——以战后日本乡村振兴政策为例［J］.学习与探索,2021,（02）.

[90] 田毅鹏,张红阳.村落转型再生进程中"乡村性"的发现与重写——以浙西 M 村为中心［J］.学术界,2020（07）.

[91] 田毅鹏,苗延义."吸纳"与"生产":基层多元共治的实践逻辑［J］.南通大学学报（社会科学版),2020,36（01）.

[92] 田毅鹏.社会治理现代化进程中的"传统"与"现代"［J］.社会

发展研究, 2019, 6 (04).

[93] 田毅鹏. 农村社区治理能力现代化的新取向 [J]. 政治学研究, 2018 (01).

[94] 田毅鹏. 乡村过疏化背景下村落社会原子化及其对策——以日本为例 [J]. 新视野, 2016, (06).

[95] 田毅鹏, 韩丹. 城市化与"村落终结" [J]. 吉林大学社会科学学报, 2011, (02).

[96] 田毅鹏. 城市社会管理网格化模式的定位及其未来 [J]. 学习与探索, 2012 (02).

[97] 田毅鹏. 村落过疏化与乡土公共性的重建 [J]. 社会科学战线, 2014 (6).

[98] 田毅鹏, 张笑菡. 村落社会"重层结构"与乡村治理共同体构建 [J]. 中国特色社会主义研究, 2021 (04).

[99] 铁锴. 协同复合治理: 走出乡村治理困局 [J]. 内蒙古社会科学 (汉文版), 2014, 35 (05).

[100] 王茂美. "三治"社区治理体系建构的民族制度伦理基础——基于云南少数民族村落社区的实证调查 [J]. 西北民族大学学报 (哲学社会科学版), 2018 (05).

[101] 王启梁. 传统法文化的断裂与现代法治的缺失——少数民族农村法治秩序建构路径选择的社区个案研究 [J]. 思想战线, 2001 (05).

[102] 王晓荣. 农村基层党组织边缘化及其权威重建 [J]. 理论探索, 2014 (05).

[103] 王毅. 建国初期乡村建设派眼中的"乡村建设运动" [J]. 理论视野, 2018 (06).

[104] 王越平. 仪式重构与社会整合: 滇越边境 Y 村的个案 [J]. 广西民族大学学报 (哲学社会科学版), 2011, 33 (05).

[105] 王展. 乡村社区的治理逻辑: 一个混合型权威结构的理论视角 [J]. 新视野, 2016 (05).

[106] 王亚婷, 孔繁斌. 用共同体理论重构社会治理话语体系 [J]. 河南社会科学, 2019, 27 (03).

[107] 魏淑艳, 高登晖. 多维复合治理模式: 中国政府治理模式的变革取向 [J]. 广西社会科学, 2018 (04).

[108] 文军，吴越菲. 流失村民的村落：传统村落的转型及其乡村性反思——基于 15 个典型村落的经验研究 [J]. 社会学研究，2017，32（04）.

[109] 吴毅，贺雪峰，罗兴佐，等. 村治研究的路径与主体——兼答应星先生的批评 [J]. 开放时代，2005（04）.

[110] 吴毅. 何以个案 为何叙述——对经典农村研究方法质疑的反思 [J]. 探索与争鸣，2007（04）.

[111] 吴重庆. 孙村的路——"国家—社会"关系格局中的民间权威 [J]. 开放时代，2000（11）.

[112] 项继权. 中国农村社区及共同体的转型与重建 [J]. 华中师范大学学报（人文社会科学版），2009，48（03）.

[113] 向德平，申可君. 社区自治与基层社会治理模式的重构 [J]. 甘肃社会科学，2013（02）：127-130.

[114] 向德平，苏海. "社会治理"的理论内涵和实践路径 [J]. 新疆师范大学学报（哲学社会科学版），2014，35（06）.

[115] 肖瑛. 从"国家与社会"到"制度与生活"：中国社会变迁研究的视角转换 [J]. 中国社会科学，2014（09）.

[116] 谢治菊. 社会资本视角下西部少数民族农村社区治理模式创新 [J]. 农村经济，2008（09）.

[117] 熊易寒. 社区共同体何以可能：人格化社会交往的消失与重建 [J]. 社会科学文摘，2019（09）.

[118] 徐勇，吴毅，贺雪峰，等. 村治研究的共识与策略 [J]. 浙江学刊，2002（01）.

[119] 徐勇，赵德健. 找回自治：对村民自治有效实现形式的探索 [J]. 华中师范大学学报（人文社会科学版），2014，53（04）.

[120] 徐勇. 权力重组：能人权威的崛起与转换——广东省万丰村先行一步的放权改革及启示 [J]. 政治学研究，1999（01）.

[121] 杨逢银，胡平，邢乐勤. 公共事务复合治理的载体、实践及其走势分析——以杭州运河综保工程为例 [J]. 中国行政管理，2012（03）.

[122] 杨海龙，朱静. "便于自治抑或便于行政"——我国村民委员会的村庄基础选择 [J]. 中国农村研究，2018（02）.

[123] 杨华. 初论"血缘共同体"与"关系共同体"——南北村落性质比较 [J]. 开发研究，2008（01）.

［124］杨涛，黄弘椿．城市社区复合化治理及其发展路径——以南京市S街道J社区为例［J］．吉林大学社会科学学报，2016，56（03）．

［125］杨雪冬．全球化、风险社会与复合治理［J］．马克思主义与现实，2004（04）．

［126］姚伟，吴莎．复合治理：一个理论框架及其初步应用［J］．理论界，2017（06）．

［127］俞可平．权力与权威：新的解释［J］．中国人民大学学报，2016，30（03）．

［128］俞可平．中国治理变迁30年（1978—2008）［J］．吉林大学社会科学学报，2008（5）．

［129］张江华．卡里斯玛、公共性与中国社会有关"差序格局"的再思考［J］．社会，2010，30（05）．

［130］张志旻，赵世奎，任之光，等．共同体的界定、内涵及其生成——共同体研究综述［J］．科学与科学技术管理，2010，31（10）．

［131］张凤荣．大数据社会治理研究的理论进展与政策堕距分析［J］．学海，2018（02）．

［132］张凤荣，孙文倩，李政．大数据政府治理政策焦点与导向分析［J］．上海大学学报（社会科学版），2020，37（01）．

［133］张笑菡．共建共治共享理念下的农村社会发展路径［J］．人民论坛·学术前沿，2020（17）．

［134］郑晓云．社会变迁中的傣族文化——一个西双版纳傣族村寨的人类学研究［J］．中国社会科学，1997（05）．

［135］钟涨宝，狄金华．社会转型与农村社会管理机制创新［J］．华中农业大学学报（社会科学版），2011（02）．

［136］周丹丹．少数民族乡村治理中的传统社会组织研究——以侗族寨老组织为例［J］．江淮论坛，2016（06）．

［137］周飞舟．从汲取型政权到"悬浮型"政权——税费改革对国家与农民关系之影响［J］．社会学研究，2006（03）．

［138］周平．中国民族政策价值取向分析［J］．当代世界与社会主义，2010（02）．

［139］周雪光．权威体制与有效治理：当代中国国家治理的制度逻辑［J］．开放时代，2011（10）．

［140］庄友刚.西方空间生产理论研究的逻辑、问题与趋势［J］.马克思主义与现实, 2011 (06).

［141］张厚安.乡政村治——中国特色的农村政治模式［J］.政策, 1996 (10).

附录一：访谈提纲

一、政府工作人员访谈提纲

1. 少数民族相关政策的了解情况

（1）所知道的少数民族政策有哪些；

（2）本镇是否有针对少数民族的特殊照顾政策；

（3）对少数民族政策是否认可，理由是什么；

2. M 村的具体情况了解

（1）M 村在经济发展中是什么水平，和其他汉族村比有哪些优势和劣势；

（2）M 村的文化活动哪些得到了政府的支持；

（3）M 村在近年来有哪些明显的转变；

（4）M 村在芙蕖湾项目中的地位；

（5）芙蕖湾项目对该村发展有何意义，目前是否遇到什么阻碍。

3. 政府在少数民族村落治理中的情况

（1）政府在少数民族村落的治理中有什么特别之处，可以举具体事例说明；

（2）造成少数民族村落治理特殊性的原因是什么；

（3）政府在少数民族村落治理中的困难有哪些，可具体说明；

（4）少数民族村落在社会治理中的优势是什么，可具体说明；

（5）少数民族村落治理的关键在于什么；

（6）政府在处理少数民族村落治理问题时有什么要领；

（7）与汉族村落相比，少数民族村落在治理中的最大差异是什么；

（8）实现少数民族村落发展的关键核心是什么。

二、村干部访谈提纲

1. 村庄基本情况

（1）人口（常住人口、流动人口、出生率、死亡率）；

（2）村落面积（总面积、居住面积、农业面积）；

（3）产业结构（三大产业比重，主要农作物及产量）；

（4）经济状况（债务、产值）；

（5）基层组织结构；

（6）少数民族分布状况；

2. 村治状况

（1）近三年来针对少数民族的主要工作；

（2）在村落的治理中，与汉族村落相比，少数民族村落有何特殊性；

（3）治理过程中面对的问题，尤其是由少数民族宗教信仰所造成的；

（4）近年来工作内容和方式的变化；

（5）对本村发展的预想与期待；

（6）对于少数民族集聚村落，认为村落发展的关键是什么，是否有特别之处；

（7）对共建共治共享理念的认识和看法；

（8）国家在乡村治理中扮演什么角色，对民族自治政策有什么认识和看法；

（9）村落内部（尤其是本民族内部）是否有长老/乡绅还在发挥治理作用，在社会治理中，村民对乡绅的认同度；

（10）基层村干部与村内有威信的人之间是否有交流往来，是否有针对乡村治理的合作；

（11）对芙蕖湾项目的了解情况，以及涉及本村的情况。

3. 对乡村社会内部的认知

（1）村民之间往来的密切程度，民族的因素是否会影响（以过年过节之间的活动、礼物的流动为例）；

（2）乡村邻里关系变化，这种变化对村庄发展有无影响；

（3）是否还有大家族生活的传统，民族的力量是否仍在发挥作用；

（4）外出打工的人是否逐渐增多，对乡村治理是否有影响；

（5）村里是否会举行集中的文化社会活动，哪些是民族特有的（如歌舞比赛、祭祀、志愿活动等）？这种社会活动对社会治理有何影响；

（6）村里有无村民自发形成的社会组织，如果有，请分别介绍各种组织的概括及形成过程，以及对村庄的影响。

三、寨老访谈提纲

1. 个人及家庭概况

（1）个人概况（性别、年龄、民族、宗教信仰、党派、受教育程度）；

（2）家庭概况（人口、收入、主要经济来源情况）。

2. 寨老制度与身份认同

（1）寨老的职责有哪些；

（2）寨老的选举过程；

（3）寨老的发展历程；

（4）寨老在其他村民心中的社会地位；

（5）认为寨老必须具备哪些特质和条件；

（6）为什么自己能成为村里的寨老。

3. 村落社会治理参与情况

（1）参与村两委工作的基本情况；

（2）对村落治理的实际意义；

（3）和村干部的关系情况（社会关系和亲属关系）；

（4）和村民小组的关系情况；

（5）对本村做过最有影响和意义的事件（举例说明）。

四、村民访谈提纲

1. 个人及家庭概况

（1）个人概况（性别、年龄、民族、宗教信仰、党派、受教育程度）；

（2）家庭概况（人口、收入、主要经济来源情况）。

2. 乡村内部社会结构

（1）与村里什么人来往最密切，交往的方式是什么；

（2）家里有红白喜事时哪些人会来帮忙；

（3）在近一年里，是否给村里其他人帮过忙；

（4）村里较大的民族活动是什么，请具体描述；

（5）平日是否会参加村里的集体活动，一年大概会参与几次，参加的主要原因和形式是什么；

（6）个人或家庭其他成员是否在村里的集体行动中出钱或出力；

（7）是不是村里某一社会组织的管理成员；

（8）对村里的各种社会组织的了解情况（包括组织的形成过程、组织结构、运作模式等）；

（9）对村里的各种社会组织评价如何，对自己和家庭的生活是否产生影响，具体包括哪些影响；

（10）对芙蕖湾项目的看法，是否与自己有关。

3. 乡村权威认同

（1）村里是否有长老或比较有威信的人，自己对他是否信服；

（2）村干部在村里是否有一定权威；

（3）对政府的政策或者实施是否支持，有没有出现过村里的集体对抗；

（6）在村里的集体行动的形成过程中，是否有主导的人，对他是否信服

（7）当村里面对重大事件时（如需要搬迁、征地、修路等政府行为），是否会选择听从谁的意见，或者，跟随谁一起行动。

4. 对乡村治理的认知与评价

（1）是否参与过村庄选举，对村民自治有什么看法；

（2）与村干部是否会打交道，关系如何；

（3）当家庭中有巨大变化或事件出现时，更愿意找村干部还是宗族长老帮助；

（4）认为在村的治理中，谁更有威信和说服力；

（5）对村干部的治理方式评价如何；

（6）村委会在基层的治理中是否重要，对日常生活有哪些好的或坏的影响；

（7）和五年前相比，村庄发生了哪些较大的变化，认为造成这些变化的主要原因是什么；

（8）如果有机会，是否会选择去城市打工或生活；

（9）认为村里的治理未来还需要哪些改进。

（10）对芙蕖湾项目有什么看法？是否支持该项目？是否有涉及自己家的地方？

附录二：访谈对象列表

序号	访谈编号	姓名	年龄	民族	访谈时间	身份
1	1-1-01	ZWQ	32	汉族	2018 年 8 月 29 日	H 镇政府民政办工作人员
2	1-1-02	ZJR	29	傣族	2018 年 9 月 1 日	H 镇政府监察办工作人员
3	1-1-03	WX	42	傣族	2019 年 2 月 24 日	H 镇政府镇长
4	1-2-04	CSY	38	汉族	2019 年 2 月 25 日	H 镇政府文化站工作人员
5	1-1-05	YZ	35	汉族	2019 年 3 月 2 日	H 镇政府经济发展办工作人员
6	1-1-06	WNF	61	傣族	2019 年 3 月 3 日	T 市人大民工委退休干部
7	2-1-01	LZT	39	傣族	2019 年 2 月 25 日	村主任，2021 年 2 月初实行"主任支书一肩挑"，该村主任职务调整为村务监督委员会主任
8	2-1-02	LXL	34	傣族	2019 年 2 月 26 日	村支书
9	2-1-03	LSR	26	傣族	2019 年 3 月 3 日	BP 自然村村民小组长
10	2-1-04	LZY	37	傣族	2019 年 7 月 25 日	村会计
11	2-1-05	LJQ	30	傣族	2019 年 7 月 30 日	村副主任
12	2-1-06	ZZY	31	傣族	2019 年 8 月 2 日	NY 自然村村民小组长
13	2-1-07	ZY	28	傣族	2019 年 8 月 6 日	SDM 自然村村民小组长
14	3-2-01	YSQ	52	傣族	2019 年 2 月 26 日	村民
15	3-2-02	CRG	59	汉族	2019 年 2 月 26 日	村民
16	3-1-03	LSY	47	傣族	2019 年 2 月 27 日	超市老板
17	3-1-04	NSQ	62	傣族	2019 年 2 月 27 日	村民
18	3-1-05	CR	31	汉族	2019 年 7 月 20 日	玉石加工个体户

序号	访谈编号	姓名	年龄	民族	访谈时间	身份
19	3-2-06	ZJJ	32	汉族	2019 年 7 月 22 日	村民
20	3-1-07	ZTF	43	傣族	2019 年 7 月 22 日	村民
21	3-1-08	LQT	39	傣族	2019 年 7 月 22 日	景区停车场老板
22	3-2-09	LSC	31	傣族	2019 年 7 月 23 日	景区小吃店老板
23	3-2-10	CJQ	29	汉族	2019 年 7 月 23 日	村民
24	3-2-11	NF	27	傣族	2019 年 7 月 24 日	村民
25	3-1-12	ZML	37	傣族	2019 年 7 月 24 日	村民
26	3-1-13	CYM	46	汉族	2019 年 7 月 24 日	村民
27	3-1-14	LYD	58	傣族	2019 年 7 月 25 日	BP 自然村寨老
28	3-2-15	LSQ	35	傣族	2019 年 7 月 25 日	村民
29	3-1-16	ZZX	61	傣族	2019 年 7 月 26 日	XDM 自然村寨老,中国人民银行退休干部
30	3-2-17	CYQ	44	傣族	2019 年 7 月 26 日	村民
31	3-2-18	ZJ	40	汉族	2019 年 7 月 28 日	景区售票人员
32	3-1-19	LMD	42	傣族	2019 年 7 月 29 日	农家乐老板
33	3-2-20	CY	63	傣族	2019 年 8 月 1 日	村民
34	3-2-21	WTT	26	汉族	2019 年 8 月 1 日	村民
35	3-1-22	NZJ	62	傣族	2019 年 8 月 2 日	NY 自然村寨老
36	3-1-23	LST	37	傣族	2019 年 8 月 3 日	村民
37	3-1-24	ZY	65	傣族	2019 年 8 月 3 日	村民
38	3-2-25	XRL	39	汉族	2019 年 8 月 5 日	村民
39	3-1-26	NXF	34	傣族	2019 年 8 月 5 日	村民
40	3-2-27	CFH	25	傣族	2019 年 8 月 8 日	村民
41	3-1-28	LWJ	46	傣族	2019 年 8 月 8 日	村民,M 村前任村主任
42	3-2-29	DZR	42	汉族	2019 年 8 月 8 日	村民
43	3-2-30	CYJ	56	傣族	2020 年 3 月 14 日	小吃店老板
44	3-1-31	CW	58	傣族	2020 年 3 月 14 日	村民
45	3-1-32	CSR	51	傣族	2020 年 3 月 20 日	村民

续表

序号	访谈编号	姓名	年龄	民族	访谈时间	身份
46	3-2-33	ZG	43	傣族	2020 年 3 月 22 日	村民
47	3-1-34	LYH	41	汉族	2020 年 3 月 22 日	村民
48	3-2-35	LYF	46	傣族	2020 年 3 月 25 日	村民

注：被访者编号规则为"身份—性别—序号"。其中，在身份的信息标注中，"1"为政府工作人员，"2"为村组干部，"3"为村民及其他；在性别的标注中，"1"为男性，"2"为女性；序号的标注根据访谈时间顺序为准。

附录三：M 村村规民约

为了维护民团社区的和谐稳定，树立良好的民风村风创造安居乐业的社会环境，促进全村经济社会事业全面发展，经村民会议表决通过，订立以下村规民约，望全体村民共同遵守。

1. 爱国守法，爱护公物，不得损坏交通、供电、供水通信、消防等公共设施。不能故意破坏社区供水、消防等公共设施，如有发现，一经查实，罚款300—500元，情节严重者，按3倍至5倍进行罚款，并责令及时修复。

2. 村民之间应团结友爱、守功德、尚美德、邻里和睦相处，不打架斗殴，不拉帮结派，不酗酒闹事，不诽谤他人，严禁造谣惑众，拨弄是非。

3. 扬正气，树新风，反对封建迷信，反对铺张浪费，远离"黄、赌、毒"。

4. 从2018年1月开始，在为期三年的扫黑除恶专项斗争中，全社区村民必须做到相互宣传、监督、检举，在检举后经核实属黑恶势力的，社区将给予奖励。

5. 搞好环境卫生，自觉维护村容整洁，不乱搭乱建，不乱倒垃圾，不得随意丢弃家禽尸体，不在沿路堆放建筑垃圾（施工期间临时堆放除外），违者每次罚款100元，并令其拆除，清理。如有外来人员在本社区乱堆乱放，乱倒垃圾，罚款300—500元。

6. 保护水源，不得向河道和沟渠随意排放废水废气，不得将垃圾扔到河道和沟渠，违犯者视情况罚款500—1000元。

7. 实施环境卫生责任划分制，社区主干道路和文化活动场所由社区村委会负责，各组主、叉巷，由各组村民小组负责，各户门前卫生由各户自行清理打扫，建立长效机制，营造优美的居住环境。

8. 积极履行村民义务，主动参与社区基础设施建设和维护工作，依法服兵役。禁止家庭暴力和虐待家庭成员的行为发生。

9. 盗取财物的，除退还赃款赃物外，罚款 300—500 元并移交公安机关处理。

10. 禽兽损坏农作物造成减产或失收的，由家主赔偿并按所损农作物面积每平方米罚款 20—100 元。人工林每株 10—20 元赔偿，人工林区严禁放牧。

11. 在护林防火期间，村民严禁一切野外用火，违者罚款 200—1000 元，造成损失的按相关规定处理。

12. 提高科学思想意识，不得从事任何迷信活动，不得以"佛爷"名义向村民收取钱财，不得以信教的名义进行任何违法活动，违者罚款 500—800元，情节严重者交国家有关部门处理。

13. 建立正常的人际关系，不搞宗派活动，反对家族主义。

14. 关心集体，支持公益事业，积极参加村民会议及小组集体公益活动，服从并执行村民会议、村民代表的决定，社会全体村民与两委做到相互支持。

15. 违反以上条款，不支持社区公益事业者（项目实施、垃圾费的收缴等）将停办低保评定资格、危房改造项目申报，宅基地审批及政府相关政策照顾等一切业务。

16. 外来人员进驻本村的，必须遵守本村村规民约，违者视同本村村民进行处罚。

本村规民约由社区村民委员会负责执行，自村民代表会议通过之日起实施。

M 社区党总支部　　M 社区村民委员会

2019 年 3 月 20 日

后　记

　　本书是基于笔者博士论文而成的，从写作结束到再次拿起书稿进行修改，已有一年多了，回想起过往的种种，感触良多。2012 年夏天，我离开故土前往吉林大学开始学习社会学，以年为单位，这不过是十个春夏秋冬的轮回，若以天为单位，这却是三千多个晨起日落的流转。十年的求学生涯，是博士论文的时间印记，空间的数次转换则使它最终有了灵魂。

　　学习社会学之初，最先接触到的国内研究大多与农村有关，那一时期学术界热议"村落终结"这一主题，我有幸拜读了李培林教授和导师田毅鹏教授的许多大作，对农村社会发展有了最初的稚嫩想法。本科期间，我曾跟随学院老师和同学到吉林省的许多农村进行社会调研，在参与完成 CGSS 和 CSS 项目的过程中，对农村社会调查研究有了最直接的学习和体会。本科期间的学习与实践活动，让我深深地感受到了东北农村与家乡西南地区的农村有巨大差异，东北村落地广人稀，"过疏化"特性十分显著，村落社会明显缺少内生动力。与东北有所不同的是，年逾八十的爷爷在退休之后的二十多年里仍一直居住于农村，并先后两次带领村民改造村里的道路。此外，村民们也一直积极发展玉石加工业，先后成立了玉雕协会和老年协会等各种社会组织，村落社会仍具有明显的自发性与内生力。2018 年，在我博士入学的那年，国家提倡"乡村振兴战略"，这为我选择农村社会治理研究提供了很好的契机。博士论文的完成于我而言，可谓十年磨一剑，我用了本科四年的学习来奠定基础，用了研究生期间的四年寒暑假来调研获取资料，更是用了近两年的时间来落笔成文。漫漫十年，有我无数的付出，但更是因为有良师益友和家人的相伴相助，才让我在这条路上能满载而归，感恩之情终难忘怀。

　　感谢我的导师田毅鹏教授。能拜于老师门下是我莫大的荣幸，多年来受老师悉心教导，谆谆教诲不胜感激。从本科听老师讲授《中国社会思想史》，到研究生期间学习《发展社会学》，从聆听老师的每一次报告讲座，到和老师的每一次交流，我都深深感受到了老师严谨的治学态度和渊博的学识见地。一直以来，老师总是耐心地为我答疑解惑、指点迷津，在我直博生涯最艰难的时候给予了我帮助和力量，给我继续追求学术梦想的勇气和信心。博士论文从选题到最终完成，更是凝聚了老师的无数心血。2020 年，新冠肺炎疫情席卷全国，我也被困于家中，论文的写作曾一度陷入"瓶颈"。但老师不辞辛劳，多次在线上给我指导，帮我把握论文的大方向，不断给我提供新的写作思路。在老师的悉心指导下，2021 年年初的时候，我终于顺利把论文的初稿交给了老师。但老师总说，他对我寄予厚望，希望我能认真打磨修改，在这期间，老师不仅一页一页地为我修改论文，还对论文的整体结构提供了新的修改方向，在与老师近半年的不断交流和打磨下，才有了这本沉甸甸的著作。回忆一路走来的点点滴滴，感激之情难以言表，唯愿化作继续努力前行的决心，定不负所望。

感谢吉林大学哲学社会学院的诸位老师。特别感激张金荣教授，张老师是我在社会学专业上的启蒙导师，多年来，老师总是像慈母一般关怀着我，无论是在学业上还是生活中，都在竭尽所能地为我提供帮助，让我有足够的勇气面对学术道路上的重重历练。同时，我要感谢邴正教授、林兵教授、崔月琴教授、陈鹏教授、王文彬教授、董运生教授、芦恒教授、贾玉娇老师，以及社会学系的每一位老师。在吉林大学哲学社会学院的这些年，深受老师们的学术熏陶，我受益良多，也是在老师们的教导和影响下，我才能学有所得，不断进步，不断成长。

在此还要感谢广西大学马克思主义学院的各位领导和同事，尤其要感谢徐秦法教授、肖安宝教授和朱海老师为本书出版提供的大力支持和帮助。感谢单位领导和同事对我的关心与理解，让我能在最短的时间里适应学科的转变和身份的转变，顺利地展开工作。

感谢在荷花镇调研时的所遇之人。特别感谢我的堂哥张景睿，作为调研地所属镇政府的公务员，他为我能顺利地进入调研地并完成访谈提供了巨大的帮助，也是他尽其所能地为我提供各种书面材料，正是有了他的无私帮助，才有了如今这无比宝贵的一手资料。同时，也感谢接受我访谈的村干部和每位乡亲。涓滴成河，聚沙成塔，感谢在荷花镇所收获的一点一滴。

感谢在学术道路上所遇到的每位益友。本书在修改校对过程中得到了厦门大学刘也博士，吉林大学博士生朱静、何琪，广西大学硕士生赵丹、黄伊晴和中山大学杨梓伊迪同学等人的大力帮助，他们不仅在精神上给予了我鼓励和安慰，也用辛勤的劳动极大地帮助了我，在此一并表示感谢。

　　感谢我的家人。感激在我身后有一个一直鼓励我支持我的大家庭，让我有了温馨的停歇港湾。感谢九十高寿的爷爷，为了让我更多地了解村里的情况，他颤抖着双手写下一大摞材料，成为我勇往无前的力量。感谢父母给予我的一切，他们不仅在生活上给予我无限的爱，而且在我的成长路上更是倾尽心血，是他们的默默付出，才让我能在广阔天地中无所畏惧地飞翔。感谢与我比肩前行的丈夫徐帅凯。学业上虽然我们分属文理，他总能真切地体会我的感受，为我出谋划策，用理科的思维方式来帮我解决学术中的问题，给我提供独特的视角。感谢那些相互陪伴和鼓励的岁月，让我们得以共同成长，未来仍有磨难，但脚下有星光相伴，就无畏黑暗。